KULTBÜCHER

Frank Schäfer

Kultbücher

Was man wirklich kennen sollte

area

Frank Schäfer: Kultbücher – Was man wirklich kennen sollte

Dieses Werk wurde vermittelt durch Aenne Glienke | Agentur für Autoren und Verlage; www.AenneGlienkeAgentur.de
Einbandgestaltung: Bille Fuchs, Köln
Einbandabbildung: mauritius
Lektorat: Ulrike Lowis, Köln
Satz und Layout: GEM mbH, Ratingen
Printed in Germany 2005

ISBN 3-89996-179-X

www.area-verlag.de

Inhaltsverzeichnis

Acht Thesen zum Kultbuch

Eine Hinführung

Sicher haben Sie die folgenden Losungen schon mal irgendwann gehört oder irgendwo gelesen: »Hat das Zeug zu einem veritablen Kultbuch«; »Das Kultbuch der 60er« (wahlweise auch 50er, 70er, 80er ... Jahre). Und wohl auch jene unverfrorenen Epitheta: »Kultcharakter!«; »Kultpotenzial!«; »Echt kultig!«. Man beachte die suggestiv warnenden Ausrufungszeichen (»Achtung!«), als habe man es nicht mit Büchern, sondern rezeptpflichtigen Psychopharmaka zu tun. Davon lassen Sie sich mal nicht irre machen. Bücher, die eins der eben genannten (oder vergleichbare) Gütesiegel auf den Deckel bekommen haben, spielen im Folgenden keine Rolle, es handelt sich bei ihnen nämlich in aller Regel nicht um Kultbücher, sondern um aufgeblasene PR-Popanze. Denn merke (und damit sind wir auch schon bei der *ersten These*): Ein Kultbuch wird nicht vom Verlag »gemacht«. Hier entscheidet einmal nicht die Größe des Werbebudgets, sondern der Leser, wes Buch der Ritterschlag ereilt. Das nenne ich mal gelesene Demokratie!

Sanft schmiegt sich da die *zweite These* an. Kultbücher konstituieren einen Kanon hinter dem Kanon. Während sich hier eine bildungsbürgerliche Elite in schöner feudal-absolutistischer Tradition erdreistet, die gesamte Gesellschaft zu repräsentieren und für diese einen Kanon des unbedingt Lesenswerten aufzustellen, regiert dort das republikanische Prinzip: Ein mündig-munteres Lesevölkchen erliest sich sein eigenes literarisches Repräsentantenhaus. Da können Deutschlehrer noch so sehr ihr »Lesebuch« knallen lassen – ihre Stimme hat nicht mehr Gewicht als die jenes desillusionierten Punks, der nur zwei Dinge liebt auf dieser »komplett beschissenen Welt«:

seine handzahme Ratte – und Douglas Adams' *Per Anhalter durch die Galaxis.*

Dritte These gefällig? Kultbücher brauchen ihre Zeit. Bei ihrem Erscheinen werden sie nicht selten kontrovers diskutiert, verworfen, bespuckt, zu Fidibussen verarbeitet – oder gar nicht wahrgenommen. Unter Umständen, weil die Leser, die ihnen späterhin jenes Adelspatent ausstellen, erst noch geboren werden müssen.

Wilhelm Reichs marxistisch-sexualpsychologische Studie *Die sexuelle Revolution* etwa verpuffte nachgerade, als er sie Anfang der 30er Jahre zum ersten Mal unters großdeutsche Volk brachte – das hatte damals Wichtigeres zu tun! Die idealen Leser wurden erst fünf bis zehn Jahre später geboren und mussten auch erst noch halbstark werden, ehe sie sich auf das Rubrum »Kultbuch« verständigen konnten. Das dürfte so um 1968 gewesen sein, meine ich. Der alte Reich hat's leider nicht mehr erlebt – es wäre ihm aber wohl auch egal gewesen. Ich stelle mir gerade vor, wie eine studentische Delegation eigens aus Deutschland anreist, um ihm ihre Reverenz zu erweisen, und er nur gelangweilt mit der Schulter zuckt, breitbeinig und erhobenen Hauptes (einer muss es ja tun!) zu seinem »Orgon-Akkumulator« schreitet, um vor dem Abendessen noch ein paar extraterrestrische Angreifer vom Himmel zu holen.

Zurück zum Thema. Bisweilen liegt auch viel Zeit zwischen der Niederschrift und der eigentlichen Veröffentlichung eines Werkes – da kann es dann allerdings schon mal vorkommen, dass dieses Elaborat erst sehr viel später von einer kleinen Lesegemeinde kultisch verehrt wird. Bernward Vespers *Reise* muss an dieser Stelle genannt werden. Jahrelang schimmelt das Manuskript im Keller des späteren Herausgebers Jörg Schröder vor sich hin, dann wird es plötzlich Herbst in Deutschland, und man lässt sich von Vesper noch einmal gern an die heißen Sommertage erinnern.

These Nummer vier. Mitunter hat sich ein Autor sein Kultbuch redlich verdient. Man spricht in diesem Zusammenhang auch gern vom organisch gewachsenen Kult, der erst nach einer mehrjährigen Latenzperiode in seiner vollen Blütenpracht erstrahlt. Etwa wenn ein Autor über Jahre hinweg eine treue Lesegemeinde um sich schart, aber erst die Veröffentlichung des – später so genannten – »Hauptwerks« recht eigentlich nimbusbildend wirkt.

Nehmen wir das Beispiel Arno Schmidt. Schmidt hatte schon einige Erzählungen und Romane veröffentlicht, sich in Avantgardistenkreisen also einen gewissen Namen erschrieben, als er erklärtermaßen in Klausur ging, um sich für Jahre in seinem *opus magnum Zettels Traum*, nun ja, zu verzetteln. Als schließlich ruchbar wurde, dass Schmidt das dickste Buch der deutschen Literatur sich zu schreiben anschickte, waren auf einmal nicht nur seine Aficionados gespannt. Die Spannung stieg noch mit den Jahren des Wartens – so ein Kloben braucht nun mal seine Zeit. Der Rest ist dann Kultbuchgeschichte, weiter unten nachzulesen.

These fünf. Kultbücher haben häufig seismographische Qualitäten. Mit anderen Worten, sie bilden historische Erschütterungen ab, spiegeln Bereiche des kollektiven Bewusstseins (von dem da drunter wollen wir hier gar nicht reden), treffen irgendeinen Geist oder Ungeist der Zeit, fangen ihn ein und bewahren ihn auf – für jetzt und immerdar. Auf diese Weise schaffen sie ein gehöriges Identifikationspotenzial, dem sich ihr quasi diviner Status dann auch wohl vor allem verdankt. Den vielen Twens zum Beispiel, die an der Spätachtziger- und Neunzigerdepression litten, u. a. weil die wirklich guten Jobs längst von der Vorgängergeneration besetzt waren und sie sich mit den niedrig dotierten – ohne Prestige, Würde, Nutzen und Zukunft – zufrieden zu geben hatten, diesen von den Zeitläuften Benachteiligten half Douglas Coupland beim Frustabbau, indem er in *Generation X* drei von ihnen zu seinen Helden machte und ihnen, gleichsam stellvertretend, einen Hauch von Würde zurückgab.

Deshalb lässt sich – *These sechs* – die Wirkung eines Kultbuches, sein Erfolg, auch nicht aus der literarischen Qualität desselben ableiten. Beim Kultbuch spielt der ästhetische Rang mithin absolut keine Rolle, sonst hätten Verena Stefans feministisches Gestammel *Häutungen* in den 70ern oder Ernst Jüngers martialisch-pickelhaubiger Lanzerdreck *In Stahlgewittern* in den goldenen 20er Jahren kaum so viele Leser gefunden. Hier geht es vielmehr um Identifikationsangebote oder um das utopische Substrat, das ja nach Ernst Bloch in der Kolportage allemal größer und unverstellter ist als in der E-Literatur.

Kommen wir zur *siebten These*. Kultbücher sind Verständigungstexte und helfen als solche mit bei der Formung einer Gruppenidentität. Häufig genug haben sie überdies Initiationsfunktion. Wer zum Beispiel als junger Mensch in den späten 50ern respektive frühen 60ern Anschluss suchte an die modische Avantgarde, also an die »Beat Generation«, der musste jedenfalls ihre drei Evangelien kennen: Allen Ginsbergs *Howl*, Jack Kerouacs *On the Road* und *The Naked Lunch* von William S. Burroughs. Denn durch sie ließen sich noch am ehesten die adäquate Haltung, Kleidungsordnung, die richtigen Argumente zur Verteidigung eines antistaatlichen Renegatentums und diese schwer beschreibbare neue Sensibilität erlernen. Und, das kommt hinzu, nach diesem Lektüreparcours hatte der Eleve denn auch seinen viel zu ruhigen Puls entsprechend aufgepeitscht, um mit der schnelleren Taktzahl der Gruppe mithalten zu können.

Und schließlich die *achte und letzte These*. Jeder versteht unter dem Schlag- und Stempelwort Kultbuch etwas ganz anderes. Solche amorphen Gebilde lassen sich eben nicht in wissenschaftlich akkurate, i. e. hübsch trennscharfe Typologien zergliedern. Das wissen wir jetzt, lieber Leser. Aber einen Versuch war es immerhin wert. Insofern versteht sich auch diese Bücherliste eher als Systematisierungsangebot, allenfalls als Versuch einer alternativen Kanonbildung. Kurzum, Sie müssen mir nicht glauben. Wenn Sie's dennoch täten, wäre mir das allerdings auch recht.

KARL MAY
WINNETOU

Er hat existirt

Winnetou, der rote Gentleman von Karl May (1893)

Ob Karl May nun gleich schwul war, wie Arno Schmidt in seiner gewitzten Studie *Sitara und der Weg dorthin* weismachen will, möchten wir hier mal dahingestellt sein lassen. Obschon die Beweislast, die Schmidt allein in seinem *Winnetou*-Kapitel aufhäuft, wirklich schier erdrückend ist. Eine einzige große Liebeserklärung stoppelt er da aus May-Zitaten zusammen: Ach, die »kleinen Füße«, und, nein, die »königliche Haltung«, »herrliches blauschimmerndes Haar« ist überdies zu konstatieren, und erst seine »schmale elastische Taille«, die »Haut, ein mattes Hellbraun mit einem leisen Bronzehauch übergossen«. Und seine Stimme? Die »besaß, wenn er freundlich sprach, einen unvergleichlich ansprechenden, anlockenden gutturalen Timbre, den ich bei keinem anderen Menschen gefunden habe, und welche nur mit dem liebevollen, leisen, vor Zärtlichkeit vergehenden Glucksen einer Henne, die ihre Küklein unter sich versammelt hat, verglichen werden kann; im Zorne hat sie die Kraft eines Hammers«. Eines Hammers, so, so! Einen »Bart trug er nicht; in dieser Beziehung war er ganz Indianer. Darum war der sanfte, liebreich milde und doch so energische Schwung seiner Lippen stets zu sehen, dieser halbvollen, ich möchte sagen, küßlichen Lippen«.

Man könnte so fortfahren. Schmidt verweist dann auch noch auf solche hübschen Accessoires wie den »köstlich gestickten Medizinbeutel« nebst einer »außerordentlich künstlich geschnittenen Friedenspfeife« – und wir blenden uns jetzt mal aus.

May, dieser arme verwirrte Prolet, der sich mit viel Phantasie und gusseisernem Fleiße zu Deutschlands meistgelesenem Autor aller Zeiten hochgeschrieben hat, erweist sich hier in dieser – später zur Trilogie, noch viel später zur Tetralogie ausgebauten – Reiseerzählung als ein wahrer Pygmalion. Er hatte sich verliebt in seine Romangestalt. So sehr, dass er die Grenzen zwischen Fiktion und Realität schließlich durchlässig werden ließ und selbst zum Blutsbruder – oder was auch immer – mutierte, um seinem Idealhelden noch näher zu sein. May gab Lesungen, die sich zu wahren Happenings auswuchsen, in denen er dann auch seine Narben von vergangenen Grizzly-Kämpfen vorführte, und schließlich ließ er sogar Fanpostkarten fotografieren, die ihn im maßgeschneiderten Trapperkostüm zeigten – mit Silberbüchse und Henrystutzen! Jetzt war jeder Zweifel ausgeschlossen: Dieser Mann war Old Shatterhand. Dabei hätte das Foto seinen groß angelegten Schwindel eigentlich sofort auffliegen lassen müssen, denn dieses Männlein ähnelte doch eher einem Sam Hawkins oder Hobble Frank als dem stählernen Westmann, der auch die härteste Rothaut mit einem Schlag seiner mörderischen Schmetterhand ins Reich der Indianerträume beförderte. Stutzig wurde man ehedem nur, weil doch Shatterhand die Silberbüchse seinem »edelsten Freunde« mit ins Grab gegeben hatte. Hoppla, ja richtig, ähm – aber um etwaigen Leichenfledderern zuvorzukommen, habe er später noch mal zurückkehren müssen, es wäre doch auch wirklich zu schade gewesen um dieses gute Stück. Gerade noch mal gut gegangen.

So ist das mit den Massensuggestionen, man will es halt glauben. Vernunftgründe haben dem Mythos noch nie etwas anhaben können. Einen schönen Eindruck von dieser realitätsblinden Leserverehrung bietet die vor Devotion ersterbende Reportage eines Geistlichen, die 1897 in einem bunten Beiblatt zur *Pfälzer Zeitung* veröffentlicht wurde. Der Herr Kaplan schildert einen Nachmittag mit »Dr. Karl May«, dem »Liebling von Hunderttausenden deutscher Leser«, und referiert mit leuchtenden Augen dessen clevere Bubenstücke: »Es sei nicht leicht möglich, so meinte er, Winnetou, diese wahrhaft fürstliche Gestalt mit fürstlichem Charakter und Gebahren, so zu schildern, wie er in Wirklichkeit war. – ›So hat er also wirklich existirt?‹ atmet die kleine Maygemeinde erleichtert auf. – Es wird noch viele solche Thomasse geben. – ›Aber ja, die Gestalt des Winnetou erfunden zu haben, wäre eine schriftstellerische That. Ihn aber erfunden zu haben und dann so früh sterben zu lassen, wäre eine schriftstellerische Thorheit. Er hat existirt und ist leider am 2. September 1874 erschossen worden.‹«

Aber wie war das eigentlich noch mal genau am 2. September 1874?

»Die Männer oben merkten, was unten vorging, und ließen das Seil schneller laufen. Eine halbe Minute später hatten wir den Boden erreicht, zu gleicher Zeit aber blitzten uns aus der Spalte einige Schüsse entgegen. Winnetou stürzte zu Boden. – Ich stand starr vor Schreck.

›Winnetou, mein Freund‹, schrie ich auf, ›hat eine Kugel getroffen?‹

›Winnetou wird sterben!‹ hauchte er im Niederfallen.

Da erfaßte mich eine Wut, der ich nicht zu widerstehen vermochte. Soeben langte Spürauge hinter mir an.

›Winnetou stirbt!‹ rief ich ihm zu. ›Drauf!‹

Ich nahm mir nicht erst Zeit, den Stutzen vom Rücken zu reißen oder ein Messer oder einen Revolver zu greifen. Mit hocherhobenen Fäusten stürzte ich mich auf die fünf Indianer, die bereits aus der Spalte gedrungen waren. Der vorderste unter ihnen war der Häuptling. Ich erkannte ihn sogleich.

›Ko-itse, fahr nieder!‹ rief ich ihm zu.

Ein Faustschlag traf ihn an die Schläfe. Er brach zusammen. Der neben ihm stehende Rote hatte schon den Tomahawk gegen mich zum Schlag erhoben, da fiel der Schein der Flamme hell auf mein Gesicht, und er ließ erschreckt das Schlachtbeil sinken.

›Ká-ut-skamasti – Schmetterhand!‹ rief er laut.

›Ja, hier ist Old Shatterhand! – Tod über dich!‹

Ich kannte mich nicht. Der zweite Hieb traf den Mann so, daß auch er zu Boden stürzte.

›Ká-ut-skamasti!‹ riefen die anderen Indsmen zaudernd.

›Ja, Old Shatterhand!‹ schrie Spürauge. ›Drauf!‹

Da erhielt ich einen Messerstich in die Schulter, aber das fühlte ich gar nicht. Zwei der Roten fielen von den Schüssen Spürauges, und den dritten schlug ich noch nieder. Mittlerweile kamen immer mehr der Unsrigen herab. Ihnen konnte ich die übrigen Indsmen überlassen.«

Winnetou hat einen Schuss durch die Lunge abbekommen, der damals ja noch zwangsläufig tödlich endet. Man beginnt also mit dem letzten Geleit und singt ihm zum Abschied das »Ave Maria«.

»Als der letzte Ton verklungen war, wollte Winnetou sprechen – es ging nicht mehr. Ich brachte mein Ohr ganz nahe an seinen Mund, und mit der letzten Anstrengung der schwindenden Kräfte flüsterte er:

›Scharlih, ich glaube an den Heiland. Winnetou ist ein Christ. Leb wohl!‹

Es ging ein Zucken und Zittern durch seinen Körper, ein Blutstrom quoll aus seinem Mund. Der Häuptling der Apatschen drückte nochmals meine Hände und streckte seine Glieder. Dann lösten sich seine Finger langsam von den meinigen. – Er war tot – –

Was soll ich weitererzählen? Die wahre Trauer hat keine Worte. Käme doch bald die Zeit, da man solche blutigen Geschichten nur noch als alte Sagen kennt!«

Jetzt müsste eigentlich Martin Böttchers Orchester noch ein paar schmierig-schöne Melodien hinterherjauchzen. Wenn die wahre Trauer schon keine Worte hat …

Und dünkten sich Menschen

Die Dschungelbücher von Rudyard Kipling (1894/95)

Mal ehrlich, wen interessiert schon der kleine todesmutige Mungo Ricki-Ticki Tavi, der es gleich mit zwei Kobras aufnimmt und sie, ja, zur Schnecke macht, oder der adoleszente Robbenalbino Kotick, der seine lethargisch-fatalistischen Robbenbrüder und Robbenschwestern ins Gelobte Robbenland führt? Auch diese fabulösen Tiergeschichten gehören zu den *Dschungelbüchern*, sind ebenfalls spannend erzählt in diesem archaisch-oralen, ein bisschen alttestamentarisch anmutenden Duktus, aber einen richtigen finalen Sog, aufgrund ihres größeren Identifikationspotenzials, entwickeln eben doch nur die Mogli-Geschichten.

Ein kleines Menschenkind wird vom bösen und lahmen Tiger Schir Khan verfolgt und findet Unterschlupf in einer Wolfshöhle. Die Wolfsfamilie erzeigt sich barmherzig und liefert ihn nicht aus. Vor allem die Wolfsmutter entbrennt sofort in Liebe zu dem Knäblein und säugt ihn wie ihr eigenes Junges: »Lieg still, kleiner Frosch. Oh, mein Mogli – denn Mogli, Frosch, werde ich dich nennen –, der Tag wird für dich kommen, diesen Schir Khan zu jagen und zu hetzen, wie er dich heute gehetzt hat!«

Nach alter Dschungelsitte wird Mogli der Ratsversammlung der Sioniwölfe vorgestellt und schließlich ins Rudel aufgenommen, weil er in dem braunen Bär Balu und dem schwarzen Panther Baghira zwei kompetente Fürsprecher und auch Lehrmeister findet, die ihm die Sprache und das strenge Gesetz des Dschungels beibringen. Das ist sehr wichtig in Kiplings viktorianisch geordneter Exotenwelt: »Das Gesetz des Dschungels ist streng, und wer gegen die Vorschrift fehlt, wird ohne Gnade mit dem Tode bestraft. Wenn man ein bißchen

List Taschenbücher
LIST
RUDYARD KIPLING
Das
Dschungel
Buch

nachdenkt, muß man zugeben, daß es so sein muß.« Eigentlich genau wie im British Empire!

Zusammen mit der sinistren Pythonschlange Kaa bereiten Balu und Baghira den »Mannling« auf den alles entscheidenden Kampf mit Schir Khan vor, der dann nach einigen Interimsabenteuern, die man bitte selber nachlesen möge, auch stattfindet – beziehungsweise eigentlich ja nicht stattfindet, denn der schlaue Mogli lässt einfach eine Herde Büffel über ihn hinwegstampedieren und folglich den voll gefressenen Hinketiger zu Tode trampeln. Als er mithilfe seines wölfischen Verwandten Graubruder dem Erzfeind das Fell über die Ohren zieht, bemerkt dies der Jäger Buldeo aus seinem Dorf – zuvor nämlich hatte das von Schir Khan aufgehetzte Wolfsrudel ihn aus ihren Reihen vertrieben und Mogli daher bei den Menschen Anschluss suchen müssen – und intrigiert nun seinerseits gegen ihn. Mogli wird zum zweiten Mal verjagt: »Ausgestoßen? Wiederum ausgestoßen! Das eine Mal, weil ich ein Mensch war, und diesmal weil ich ein Wolf bin!« Eben das ist die Tragik des Grenzgängers. »Aber« – Kipling weist schon voraus auf *Das neue Dschungelbuch*, das dann ein Jahr später erscheint, 1895 – »er blieb nicht einsam, denn nach Jahren kehrte er wieder heim zu den Menschen und nahm sich ein Weib. Doch dies ist eine andere Geschichte.«

Vorerst stimmt Mogli nämlich noch sein »Siegeslied« an, ein zweiseitiges, zwischen Jubel und Trauer schwankendes Erzählgedicht, das einmal mehr zeigt, dass Kipling die Bibel halbwegs intus hat:

»Heißa! Ich tanze auf dem blutigen Fell Schir Khans! Doch mein Herz ist so schwer! Sie trafen mich mit den Steinen vom Wege: es blutet mein Mund. Doch jubelt mein Herz: denn zurück bin ich in dem Dschungel. Sagt mir, warum?

Zwei Wesen ringen in mir, wie die Schlangen kämpfen im Frühling.

… Aus meinen Augen tropft salziges Wasser, und dennoch juble ich, während die Tropfen fallen. Warum?

Zwei Mogli sind in mir, aber das Fell Schir Khans stampfen beide mit meinen Füßen.

Der ganze, ganze Dschungel weiß, daß ich ihn erschlug, den Schir Khan. Blicket scharf her, ihr Wölfe!

Ach, mein Herz ist voll und schwer von all den Dingen, die mein Kopf nicht versteht!«

Es waren wohl weniger solche auf rationale Unbelecktheit getrimmten emphatischen Passagen und auch nicht die vielen lyrischen Einlagen als vielmehr die abenteuerlich-spannende Handlung, ihre exotische Kolorierung und Kiplings knapper, packender Erzählstil, die so viele kleine Leseratten für die *Dschungelbücher* einnahmen – und sie schon bald nach ihrem Erscheinen zu einem der populärsten Jugendbücher der Weltliteratur werden ließen. Und darin liegt denn auch das Problematische dieses Textes. Kipling hat stilistisch einiges von Stevenson gelernt, von dessen moralpädagogischer Zurückhaltung freilich will er nichts wissen. Hier wird der Lesejugend die streng hierarchische, imperialistische Weltsicht des viktorianischen Großbürgertums eingebimst – und das auf manchmal allzu grobschlächtige Weise: Höflichkeit ist eine Zier, Zucht und Ordnung müssen sein, Befehlen hat man zu gehorchen, Dienst ist Dienst, und Schnaps ist Schnaps – all das. Und eben auch der unerschütterliche Standpunkt des Tee trinkenden Herrenmenschen, dass es Kreaturen, Gruppen von Kreaturen, Völker gibt, die mehr, und somit auch andere, die weniger wert sind. Wie Kipling das widerständige, den Gesetzen des Dschungels nicht gehorchende – und noch dazu führerlose, mithin radikaldemokratische! – Affenvolk der Bandarlogs diffamiert, mit allen Mitteln der literarischen Ranküne, das zeigt einen ganz ordentlich entwickelten Chauvinismus:

»Die Affen nannten diesen traurigen Ort ihre Stadt und gaben vor, die Dschungelvölker zu verachten, weil sie in Wäldern lebten. Und doch wußten sie nicht einmal, zu welchem Zweck man diese Bauten errichtet hatte und wie man sich ihrer bediente. Oft hockten sie im Ratssaal des Königs im Kreise beieinander, suchten sich die Flöhe ab und dünkten sich Menschen; oder sie jagten durch die dachlosen Häuser, häuften Steine und Ziegelstücke in den verlassenen Ecken auf und vergaßen gleich darauf, wo sie die Schätze versteckt hatten. Manchmal balgten sie sich in großen Haufen und bissen und kratzten sich gegenseitig; dann rollten sie wie lebendige Bälle umher, die in jedem Augenblick die Gestalt veränderten und schreiend und brüllend zu Boden flogen ... Sie guckten neugierig in alle Galerien und geheimen Gänge des Palastes – sie suchten in den hundert dunklen Räumen umher, aber sie erinnerten sich niemals, was sie schon gesehen und was sie noch nicht gesehen hatten. In dieser Weise trieben sie sich herum und erzählten sich gegenseitig, wie sehr sie doch in all ihrem Tun und Lassen den Menschen glichen. Sie tranken aus den Wasserlachen, und wenn sie mit ihrem Getobe das ganze Wasser trübe und schmutzig gemacht hatten, balgten sie sich untereinander; und zu guter Letzt tanzten sie und brüllten in den Wald hinaus: ›Kein Volk im Dschungel ist so weise, so klug, so stark und so edel wie die Bandar-log!‹«

Wer kann denn nur gemeint sein mit diesen Halbmenschen? Oder sollten wir besser Untermenschen sagen?

Nr. 1 Wien, Anfang April 1899

Nachdruck nur mit Angabe der Quelle »DIE FACKEL« erlaubt.

Wider den Phrasendrusch

Die Fackel von Karl Kraus (1899–1936)

Ein Kultbuch? Na, eigentlich ja eine Zeitschrift, aber Kösels vielbändiger Reprint (1977 als Re-Reprint von Zweitausendeins noch einmal verhökert und für hundert Euro aufwärts immer noch leicht antiquarisch zu haben!) bot immerhin einen guten Regalmeter Buch, genug Buch, meine ich, um dieses ursprünglich unbändige Periodikum ebenfalls in die einschlägige Schublade zu stecken. Allein, die lässt sich jetzt nicht mehr ganz schließen.

1899 erscheint die erste Nummer der *Fackel*, gegründet zur endgültigen »Trockenlegung des weiten Phrasensumpfes«, und ihr Herausgeber weiß damals noch gar nicht so recht, »was wir bringen«. Dafür umso genauer, »was wir umbringen«. Seine Satiren, säbelscharfen Polemiken und Guillotinenglossen sorgen denn auch sofort für Aufsehen, die Zeitschrift reüssiert trotz der großen Konkurrenz in Wien, Europas bedeutendster Pressestadt dieser Jahre, und schon bald kann Kraus auf namhafte Beiträger (Altenberg, Liliencron, Wedekind etc.) zählen. Das meiste und Beste freilich schreibt er schon selbst, und nach einer Weile verzichtet er auch ganz auf fremde Federhilfe: Von 1911 an bis 1936, bis zur letzten Nummer 922, bestreitet Kraus den Inhalt ganz allein. Was die roten Hefte dann in all den Jahren tatsächlich »umbringen«, liest sich heute zusammengenommen als gewaltige, immerhin knapp zwanzigtausendseitige Chronique scandaleuse der ersten drei Jahrzehnte des vergangenen Jahrhunderts. Es sind vornehmlich die kleinen Affären und alltäglichen Vorgänge in Wien und Umgebung, deren er sich annimmt und die unter seiner scharfrichtenden Hand nicht selten ins Archetypische spielen: die ungerechten, häufig genug absurden Entscheidungen der Justiz, die Arbeit der Polizei, der in Wien wohl immer noch am ausgelassensten äpfelnde Amtsschimmel, die Errungenschaften des vermeintlichen Fortschritts, vor allem aber – eins seiner Kardinalthemen! – die staatlich verordnete Sittlichkeit. Wieder und wieder kujoniert er die heuchlerische Sexualmoral des zeitgenössischen Bürgertums, oft reicht da das bloße Zitat – etwa wenn er der allseits angesehenen *Neuen Freien Presse*, die sich im Leitartikel eben noch gouvernantenhaft-züchtig gerierte, die Kleinanzeigenseite vor die Nase hält: »Reisegenosse gesucht, jung / Nett, Christ, unabhängig. Briefe unter ›Conträr 69‹ postlagernd Habsburger- / gasse«.

Obwohl selbst durchaus strukturkonservativ, verteidigt er das »Naturrecht« der Sexualität um jeden Preis und behauptet einen rechtsfreien Raum – eben eine Privatsphäre, in der Homosexualität, Ehebruch, Prostitution oder andere Formen der Promiskuität (sogar ein Schwangerschaftsabbruch!) erlaubt sein müssten. Denn was erwachsene Menschen im gegenseitigen Einvernehmen tun, geht die Öffentlichkeit nun mal nichts an. Das Gesetz dürfe nur reglementierend eingreifen, wenn Minderjährige zu schützen, die Ausbreitung von Krankheiten und die Erregung öffentlichen Ärgernisses zu verhindern seien. Das sind moderne Gedanken, die teilweise erst über fünfzig Jahre später verwirklicht werden sollten.

Besonders am Herzen liegt Kraus die sexuelle Befreiung der Frauen. Für die Emanzipationsbewegung indes hat er nur Hohn und Spott übrig und spricht öffentlich von der weiblichen »Hirn- und Hemmungslosigkeit«. Das »Weib« ist ihm eben nicht gleichberechtigter, sondern vielmehr komplementärer Partner, ohne Intellekt, dafür umso sinnlicher. Dahinter steht ein ins Sexuelle gewandelter Rousseauismus, der im ewig Weiblichen den unschuldigen, vitalen Naturzustand zu erblicken vermeint: »Des Weibes Sinnlichkeit ist der Urquell, an dem sich des Mannes Geistigkeit Erneuerung holt.« Ja nun, Kraus war auch nur ein Mann! Und ein konservativer dazu.

Sein eigentliches Lebensthema aber ist die Sprache und ihr steter Verfall im Klatschmaul der Presse. (Deshalb liegt auch eine Auswahl mit sprachkritischen Glossen auf jedem Redaktionsschreibtisch! Doch nicht?) Vehement bekämpft er die Gemeinplätze der Journalisten, ihre verbale Ornamentik, die sich vor die Wirklichkeit stellt, ihre Abgründe verdeckt – lügt wie gedruckt! Aber nicht nur das, die Rotationspresse hat ja die Macht, das sah Kraus so klar wie kein anderer seiner Zeitgenossen, Wirklichkeiten erst zu erschaffen: »Ist die Presse ein Bote? Nein: das Ereignis. Eine Rede? Nein, das Leben.« Und so werden »verantwortungslose Subjekte«, die Journalisten ja zuweilen sein können und für Kraus allemal sind, in die Lage versetzt, »heute eine Premiere und morgen einen Krieg« zu lancieren. Deshalb ist Sprachkritik für ihn zuallererst eine Frage der Ethik, also keine belanglose Beschäftigung für spinnerte Intellektuelle, sondern von existenzieller Notwendigkeit: Denn stehen in der Zeitung erst einmal »Lügen über Greuel, so werden Greuel daraus«!

Selbst als die Öffentlichkeit sich zum ersten Mal gleichschalten ließ und, von Klischees wie dem »Heldentod« betrogen, 1914 in einen »Krieg der Illusionen« (Fritz Fischer) schlitterte, schimpfte Kraus immer noch geschickt an der Zensur vorbei und zersetzte die Wehrkraft. Während andere Intellektuelle (etwa Thomas Mann, Hauptmann, Rilke, Richard Dehmel, Alfred Kerr und Ludwig Ganghofer) Durchhalteparolen drechseln und die Reporter impressionistische Schlachtengemälde malen, brüskiert er seine Leser, entkleidet das Kriegsgeschäft jeglichen Romantizismus und stellt es als das dar, was es ist, immer war und immer sein wird, ein sinnloses Hinschlachten. So schrecklich, »daß von rechtswegen jetzt jede Stunde mit dem letzten Schlag von tausend unschuldigen Herzen durch die Welt dröhnen müßte«.

Sherwood Anderson

Winesburg, Ohio

Bibliothek Suhrkamp

30

Über das Groteske

Winesburg, Ohio von Sherwood Anderson (1919)

Eine Reihe Erzählungen aus dem Kleinstadtleben Ohios nannte Sherwood Anderson sein 1919 erstmals erschienenes, vor einigen Jahren noch einmal in einer ungekürzten deutschen Übersetzung bei Suhrkamp wieder aufgelegtes Romanexperiment *Winesburg, Ohio* im Untertitel. Obwohl Anderson Autodidakt war, kannte er sich gut genug aus in der Gegenwartsliteratur seiner Zeit, um zu wissen, dass er hier nicht nur »eine Reihe Erzählungen«, sondern einen neuen Typ von Roman geschaffen hatte, und er war auch selbstbewusst genug, diese formale Innovation für sich zu beanspruchen: »Die Geschichten gehörten zusammen. Ich spürte, daß sie, zusammengenommen, so etwas wie ein Roman waren, eine ganze Geschichte. Was gebraucht wird, ist eine neue Lockerheit, und mit ›Winesburg‹ hatte ich dieser Lockerheit eine Form gegeben.«

Es gab natürlich auch hier Vorläufer: unter anderem und vor allem Gertrude Steins Porträt-Triptychon *Drei Leben*. Das muss Anderson beeindruckt haben, und hier scheint er bereits den »Neuen Ton« gefunden zu haben, den er noch vor der Abfassung der ersten Winesburg-Geschichten in einem poetologischen Aufsatz postulierte und der sich vor allem absetzen sollte von der gut gehenden erzählerischen Konfektionsware eines Henry James, Sinclair Lewis und O. Henry: »Im Metier des Schreibens ist der sogenannte Neue Ton so alt wie die Welt. Schlicht formuliert, ist er der Schrei nach einer frischen Injektion von Wahrheit und Aufrichtigkeit in das Handwerk; er ist ein Aufruf – weg von den Maßstäben, die mit Profit arbeitende Zeitschriften- und Buchverleger in Europa und Amerika aufgestellt haben, hin zu den älteren, frischeren Maßstäben des eigentlichen Handwerks.«

Und *Winesburg, Ohio*, diese von Anderson dann tatsächlich im Selbstversuch vorgenommene »Injektion von Wahrheit und Aufrichtigkeit« verbunden mit jener »Lockerheit« der Romankonstruktion, wurde so wirkungsmächtig für die erzählende Prosa wie nur wenige andere Bücher im 20. Jahrhundert. Hemingway, Faulkner, Steinbeck, Thomas Wolfe, Henry Miller, J. D. Salinger, der später immer wieder zum Kronzeugen literarischer Wahrhaftigkeit aufgerufene Raymond Carver natürlich, auch Charles Bukowski und in dessen Nachfolge Keith Abbott und nicht zuletzt Günter Ohnemus und Ingo Schulze hierzulande ließen sich beeindrucken und beeinflussen von seiner poetischen Suggestivität bzw. beriefen sich explizit auf dieses Buch.

Anderson entwirft in zweiundzwanzig sich teilweise kreuzenden, miteinander verknüpften Short-Story-Biogrammen das Bild einer fiktiven Kleinstadt, die jedoch zumindest in den Umrissen von seiner eigenen Heimatstadt Clyde, Ohio, abgepaust war.

Da ist zum Beispiel Reverend Curtis Hartman. Durch ein kleines Loch im Fenster des Glockenturms, in dem er seine Predigten vorbereitet, beobachtet er zufällig die Lehrerin Kate Swift, wie sie lesend im Bett liegt, mit nackten Schultern. Der gottesfürchtige Mann hadert mit sich, bittet seinen Gott um Beistand, aber es nützt alles nichts, von Selbstvorwürfen zerrissen, aber erotisch doch zu sehr affiziert von diesem Bild, nutzt er jede Gelegenheit, den schönen Hals und die Schultern der Kate Swift zu betrachten. Bis in einer Januarnacht – der Geistliche hat sich aus dem Haus gestohlen, ist durch die Kälte gestapft und wartet nun in einer beinahe wahnhaft gesteigerten Sehnsucht auf das Eintreffen seiner von ferne Geliebten – das Blatt sich wendet: »In dem Zimmer gegenüber wurde eine Lampe angezündet, und der Wartende starrte auf das leere Bett. Und dann warf sich vor seinen Augen eine nackte Frau auf dies Bett. Mit dem Gesicht nach unten lag sie da, weinte und schlug mit den Fäusten auf die Kissen. Schließlich, nach einem endgültigen Aufschluchzen, richtete sie sich halb auf; und in Gegenwart des Mannes, der auf ihren Anblick gewartet und sich seinen Phantasien hingegeben hatte, begann das sündige Weib zu beten. In dem Licht der Lampe glich ihre schlanke, kräftige Figur der des Knaben, der auf dem bleigefaßten Fenster vor Christus stand.«

Eine Epiphanie. Nur so jedenfalls kann der Reverend diese Erscheinung deuten. Geläutert schlägt er die Scheibe ein, um sie hernach völlig zu ersetzen – also nicht mehr wie bisher durch das Loch stieren zu müssen.

Der Leser indessen bekommt nach dieser metaphysischen Lesart noch eine ganz pragmatische angeboten, schon in der nächsten Geschichte. An eben jenem Tag nämlich hat sich bewusste Kate Swift aufgemacht, um ihren einstigen Lieblingsschüler George Willard aufzusuchen, den angehenden Poeten und jetzigen Reporter der kleinen Stadtzeitung, der auch in den anderen Geschichten immer wieder auftaucht und die Protagonisten zum Erzählen bzw. Handeln bringt. Die Lehrerin, die von seinem schriftstellerischen Talent überzeugt ist, redet ihm ins Gewissen, gibt ihm Ratschläge, von denen sie glaubt, dass er sie noch nicht recht versteht, und redet sich angesichts der Zwecklosigkeit ihres Tuns so in Rage, dass ihre Leidenschaft »zu etwas Körperlichem« wird. Ein erotischer Affekt also auch hier, der von George entsprechend gedeutet wird. Er nimmt sie in die Arme, und sie lässt sich das für einen Moment auch gefallen, löst sich dann aber verwirrt, um sich schlagend – und rennt nach Hause. Anschließend geschieht das, was Reverend Hartman glauben lässt, er sei seines Gottes ansichtig geworden.

Was Anderson mit struktureller »Lockerheit« meint, dürfte anhand dieser beiden Erzählungen deutlich geworden sein.

Und hier zeigt sich auch exemplarisch das große Thema des Buches: die Imponderabilien des Zwischenmenschlichen, die Seelenlagen und Gemütszustände, die Passionen, Obsessionen, fixen Ideen, also all das, was sich hinter den Worten und Handlungen der Menschen verbirgt.

So erklärt sich auch die einleitende Geschichte »Das Buch ›über das Groteske‹«. Ein Buch im Buch ist fast immer eine verschlüsselte Poetik des Autors, Sherwood Anderson macht hier keine Ausnahme. Ein alter, kränklicher Schriftsteller denkt sich in einer Art kreativen Dämmerzustands Figuren aus, die ihm aber in seiner Imagination immer grotesk geraten, und schreibt sie dann nieder in ein Buch mit dem sinnfälligen Titel *Über das Groteske*. Die späteren Geschichten könnten der Inhalt dieses Buches sein, in dem Fall hätte die einleitende Erzählung eine Art Rahmenfunktion, davon ist aber explizit nirgends die Rede. In jedem Fall stehen sie in einem allegorischen Zusammenhang, denn alle später auftretenden Protagonisten sind in der Tat grotesk nach der Definition des Schriftstellers:

»Anfangs, als die Welt noch jung war, gab es eine große Menge Ideen, aber nirgends so etwas wie eine Wahrheit. Die Menschen machten sich die Wahrheiten selber, und jede Wahrheit war zusammengesetzt aus einer Anzahl unklarer Ideen. Auf die Weise kam es überall in der Welt zu Wahrheiten, und sie waren allesamt wunderschöne Wahrheiten … Es waren die Wahrheiten, die die Leute zu grotesken Figuren machten. Der alte Mann hatte eine ziemlich endgültige Theorie über diesen Punkt. Nach seiner Erfahrung wurde jemand mit dem Moment, wo er sich eine der Wahrheiten aneignete und sie seine Wahrheit nannte und sein Leben mit ihr zu führen versuchte, eine groteske Figur, und aus der Wahrheit, die er in den Armen hielt, wurde etwas Unwahres.«

Ist das nicht eine wunderhübsche poetische Auskleidung des alten geschichtsphilosophischen Denkmodells vom Anbruch der Moderne, wie es der Idealismus formulierte? Demzufolge zerstört die Ratio, der analytische Verstand die mythische All-Einheit, indem er sie in ihre Bestandteile zerlegt und somit vereinzelt. Und jede neuerliche Zergliederung liefert zwar rationale Erkenntnisse, »Wahrheiten«, wird aber auch insofern immer »unwahrer«, als sie sich sukzessive von der ursprünglichen Ganzheit entfernt. Das ist gewissermaßen das Los des modernen Menschen. Er lebt in einer arbeitsteiligen Gesellschaft, seine Existenz ist diversifiziert, disparat, diskontinuierlich und damit zwangsläufig verzerrt – eben grotesk, weil er nicht mehr aller Wahrheiten gleichzeitig, sondern nur mehr einiger weniger teilhaftig werden kann.

Angesichts dieses Befunds bekommt Andersons Diktum, wonach »der sogenannte Neue Ton so alt wie die Welt« sei, eine weitergehende poetologische Relevanz. Zum einen, das zeigt nicht zuletzt das letzte längere Zitat, hat seine Diktion tatsächlich etwas Archaisches, Ursprüngliches und erinnert wohl nicht zufällig an den Tonfall der Bibel oder alter Mythentexte. Zum anderen jedoch spiegelt sich in diesem Wort seine Prätention als Dichter: »Der alte Mann«, gemeint ist sein Alter Ego, der Schriftsteller, »hatte Hunderte von Wahrheiten in seinem Buch aufgeführt … Hunderte und aber Hunderte von Wahrheiten, und alle waren sie wunderschön.« Eben so »wunderschön« – die Wortwiederholung bedeutet nichts anderes – wie damals, »als die Welt noch jung war«. Mit anderen Worten, in seiner Arbeit stellt der Dichter die alte mythische Einheit wieder her, indem er groteske Figuren und die in ihnen sich manifestierenden unwahren Einzelwahrheiten sammelt und sie wieder zu einem Ganzen zusammenfügt.

In Stahlgewittern

Aus dem Tagebuch eines Stoßtruppführers

Von

Ernst Jünger

Elfte Auflage / 34. bis 39. Tausend

Verlegt bei E. S. Mittler & Sohn / Berlin
1929

Die Auslese der Tüchtigsten

In Stahlgewittern von Ernst Jünger (1920)

Dieses Buch sollte man eigentlich nur in Fraktur drucken. Da zieht also ein verblendeter Neunzehnjähriger in den Ersten Weltkrieg, sieht all das Leid, die Grausamkeit, lernt den Grabenkampf an der Westfront in all seinen mörderischen Facetten kennen, macht Somme-Offensive und -Rückzug, die große Doppelschlacht bei Cambrai und schließlich die letzte große Schlappe mit, wird selber vierzehnmal verwundet – und nirgends ist auch nur eine Spur von Desillusionierung zu merken. Nirgends ein Erwachen, ein intellektueller Durchbruch oder was auch immer. Immer nur dieses stoisch-holzköpfige »Es hat sich gelohnt«.

Nun ist es ja auch nicht so, dass Jünger die Augen vor der Wirklichkeit verschlösse und ein bereinigtes oder durch und durch idealisiertes Bild des Kriegs zeichnete (auch wenn mitunter schon mal etwas Lagerfeuer-Romantik den Blick verklärt), im Gegenteil, mit der Attitüde der Neuen Sachlichkeit, die er als einer der Ersten in die Literatur hineinholt, schildert er die grauenhafte Realität, erbarmungslos: »Eine bis zum Gürtel entblößte Gestalt mit aufgerissenem Rücken lehnte an der Grabenwand. Ein anderer, dem ein dreieckiger Lappen vom Hinterschädel herabhing, stieß fortwährend schrille, erschütternde Schreie aus. – Und immer neue Einschläge.« Das lässt ihn kalt. Jünger wird wieder mal verletzt, kommt ins Lazarett nach Heidelberg und kann angesichts »der von blühenden Kirschbäumen bekränzten Neckarberge« nicht mal eine Seite später bereits wieder schwärmen: »Wie schön war doch das Land, wohl wert, dafür zu bluten und zu sterben.«

Ein Unbelehrbarer. Aber einer, der genau weiß, was er tut. Jünger hat gute Gründe, sich dem mörderischen Kampf auszusetzen. Zunächst mal einen psychopathologischen. Er ist in der Lage, aus dem Kampf um die nackte Existenz ein rauschhaftes Glückserlebnis, also das Gefühl eines gesteigerten, intensiveren Lebens zu ziehen, das ja zu allen Zeiten zerebral benachteiligte Menschen zwischen den Beinen kitzelte, ganz egal, ob sie gerade den Mount Everest ohne Sauerstoffmaske bestiegen, sich an einem Gummiseil in den Abgrund stürzten – oder wie Rex Cremer, der Gefahrensucher, in Harlem am helllichten Tage »Nigger« schrien. Nun, bei Jünger ist es eben der Blutrausch: »Der Kämpfer, dem während des Anlaufs ein blutiger Schleier vor den Augen wallte, kann seine Gefühle nicht mehr umstellen. Er will nicht gefangennehmen; er will töten. Er hat jedes Ziel aus den Augen verloren und steht im Banne gewaltiger Urtriebe. Erst wenn Blut geflossen ist, weichen die Nebel aus seinem Hirn; er sieht sich um wie aus schwerem Traum erwachend.«

Aber Jünger kämpft nun nicht (nur) aus Hedonismus und Spaß an der Freud, sondern vor allem für die »Idee des Vaterlandes«, und die ist nachgerade religiös aufgeladen: »Die Nation war für mich nicht mehr ein leerer, von Symbolen verschleierter Begriff – wie hätte es auch anders sein können, wo ich so viele dafür hatte sterben sehen und selbst dazu geschult war, zu jeder Minute, Tag und Nacht, ohne Besinnen das Leben in die Schanze zu schlagen für ihren Bestand. So nahm ich, so seltsam es auch klingen möge, gerade aus dieser vierjährigen Schule der Gewalt, aus allen Rasereien der Materialschlacht die Erkenntnis mit, daß das Leben nur durch den Einsatz für eine Idee seinen tieferen Sinn erhält, und daß es Ideale gibt, denen gegenüber das Leben des Einzelnen und selbst des Volkes keine Rolle spielt.« Das ist deutscher Idealismus in Reinkultur, fatalistisch, brutal, dumm.

Und schließlich denkt Jünger wacker sozialdarwinistisch. Kampf liege in unserer Natur, der Mensch brauche eine solche

»Auslese der Tüchtigsten«, um seine Art am Leben zu erhalten. Insofern ist auch der Krieg seiner Ansicht nach ein Naturereignis (das insinuiert ja schon der pathetische Titel), dessen sich keine Nation enthalten kann: »Wir werden wieder die Feder durch das Schwert, die Tinte durch das Blut, das Wort durch die Tat, die Empfindsamkeit durch das Opfer ersetzen – wir müssen es, sonst treten uns andere in den Dreck.«

Und zwar schon bald: »Eine Zeit von einer Brutalität, von der wir uns noch gar keine Vorstellungen machen können, zieht herauf, ... über Krämer, Literaten und Schwächlinge wird die Aufforderung zur Tat in das neue Europa fegen, eine reißende Flutwelle mit blutrotem Kamm.« Jünger reibt sich schon mal die Hände ob des in Aussicht gestellten herrlichen Schlachtfests. Endlich weg vom Schreibtisch, endlich wieder hauen und stechen, und dann noch mit einer Brutalität, von der wir uns noch gar keine Vorstellung machen können. Das hat doch was. Aber am Ende seiner mordlüsternen Scharteke beschleichen ihn auch leise Zweifel. Ob es je wieder so schön wird? Schaut euch doch mal um! »Der Glaube besitzt heute nicht mehr lebendige Kraft. Wenn man dereinst auch nicht mehr verstehen wird, wie ein Mann für sein Land das Leben geben konnte – und diese Zeit wird kommen –, dann ist es vorbei. Dann ist die Idee des Vaterlands tot.« Gott sei Dank.

Literarisch ist dieses auch schon für 1920 ziemlich hausbacken erzählte »Tagebuch eines Stoßtruppführers«, das sich bisweilen mit einem ehernen Pathos rüstet, was in seiner gesuchten Expressivität dann geradezu komisch anmuten könnte, wenn es nicht so zum Kotzen wäre – literarisch ist dieses Tagebuch völlig wertlos. Lesen soll man es aber, möglichst in Fraktur, wie gesagt, denn lernen lässt sich daraus, wie skrupellos und inhuman konservative Intellektuelle in den 20er Jahren dachten – und auch wie populär solche Gedanken waren: *In Stahlgewittern* wurde jedes Jahr wieder neu aufgelegt.

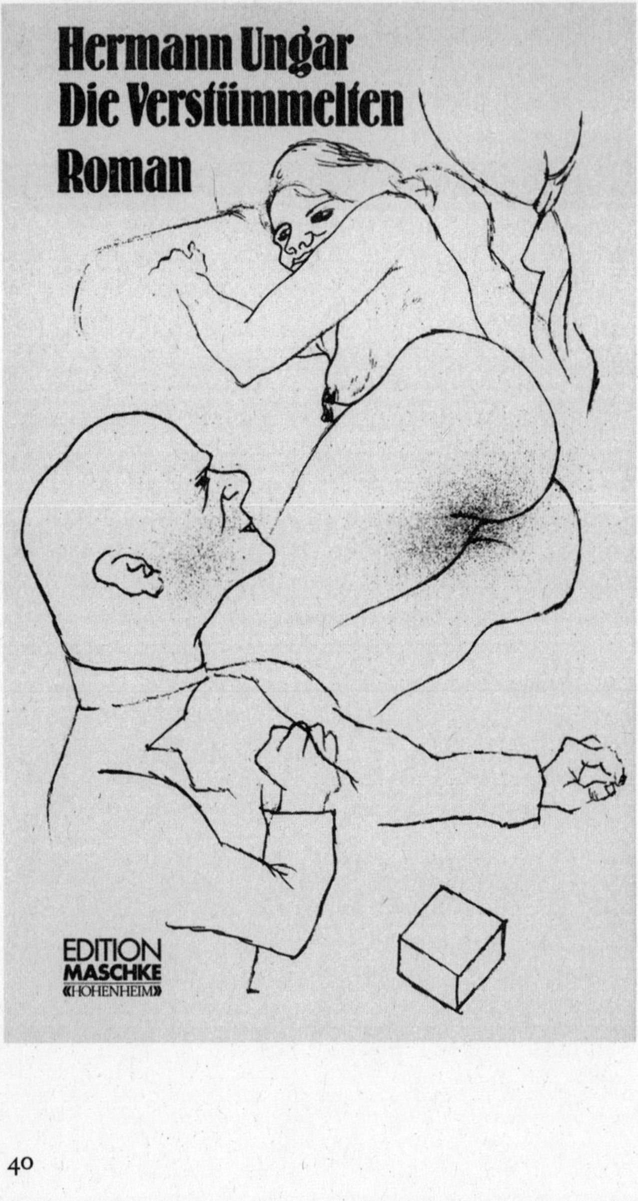
Hermann Ungar
Die Verstümmelten
Roman
EDITION
MASCHKE
«HOHENHEIM»

Miasmen der Seele

Die Verstümmelten von Hermann Ungar (1923)

Als Hermann Ungar am 28. Oktober 1929 in einem Prager Krankenhaus an akuter Blinddarmentzündung starb, sechsunddreißigjährig, da war er gerade dabei, sich als Dramatiker einen Namen zu machen. Alfred Kerrs Kritik zur postumen Uraufführung des Lustspiels *Die Gartenlaube* im Dezember des Jahres schlug einen Ton an, den man bei ihm nur selten hörte, wenn er die jüngere Dramatikergeneration verarztete: »Geht hinein – und seht, was wir verloren haben!«

Verloren hatte das tschechoslowakische Außenministerium auch einen tüchtigen Legationssekretär – und die Literatur den neben Kafka wohl bedeutendsten Erzähler des deutschsprachigen Prags. Ungar, ein in Mähren aufgewachsener Jude, publiziert im Laufe der 20er Jahre ein schmales, aber originäres Werk mit Erzählungen (*Knaben und Mörder*, 1920) und zwei Romanen (*Die Verstümmelten*, 1923; *Die Klasse*, 1927), das in der literarischen Öffentlichkeit seinerzeit durchaus für Beachtung sorgt, aber wegen der besonderen Exponiertheit des Sexuellen und der scheinbar erbarmungslosen Schilderung psychopathologischer Zustände durchaus kontrovers diskutiert wird. Thomas Mann etwa gehört schon früh zu dessen Bewunderern und widmet Ungar einen freundlichen, wenn auch etwas verdrucksten Nachruf, der viel von der »Sakramentalität der Sinnlichkeit« und der »geschlechtlichen Melancholie« redet, weil der Verdrängungserotiker nicht zugeben mag, was ihm wirklich an diesen Texten liegt, die durchgehende homoerotische Unterströmung nämlich, vor allem in Ungars erstem Roman (aber dazu gleich noch). Stefan Zweig hingegen zeigt sich abgestoßen von dem Buch, macht hier »eine furchtbare Vorliebe … für schlechten Geruch, für die Miasmen der Seele, für ungelüftete, schweißige, unreinliche Situationen« aus, gibt dann aber auch zu, dass man »mit Grauen in ihm verharren« müsse.

Zweig hat ganz Recht, es ist der Ekel am Organischen, den Ungar in *Die Verstümmelten* evoziert, und dies in einer kargen, sachgemäßen, geradezu klinischen, metaphernarmen, aber nicht kunstlosen Beschreibungsprosa, die man leicht für unbarmherzig halten könnte, die aber nichts weiter ist als die formale Entsprechung der Ausweglosigkeit, schicksalhaften Determiniertheit, der prästabilierten Disharmonie menschlicher Existenz, wie Ungar sie inhaltlich vorführt. Seine Protagonisten handeln nicht aus freien Stücken, sie handeln eigentlich überhaupt nicht, ihnen stößt etwas zu. Sie sind Opfer.

Zum Beispiel Karl Fanta, der reiche, libertinäre Jude und ehemalige Lebemann, der bei lebendigem Leibe verfault, dem man schon zwei Beine abgenommen hat und im Laufe des Romans noch einen Arm amputiert und der seine Angehörigen mit zügellosem Hass auf sich und die Welt quält. »Er hat kein Herz mehr. Sein Herz ist auch von Geschwüren zerfressen. Darum ist er so grausam zu mir«, erklärt seine Frau dem einzigen Freund, der ihm noch geblieben ist: Franz Polzer, der Hauptperson des Romans. Aus dessen Perspektive wird erzählt, und dessen Erfahrungshorizont überschreitet der Erzähler an keiner Stelle. Polzer, ein kleiner Bankangestellter, ein Verwandter Josef K.s und Wiedergänger Woyzecks, ein Ordnungsfetischist, »autoritärer Zwangscharakter«, wie ihn Wilhelm Reich wohl bezeichnet hätte, gerät immer mehr in den Einfluss seiner Vermieterin, der Witwe Porges, die ihn schließlich gegen seinen Willen und durchaus handgreiflich zu ihrem Geliebten macht. Polzer kann sich nicht wehren bzw. will es wohl nicht, wie er sich auch als Kind den Schlägen des Vaters und seiner Tante – die Mutter ist bei seiner Geburt gestorben – ausgesetzt hat, ja sie gesucht hat, um seinem Hass auf die beiden einen Grund zu geben. Ausgelöst hat diese masochistische Manie, von der er nicht loszukommen scheint, ein frühkindlicher Schock. Er erfährt von dem inzestuösen Verhältnis seines Vaters mit der Tante. Weibliche Sexualität löst bei ihm in der Folge nur mehr Ekel aus (»der entsetzliche Gedanke, daß dieser nackte Körper nicht verschlossen sei. Daß er in grauenvollem Schlitz bodenlos klaffte. Wie offenes Fleisch, wie die Schnittlappen einer zerrissenen Wunde«) und nicht zuletzt die Wahnvorstellung, dass er den Inzest seines Vaters wiederhole. So kommt es ihm nach der ersten Nacht mit Klara Porges vor, »als habe er seiner Schwester beigewohnt«. Und dieses neurotische Schuldgefühl, so will es seine masochistische Disposition, muss ebenfalls immer wieder neu durchlitten werden!

Ungar ergänzt seine komplexe pathopsychologische Fallstudie recht subtil, indem er Polzers Misogynie, literarisch verschlüsselt, eine uneingestandene Homosexualität zur Seite stellt. So scheint die Jugendfreundschaft von Polzer und Fanta möglicherweise auch erotisch konnotiert gewesen zu sein (»oft umarmten und küßten einander die beiden Knaben unter Tränen«), und Polzer sehnt sich auch späterhin nach »einer kleinen Zärtlichkeit, einer Wiederholung jener Knabenküsse«.

Vor allem aber begibt er sich jeden Sonntag in ein kleines Billardcafé (und man beachte die subkutane Sexualisierung dieser Szene, in der sich Ungars erzählerische Meisterschaft dokumentiert): »Er sah den Billardspielern zu. Dieses Zusehen versetzte ihn in eine gehobene Stimmung. Er verfolgte das Rollen der glatten Kugeln über das grüne Tuch und freute sich des hellen Klangs des Zusammenstoßes. Zugleich beobachtete er die Bewegungen der Spieler, wie sie sich weit über das Brett bogen und zum Stoß ansetzten.« Einige Zeilen später dann: »Seine Sehnsucht war, selbst Billard zu spielen. Sie erfüllte sich ihm nie. Polzer schrak davor zurück, seine Bewegungen öffentlich allen Augen preiszugeben.« Die offensichtliche Angst vor dem Coming-out, die gleich im Anschluss noch einmal allegorisiert und somit chiffriert wird: »Polzer hatte das Queue schon in der Hand und war sich bewußt, daß er es nun sorgfältig kreiden müsse. Da entsann er sich, daß er einmal schon ein Queue in der Hand gehalten habe. Es schien ihm, als seien Leute dabei gewesen. Er wußte im Augenblick nicht, ob es im Traum gewesen sei. Aber es konnte nicht gut anderswo gewesen sein. Als er zu kreiden begann, war es gewachsen und schwer geworden, und er hatte das Gleichgewicht verloren.«

Was diese homoerotische Latenz des Romans für die Autorpsychologie bedeutet, ob sie überhaupt etwas bedeutet, kann uns wohl egal sein, für den Text hingegen ist sie nur einmal mehr Bestätigung seiner hochgradig artifiziellen Struktur, die Thomas Mann offenbar eher zu goutieren, vielleicht auch eher zu deuten vermochte als Stefan Zweig.

Ein ausgezeichnetes Kunstwerk

Die Tigerin von Walter Serner (1925)

Gestatten, Dr. Walter Serner: Jurist und zum Katholizismus konvertierter Jude, Kritiker, Essayist, Autor von an die hundert Kriminalgeschichten, die das Genre auf den Kopf stellen und so manches bürgerliche Gemüt brüskieren, zuvörderst aber Dadaist. Serner war in gewisser Hinsicht der kompromissloseste Exponent der Dada-Bewegung, weil sein Avantgardismus am weitesten über die Ränder der Literatur hinauslappte, ja erst im Leben sich eigentlich erfüllte. Ein Bohemien und Radikalanarchist, jeglicher Autorität spinnefeind, aus dem Koffer lebend und Europa bereisend. Bis heute weiß niemand, wovon er sein Dandytum bestritt (von dem Verkauf seiner Bücher jedenfalls nicht). Er machte Dada manifest mit *Letzte Lockerung, Manifest Dada*, diesem scharfen Brühwürfel, aus dem Tristan Tzara dann treuloserweise seine Wassersuppe kochte, die ihn zum Bocuse der Gruppe aufsteigen ließ. 1927 zieht er sich zurück aus dem literarischen Leben, wird sesshaft, heiratet, wohl auch, weil ihm immer häufiger die Polizei nachstellt. Wer sich so gut auskennt im Ganovenmilieu, mit dem kann ja irgendwas nicht stimmen. Zuletzt arbeitet er als »Sprachenlehrer« im Prager Ghetto. Bis ihn Anfang August 1942 die Nazis aufspüren, nach Theresienstadt verbringen, von dort in den »Osten«, zu den fahrbaren Gaskammern bei Minsk – den »Seelenvertilgern«, wie die Russen sagten. Serners längster und (mit *Letzte Lockerung*) wohl raffiniertester Text, *Die Tigerin*, erschien 1925, auf der Höhe seines »Ruhms«.

Bichette ist die Tigerin, denn sie nimmt die Männer, wie es ihr gefällt, und was sie von ihnen übrig lässt, ist oft genug nicht mehr als ein lebloser Balg. Bichette ist die ungekrönte Königin der Montmartre-Cafés, in denen sich die Pariser Halb- und

WALTER SERNER
Die Tigerin
Eine absonderliche Liebesgeschichte
EINE ÖSTERREICHISCHE BIBLIOTHEK

Dreivierteltwelt Anfang der 20er Jahre ein Stelldichein gibt: ruchlos, brutal, bar jeden Anstands und Mitgefühls, eine Überlebensvirtuosin, ein weibliches Frontschwein in diesem Krieg aller gegen alle – etwas gelangweilt nur, weil längst alle Cocktails getrunken, alle Tänze getanzt und alle interessanten Kerls vernascht sind. Aber dann begegnet sie dem berüchtigten Hochstapler Fec alias Henri Rilcer. Der ist noch abgefeimter und perfider als sie und hadert nach all seinen kleinkriminellen Abenteuern etwas mit seiner Existenz, stellt sich immer öfter die Sinnfrage, ja entwickelt sich im Laufe des Romans zum durchaus nicht unbelesenen nihilistischen Existenzphilosophen. Fec wird Bichettes Liebhaber, und gemeinsam beschließen sie nun, ihrem »Leerlaufen« ein Ende zu setzen, ein letztes großes Abenteuer zu wagen: »Fec, wir machen uns.« Das heißt zunächst einmal, sie spielen das unsterblich verliebte Paar und benutzen diese Fiktion, um in den mondänen Kreisen Nizzas für Aufsehen zu sorgen und anschließend zwei eitlen schwerreichen gallischen Gockeln die Francs abzujagen.

Aber sie spielen ihre Liebe nicht nur vor der Welt, sondern auch vor sich selbst. Fec und Bichette wollen sie erschaffen durch einen puren Willensakt – ein Gemisch aus viel Schein und ein bisschen wohl auch Sein. Wie ein Kunstwerk. Und entsprechend doppelbödig sind auch ihre Dialoge; indem Fec und Bichette ihre »absonderliche Liebesgeschichte« fort und fort besprechen, redet der Erzähler (oder ihr Autor Walter Serner?) vom Schreiben dieses Romans. Besonders im langen Schlussdialog, wo die beiden ihre Geschichte wieder und wieder neu erfinden, umdeuten und die Motivation ihrer Handlungen nachträglich modifizieren, bis der Leser nicht mehr weiß, was er glauben soll und was nicht, spätestens hier wird dieser Palimpsest offensichtlich: »Nun aber Schluß! Endgültig! Überdies ist jetzt alles so ausgezeichnet verwirrt, daß es ganz unmöglich wäre, es jemals mit Erfolg zu entwirren.«

So spricht nur ein zufriedener Autor. Das war das Ziel, und das hat Serner erreicht – indem er die Erzählstrategien des Kriminalromans einfach umdreht: Zunächst skizziert er den Tathergang – wie sich die beiden kriminellen Subjekte kennen lernen, zusammentun und die »Verbrechen«, durchaus ja auch richtige Verbrechen, begehen –, die anschließenden Gespräche darüber tragen aber eben nicht wie sonst üblich zur Klärung des Falls bei, sondern verschleiern ihre Motive und selbst die Handlung mehr und mehr, verschmelzen das Sein unauflöslich mit dem Schein. Am Ende steht das Rätsel, oder wenn man so will: die Rettung der banalen Realität in der Poesie.

Dem Prinzip der Verflüchtigung gehorcht auch die fulminante Sprache, zumal der Tigerin Bichette. Dieses polyphone Sampling aus ein paar englischen Brocken, aus Gallizismen, wirklichem und vermeintlichem Argot ist eben kein trivialer Exotismus und auch nicht bloß soziolinguistisches Konterfei der Pariser Demimonde, sondern poetisch genau kalkuliert. Eine eigene Kunstsprache, die das Unwägbare, Unabsehbare der Erzählung noch verstärkt, weil man Bichette letztlich nicht genau versteht. Nehmen wir zum Beispiel ihren Entscheidungsmonolog, der legitimieren soll, warum sie diese Liebe mit Fec »machen« will: »Eben weil ich nicht mehr leer laufen kann. Und du, das weiß ich ganz genau, du läufst ja auch leer. So wie du lebst, das ist doch Blödsinn. Schlaß ist das. Absolut schlaß. (...) Ich sage ja nicht, daß wir uns irgendwas vortrillern sollen, irgend so was wie diese zuckrigen Claqueweiber da mit ihren Marlous. Das ist von hinten herum ja doch wieder louche, diese alberne Räuberspielerei, dieses ekelhafte Liebesgeteue und Blickgetürm und diese verlogenen Roheiten, diese Gewerbetreibenden mit Herz und Hintern und ... Schlingue! Ich hab den ganzen Jus bis dorthinaus!« Bichettes rotwelsche Rede klingt in ihrer Grobschlächtigkeit und asphaltharten Unsentimentalität beinahe wie eine frühe gallig-gallische Ouvertüre zu den Zukunftsgrobianismen von Alex und seinen Droogs in Anthony Burgess' *Clockwork Orange.*

Die expressive Gauner- und Gossensprache nebst ein paar anrüchigen, aber doch eher dezent gezeichneten Beischlafszenen sorgen einige Jahre nach Erscheinen des Buches, als sich die teutsche Kulturnation schon langsam, aber stetig auf ihre arische Bestimmung einschießt, für einen kleinen Literaturskandal. Das in Anbetracht des erwarteten goldenen Zeitalters schon mal beflissen vormuckende Landesjugendamt der Rheinprovinz beantragte, *Die Tigerin* wegen Schund- und Schmutzverdachts zu verbieten, und Serners Verleger Paul Steegemann hatte seine liebe Not, ein paar positive Gutachten aufzutreiben. Die meisten der Angesprochenen (darunter Max Brod, Alfred Kerr und Heinrich Mann) reagieren erst gar nicht, und drei derjenigen, die sich bereit erklärten, Manfred Georg, Max Hermann-Neiße und Kasimir Edschmid, wiesen den Antrag zwar zurück, glaubten allerdings, auf eine stilistische und moralische Mängelliste nicht verzichten zu können. Nur der einmal mehr tadellose Alfred Döblin empört sich uneingeschränkt und nachhaltig über das Ansinnen des Jugendamtes, attestiert dem Roman einen »floretthurtig eleganten, scharfen, schneidigen knappen Stil« und kommt zu dem Ergebnis: »Der Roman ›Die Tigerin‹ ist ein ausgezeichnetes Kunstwerk.« Folglich wird dieser Antrag noch abgelehnt. Aber schon im Jahr darauf betreibt das Münchener Jugendamt die Indizierung aller Schriften Serners, und diesmal, Adolf Hitler hat sich just zum Reichskanzler wählen lassen, wird dem Antrag stattgegeben. Walter Serner kommt auf die Liste. Neun Jahre später steht er noch auf einer anderen …

DANIIL CHARMS
Alle Fälle
Das unvollständige Gesamtwerk in zeitlicher Folge
Herausgegeben von Peter Urban
Haffmans Verlag

Die langen Beine in roten Stiefeln

Alle Fälle von Daniil Charms (1926 ff., publ. 1985)

Wir denken uns eine Straßenbahn im St. Petersburg der 20er Jahre, als St. Petersburg schon Leningrad hieß: »Eine Dame in einem Kalikotjäckchen ließ 10 Kopeken auf den Boden des Waggons fallen. Ein Bürger, der in der Nähe der Dame gestanden hatte, bückte sich nach der Münze und raste, plötzlich in ein Schwein verwandelt, auf die Plattform hinaus.

Die Fahrgäste im Innern des Wagens waren schrecklich verdutzt. Und sogar ein alter Mann sagte, mit seinen blauen Augen zwinkernd, an alle gewandt:

– Also so was! Das pure Rowdytum!«

Das hat Daniil Charms erlebt – auf die eine oder andere Weise jedenfalls. Wenn man weiß, dass die gleichgeschaltete russische Presse in den 20er Jahren die literarische Avantgarde mit dem hübschen Rubrum »Rowdytum« denunzierte, erahnt man vielleicht den Sinn, der da im Unsinn liegt.

Es ist eine Märchenwelt, die Welt des Daniil Charms. Aber nicht die gut geheizte, romantisch-heile der nichts weniger als grimmen Gebrüder, wo es nur Erzbösewichten und natürlich Juden an den Kragen geht. Eher schon jene, die in Büchners *Woyzeck* die Großmutter kurz umreißt, oder eben die aus so mancher Erzählung Kafkas.

Charms wird als Daniil Ivanovic Juvacev 1905 in St. Petersburg geboren und wächst zunächst in wohlhabenden, großbürgerlichen Verhältnissen auf. Als Zwölfjähriger erlebt er die Machtergreifung der Kommunisten. Die Oktoberrevolution bringt seine Eltern um Stellung und Besitz und wird so zum prägenden Ereignis seiner Jugend. Charms' fundamentale Skepsis gegenüber den Bolschewiki und ihrem neuen Staat hat hier ihren Ursprung. Es folgen Jahre in bitterer Armut.

Charms macht sein Abitur und versucht sich, seinem Vater nacheifernd, als freier Schriftsteller; er schließt sich der Petersburger – nunmehr Petrograder, nachmals Leningrader – Avantgarde an und verdient sich erste Lorbeeren als Rezitator eigener Lyrik, vor allem aber der seiner Favoriten. 1926 nimmt der Leningrader Dichterverband Charms in seine Reihen auf. Im Almanach des Verbands wird ein Gedicht von ihm gedruckt, Charms' erste Publikation, der nur noch wenige – ein Gedicht und einige Erzählungen für Kinder – folgen sollten. Im folgenden Jahr gründet er mit einigen Gleichgesinnten die Akademie der linken Klassiker, die »der Makulatur, der Verbiegung von Form und Gefühl« den Kampf ansagt: »die Neue Form ist Die Revolution«. Aus der Akademie geht die Gruppe Oberiu hervor. Auch hier ist Charms Mitinitiator und treibende Kraft. Die spektakulären, mit dadaistischen Happenings vergleichbaren Auftritte der einen wie der anderen Gruppe werden in der gleichgeschalteten Presse vernichtend kritisiert. 1930 dann das Ende von Oberiu. In einem Zeitungsartikel wird die »sinnlose Jongleurkunst« der Oberiuten als »konterrevolutionär«, als »Protest gegen die Diktatur des Proletariats« denunziert. Der »Poesie des Klassenfeinds« wird systematisch jedes Forum entzogen. Es kommt immer noch schlimmer. Viele von Charms' Freunden und Bekannten werden verhaftet, verbannt, ins Arbeitslager gesteckt – im schlimmsten Fall liquidiert. 1932 ereilt ihn das gleiche Schicksal. Er wird festgenommen und zu drei Jahren Lager verurteilt. Sein Vater erreicht jedoch Strafmilderung in Moskau, so dass Charms nach einer halbjährigen Verbannung in seine Heimatstadt zurückkehren darf.

Mit dem ersten Kongress des Sowjetischen Schriftstellerverbands 1934, der den »sozialistischen Realismus« zur verbindlichen Literaturdoktrin erklärt, wird das literarische Experiment gleichsam von Staats wegen abgeschafft. Charms schreibt dennoch weiter seine parodistisch-surrealen Texte und hält sich durch Mitarbeit an einer Kinderzeitschrift mehr schlecht als recht über Wasser. Ab 1937 wird seine Situation immer prekärer, all seine Rücklagen sind aufgebraucht, er hungert, fürchtet eine neuerliche Inhaftierung, nachdem auch seine Arbeiten für Kinder angefeindet und mehrere ihm nahe stehende Personen verhaftet und sofort erschossen worden sind. Lethargie. Todessehnsucht. Einige Monate nach Hitlers Überfall auf die Sowjetunion, mitten in den Kriegswirren, wird er tatsächlich zum zweiten Mal verhaftet, wegen vermeintlicher »Verbreitung defaitistischer Propaganda«. Charms schützt Geistesverwirrung vor, wird freigesprochen, aber zur Zwangsheilung in die Gefängnispsychiatrie eingewiesen. Dort stirbt er nach wenigen Monaten, am 2. Februar 1942, vermutlich an Unterernährung.

Man kann sich fragen, ob derlei biographische Daten für die Charms-Lektüre überhaupt nötig sind. Denn zunächst sieht es ja so aus, als entwerfe er in seinen Texten eine bloße Gegenwelt – als Refugium, als einzig sicheren Schlupfwinkel in einer feindlichen Umgebung. Nun ist Charms' surrealer Rückzugsraum aber alles andere als eine Idylle: Da werden Arme und Beine grundlos abgerissen, mitgenommen und nicht wieder hergegeben; immer wieder geraten Menschen unter die Straßenbahn, fallen aus dem Fenster, werden geprügelt oder von Herren in Ledermänteln abgeholt; Tote, eben frisch begraben, stehen, ehe man sich's versieht, schon wieder in der heimischen Küche. Kurzum: Allenthalben stoßen wir auf literarisch verschlüsselte Reflexe des roten Terrors jener Jahre. Die eigene Biographie liefert gleichsam die Folie für seine Dichtung. Und was im Leben nicht gelingt, schafft die Kunst. Das Grauen wird gebannt durch Komik – Charms' absurde Komik, die restlos alles korrumpiert und selbst die Herrschenden für den poetischen Augenblick entmachtet. Die allzu oft beanspruchte Subversivität des Witzes – hier steht sie mal nicht zu Unrecht. Das Ketzerische in seinen Texten haben offenbar auch die luziden Literaturagenten der GPU (sowjetische geheime Staatspolizei) bemerkt. Kein Wunder, wenn man sich eine kurze Skizze von 1931 ansieht, die Charms einige Monate vor seiner ersten Inhaftierung geschrieben hat:

»Wie merkwürdig, wie unaussprechlich merkwürdig, daß hinter der Wand, hier dieser Wand, auf dem Fußboden ein Mensch sitzt, die langen Beine in roten Stiefeln ausgestreckt, und mit einem bösen Gesicht.

Man bräuchte nur ein Loch in die Wand zu bohren und hindurchzuschauen, und sofort wäre sichtbar, wie dieser böse Mensch dasitzt. Aber es lohnt nicht, an ihn zu denken. Was ist er schon? Ist er nicht ein Teilchen jenes toten Lebens, das uns aus den eingebildeten leeren Räumen zugeflogen ist? Wer er auch sei – Gott mit ihm.«

Immerhin vorstellbar, dass ein kunstbeflissener und feinsinniger Geheimdienstexeget die Chiffre vom bösen Menschen mit roten Stiefeln entziffert hat. Man hat Charms also nicht völlig grundlos als »antisowjetisch« gebrandmarkt. Daß er seine absurde Poesie durchaus auch als Form des Widerstands gegen die Kommunisten begriffen hat, die nicht erst seit 1934 die Kunst auf sozialistische Sinnstiftung einzuschwören suchten, offenbaren nicht zuletzt seine theoretischen Schriften. Wenn sich die Sprache der Vernunft nur noch affirmativ äußern kann, muss sich der Künstler einer anderen bedienen: »Die Rede, frei von logischen Bahnen, geht neue Wege, abgegrenzt von anderen Reden.«

Aber Charms' Poetik ist nicht nur politisch motiviert. Das Absurde, Surreale resultiert auch aus dem Weltverlust, der Charms als Vertreter der Moderne ausweist: »Hier ist jeder nurmehr für sich selbst verantwortlich. Er allein setzt sich aus eigenem Willen in Bewegung und geht durch die anderen hindurch. Alles, was außen ist, hört auf, in uns zu sein. Wir haben keine Ähnlichkeit mehr mit der uns umgebenden Welt.« Objektive Realität entsteht folglich nicht mehr durch Wahrnehmung, sondern allein durch Imagination: »Da erst begriff ich, daß ich die Welt sehe, sowie ich aufgehört hatte, sie zu sehen.«

Die theoretisch-philosophischen Schriften, aus denen ich hier zitiert habe, sind bisher viel zu wenig beachtet worden. Als origineller, absurd-assoziativer, wie er selbst einmal sagt: »fließender« Denker ist Charms noch zu entdecken.

Nachträgliche Legitimation und bibliographische Anmerkungen: Natürlich ist es problematisch (mancher sagt vielleicht gar: ganz unsinnig), eins der postum zusammengestellten Bücher Charms' zu kanonisieren. Problematisch umso mehr, als ein literarisches Testament von ihm ja nicht existiert und es selbst im russischen Sprachraum keine vollständige Gesamtausgabe gibt (sofern man überhaupt jemals von Vollständigkeit sprechen kann bei einem Autor, dessen Werk zu Lebzeiten so gut wie ungedruckt geblieben und in Teilen noch heute verschollen ist). Eine Menge Imponderabilien also. Nun sollte Charms aber dabei sein in diesem kleinen Gegenkanon, es galt also auszuwählen. Die Wahl fiel auf *Alle Fälle* (Zürich 1995), weil diese Sammlung die bisher umfangreichste und mit ihrem hundertfünfzig Seiten starken Anhang – der eine dankenswert ausführliche Chronologie (die Charms' Biographie ebenso wie die politisch-gesellschaftliche Entwicklung Russlands mit den wesentlichen Eckdaten der Weltgeschichte synoptisch dokumentiert), einen Kommentar, ein Personenregister, Verzeichnis der Titel und Anfangszeilen sowie einige Briefe liefert – auch die am besten aufbereitete ist. Leider bleibt der Textbestand von *Alle Fälle* teilweise hinter den beiden Charms-Vorgängern *Fälle* (Zürich 1984, ^{2}1988) und *Fallen* (Zürich 1985, ^{2}1992) zurück, weil sich der Herausgeber Peter Urban fast ausschließlich auf die poetische und philosophische Prosa beschränkt. Hier allerdings ist er um Vollständigkeit bemüht und bringt bis auf die Notizbücher, die unter dem Titel *Die Kunst ist ein Schrank* bereits 1992 bei der Friedenauer Presse erschienen sind, alle erreichbaren Texte. Eine lückenlose Edition der nicht zu unterschätzenden Kindererzählungen, vor allem aber der Gedichte sowie der Szenen, Dialoge und Dramen in Versen bleibt also einer zukünftigen Ausgabe vorbehalten. Die sollte man langsam auch mal in Angriff nehmen!

Ein Mundvoll oder ähnliches

Pu der Bär von Alan Alexander Milne (1926)

»›Wie wäre es mit einem Mundvoll irgendwas?‹

Pu nahm immer schon um elf Uhr vormittags gern eine Kleinigkeit zu sich, und er war sehr froh, als er sah, wie Kaninchen die Teller und Tassen hervorholte, und als Kaninchen sagte: ›Honig oder Kondensmilch zum Brot?‹, war er so aufgeregt, daß er sagte: ›Beides‹, und dann, um nicht gierig zu wirken, fügte er ›Aber mach dir wegen des Brots keine Umstände‹ hinzu. Und danach sagte er lange Zeit gar nichts ... bis er schließlich, mit ziemlich klebriger Stimme vor sich hin summend, aufstand, Kaninchen liebevoll die Pfote drückte und sagte, nun müsse er aber weiter.«

So warmherzig, freundschaftlich und menschlich, und auch einfach, geht es zu in den Erzählungen aus *Winnie-the-Pooh*. In diesen Einschlafgeschichten, die A. A. Milne für seinen kleinen Sohn Christopher Robin schrieb (der auch selbst darin vorkommt), ist die Welt noch in Ordnung. Sie wird zwar, wie es sich für ein anständiges Kinderbuch gehört, auch schon mal ein wenig aus der logischen Bahn geworfen, ins moderat Absurde, aber es bleibt doch alles so harmonisch und letztlich auch beim Alten, dass einer der frühen Rezensenten monieren zu dürfen glaubte, hier werde die »Klassenstruktur« einfach zu wenig »beschädigt«. Nein, nein, das geschieht wirklich nicht, vielmehr wird hier die Wirklichkeit verkleistert wie Pus Mund vom Honig. Dafür aber bekommen die langsam in den Schlaf hinüberdösenden Bälger in den Geschichten um Christopher Robins Stofftiere – als da wären: die schon erwähnten Pu und Kaninchen, das naive, ängstliche Schweinchen Ferkel, die weise und kauzige Eule, die Kängurumutter Känga mit ihrem Baby Ruh und der allzeit trübsinnige Esel

A. A. Milne
Pu der Bär
Dressler Kinder-Klassiker

I-Ah – eine Lektion in praktischer Nächstenliebe und Gutmütigkeit, die sie sicher am nächsten Morgen noch nicht vergessen haben. Und vielleicht der erwachsene Vorleser auch nicht. Bei Harry Rowohlt, Pus Übersetzer, jedenfalls tut das Buch immer noch seine Wirkung: »Wenn es so richtig schön wird, muß ich ja leider immer weinen. Nicht nur im Kino. Auch beim Lesen. Sogar beim Korrekturlesen. Aber das – man kann mich, wenn man will, für die Nummer buchen – klappt nur bei Pu.«

Und wer etwa das vierte Kapitel (»In welchem I-Ah einen Schwanz verliert und Pu einen findet«) gelesen hat, vor allem das Ende, der wird das womöglich sogar verstehen:

»›Hübscher Klingelzzzug, stimmt'sss?‹ sagte Eule.

Pu nickte.

›Er erinnert mich an etwas‹, sagte er, ›aber ich komme nicht darauf, woran. Woher hast du ihn?‹

›Ich bin im Wald darauf gestoßßßen. Er hing an einem Busch, und zzzuersssst dachte ich, daßßß dort jemand wohnt, dessshalb habe ich daran geklingelt, und nichtsss passsssierte, und dann habe ich noch einmal ganzzz laut geklingelt, und da issst esss abgegangen, und ich hatte esss in der Hand, und weil niemand esss zu brauchen schien, habe ich esss mit nach Hause genommen, und …‹

›Eule‹, sagte Pu feierlich, ›du hast einen Fehler gemacht. Jemand hat es gebraucht.‹

›Wer?‹

›I-Ah. Mein lieber Freund. I-Ah. Er … Er hatte es sehr lieb.‹

›Lieb?‹

›Er war ihm verbunden‹, sagte Pu traurig.

Mit diesen Worten entfernte er den Schwanz von dort, wo er festgehakt war, und trug ihn zurück zu I-Ah, und als Christopher Robin ihn wieder an seinen richtigen Platz festgenagelt hatte, tobte I-Ah durch den Wald und wedelte so glücklich mit dem Schwanz, daß Winnie-dem-Pu ganz komisch zumute wurde und er schnell nach Hause mußte, um einen kleinen Mundvoll oder ähnliches zu sich zu nehmen, um bei Kräften zu bleiben.«

Nun, nachdem ich mir die Nase geputzt habe, wird es Zeit für ein kleines Postskriptum, noch eine Passage aus Harry Rowohlts schönem »Who is Pooh?«-Aufsatz, die, was ihre Gemütslage angeht, hier ganz hübsch kohäriert, wenn nicht sogar voll hineinpasst. Ach, wie leicht wird einem doch das Schreiben, wenn die richtigen Zitate bei der Hand sind:

»Man hat A. A. Milne vorgeworfen, daß er, der flammende Pazifist, im Ersten Weltkrieg nichts Flammendes gegen den Krieg geschrieben hat. Das Flammendste war wohl, daß er – als Signaloffizier an der Front – kaum noch etwas schreiben konnte, aus Ekel, Scham und Wut.

›Wenn ich dies überlebe‹, schrieb er seinem Bruder, ›werde ich die Liebe neu erfinden. Wer meine Frau und mich besuchen kommt, muß mir die linke Hand drücken, denn mit der rechten halte ich Händchen.‹

Für mich ist das flammend genug.«

Für mich schon lange.

Ein prähistorischer Riese

Wolf Solent von John Cowper Powys (1929)

John Cowper Powys ist der selbst ernannte Hohepriester der modernen englischen Literatur. Ein Mythologe von Graden, Naturmystiker, kosmologischer Scharlatan und polytheistischer Exzentriker. 1872 geboren und durchaus konservativ sozialisiert, befreit er sich aus dem bürgerlichen Karzer, lässt Frau und Kind in der englischen Heimat zurück, um nach Amerika zu emigrieren und dort zwanzig Jahre lang als Vortragskünstler, als One-Man-Show in Sachen Literatur durch die Lande zu tingeln und nebenher Romane, Gedichte und lebens- bzw. pseudophilosophische Traktate zu veröffentlichen. Auf einer dieser ausgedehnten Vortragsreisen lernt er Phyllis Playter kennen, eine urbane Anwaltstochter, sein »Elementarwesen«, »kleines Balladen-Mädchen«: eine moderne Frau, die sich auf ein Leben mit diesem knorrigen, über zwanzig Jahre älteren Archaiker einlässt – der anstatt Joyce oder Proust lieber das Neue Testament, Horaz und immer wieder Homer liest. Gemeinsam ziehen sie aufs Land, in die Einsamkeit von Columbia County (später Wales). Hier versucht Powys erstmals, den Lebensunterhalt der beiden nur durchs Schreiben zu bestreiten, was ihn zu einer geradezu erschreckenden Produktivität anspornt. Ein halbes Dutzend Bücher erscheint in der Zeit von 1929 bis 1934, neben essayistischen Brotarbeiten, die er als theosophische Selbstvergewisserung aber durchaus ernst nimmt, Powys' vier kanonische Werke: die monumentale, zwölfhundert Seiten dicke *Glastonbury Romance* (1932), seine umfängliche *Autobiographie* (1934) und die kaum weniger feisten Romane *Der Strand von Weymouth* und eben *Wolf Solent*. Man sollte sie fast zusammen kaufen, so kommt man literarisch gut durch den Winter – zumindest, wer sich einzulassen

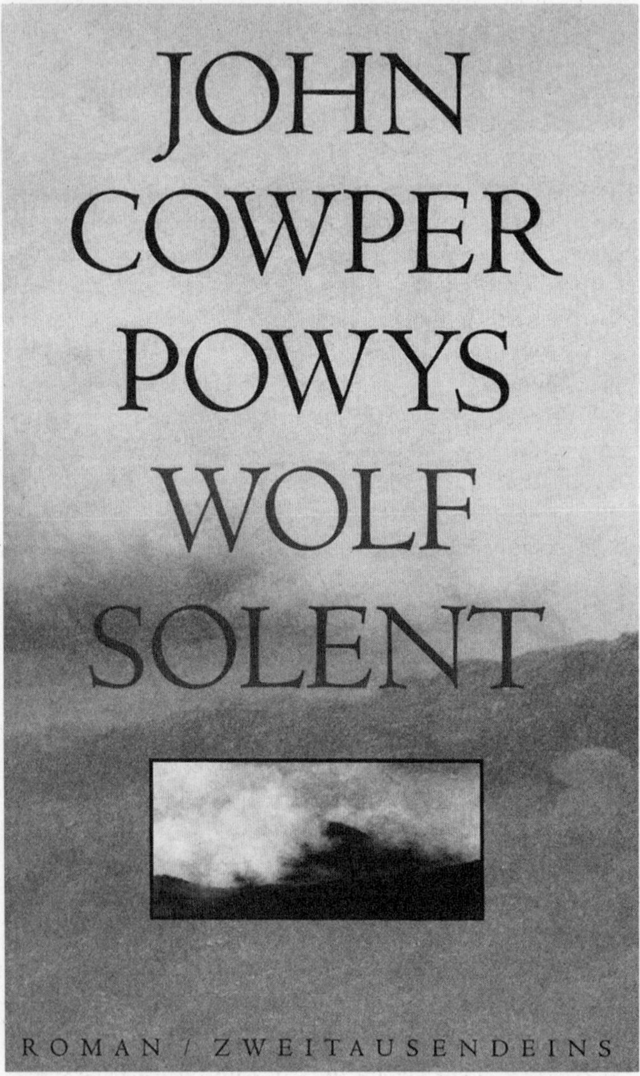
JOHN
COWPER
POWYS
WOLF
SOLENT
ROMAN / ZWEITAUSENDEINS

gewillt ist auf Powys' archaisch-visionäre, aber durch reichlich Empirie gesättigte suggestive und bilderreiche Sprache, auf diese Prosainflation, dieses skurrile, oft genug abseitige, mitunter auch so überaus form- und stillose Wortgespinst.

Man sollte sich das mal zumuten: »Vor seinem Auge erhob sich, kompliziert und unmenschlich gleich einem sich bewegenden Turm von Instrumenten und Schaltern, das ungeheuerliche Gespenst der modernen Technik. Er hatte das Gefühl, als würde bei all diesen Aeroplanen, die gleich allgegenwärtigen Aasgeiern in jede Zufluchtsstätte hineinspionierten, bei dieser Invasion aller Wege durch eisengepanzerte, kolossalen Käfern gleichende Motorenwagen, da kein Meer, kein See, kein Fluß frei war von pulsierenden, dröhnenden Maschinen – als würde das Eine, Wertvollste von allem in der Welt langsam dahingemordet. In dem staubigen, von der Sonne erhellten Raum des kleinen tabakfleckigen Waggons schien er ein dahintreibendes und hilfloses Abbild des ganzen Erdenrundes zu sehen. Und er sah es blutend und geopfert gleich einem glattbäuchigen vivisezierten Frosch. Er sah es ausgehöhlt und ausgemeißelt und ausgescharrt und geeggt. Er sah es aus der surrenden Luft herab von Falken gejagt. Er sah es verstrickt in ein zitterndes Netz der Vibrationen, sich hebend und erschaudernd unter der Last von Eisen und Stein.«

Das sind die Ansichten und Meinungen von Wolf Solent, der Hauptfigur des gleichnamigen Romans – der in Deutschland von ähnlich gestimmten Dichtertemperamenten wie Hesse und Jahnn hymnisch gefeiert wurde, was die zurückhaltende Powys-Rezeption hierzulande überhaupt erst einleitete. Ein durchaus typischer Protagonist: ein wenig lebensuntüchtig, weltvergessen, aber mit einer überbordenden, ekstatischen Phantasie begabt – und vor allem ein Kulturpessimist und Zivilisationsfeind wie der Autor. Hier manifestiert sich auch schon das Thema, das zeit seines Lebens das Gravitationszentrum seines Schreibens bildete: die Moderne mit all ihren vermeintlich inhumanen Weiterungen. Er formuliert grundlegende Kritik an der Urbanisierung und Industrialisierung, der Verwelt- und Verwissenschaftlichung, an dieser Reduktion der Realität auf das rational Fassbare, Messbare. Eben weil auf diese Weise »das Eine, Wertvollste von allem in der Welt langsam dahingemordet« werde.

Was Powys umtreibt, ist mithin das Problem der Erlösung in einer heil- und gottlosen Welt, ein Problem, an dem so viele »unbehauste Menschen« in jenen Jahren laborierten. Er indessen hat eine Lösung parat, die er nicht nur literarisch, sondern auch im richtigen Leben konsequent umzusetzen sich bemüht. Er reagiert auf die allgemeinen Säkularisierungstendenzen des Zeitalters mit einer halsstarrigen Gegenbewegung, einer forcierten Sakralisierung. Er lässt das Metaphysische in allen erdenklichen Ausprägungen und Derivaten (ob in Form von alten Sagen und Legenden oder in Gestalt der verschiedensten Glaubensformen: des Christentums, Pantheismus, Animismus, Taoismus, Fetischismus, der Naturmystik etc.) Gestalt werden und hält es dem technologischen Zeitalter immer wieder als großes und fast immer siegreiches Prinzip entgegen. Dieser Dualismus strukturiert fast alle seine Romane, im Großen wie im Kleinen. In *Wolf Solent* etwa steht nur eine Seite nach der wortreichen Diffamierung der Moderne, gewissermaßen komplementär dazu, eine beinahe mystische Glückserfahrung: »Als er durchs offene Fenster hinausstarrte und beobachtete, wie die Telegraphendrähte, Spanne um Spanne, langsam niedersanken, bis sie von der nächsten Telegraphenstange mit einem Ruck wieder in die Höhe gehoben wurden, gab er sich einem Gefühl hin, das ihm stets besonderes Vergnügen bereitete, dem Gefühl, sich selbst als prähistorischen Riesen zu denken, der mit müheloser Leichtigkeit neben dem Zug dahinlief, über Hecken, Gräben,

Wege und Teiche hüpfte und in seiner naturgeborenen ruhigen Schnelligkeit leicht Schritt hielt mit dem lärmenden Mechanismus all jener Kolben und Triebräder.«

Wenn er nur wollte, der Riese, könnte er natürlich auch überholen ... So kurios das alles anmuten mag, ein Blick in die Tagebücher (die vor einigen Jahren in einer guten Auswahl im Residenz Verlag erschienen sind) beweist doch: Powys hat das wirklich gelebt. Wer sich dergestalt aus der Welt fallen lässt, um in den mythischen Urgrund abzutauchen, ist mit der Wirklichkeit respektive deren literarischer Gestaltung augenscheinlich überfordert. Und so nimmt Powys seine Chronistenpflicht auch nicht recht ernst. Merkwürdig zeitlos sind diese Romane, archaisch geradezu, und man könnte durcheinander kommen, wenn nicht gelegentliche Signalmarken (wie etwa die »Aeroplanen«), fast schon alibihaft, die Handlung im frühen 20. Jahrhundert situierten. Diese vorzeitliche, eben mythische Aura ist nicht zuletzt auch der ganz und gar konventionellen Form seiner Romane geschuldet. Powys gibt noch einmal den gottgleichen, nachgerade homerischen Rhapsoden und hält so die Erinnerung an die ganz alte, mündliche Erzähltradition wach.

Bücher des Wissens
Wilhelm Reich
Die
sexuelle
Revolution
Wilhelm Reich

Der Rosenkreuzer des Ficks

Die sexuelle Revolution von Wilhelm Reich (1936)

Reichs Grundidee der »Sexualökonomie«, die er schon 1924 in dem Text »Über Genitalität« rudimentär formuliert und in *Die sexuelle Revolution* dann systematisch entwickelt, sieht folgendermaßen aus: Der primäre Trieb des Menschen ist die Libido; sie besteht aus sexueller Energie, die verbraucht werden muss. Staut sie sich, entstehen Ängste, Neurosen, Minderwertigkeitskomplexe, soziale Unverträglichkeit etc. Nur durch freies Ausleben der Sexualität (Bedingung ist ferner »orgastische Potenz«, »die Fähigkeit zur völligen sexuellen Hingabe«, zur »vollständigen Entladung der gesamten aufgestauten Erregung durch unwillkürliche, lustvolle Körperzuckungen«) ist man in der Lage, eine gesunde, glückliche und gesellige, kurzum »genitale Persönlichkeit« auszubilden.

Nun verhindert aber die repressive patriarchalische Gesellschaft in der Regel diese absolute sexuelle Erfüllung. Das Instrument einer solchen Sexualunterdrückung ist Moral, Reich nennt sie »Zwangsmoral«. Ihre Institution ist die »Zwangsfamilie«, in der sexuell sich anödende Ehepartner ihre Frustration an die Kinder weitergeben, indem sie ihnen das Onanieren verbieten. Dadurch wiederum können sich bei den Kindern niemals demokratische Tugenden, »Selbstsicherheit, Willensstärke, Kritikfähigkeit«, ausprägen. Das Onanieverbot erzeugt folglich den typischen demokratieunfähigen Untertan, nach oben katzbuckelnd, nach unten tretend. Weil die Mächtigen aber auf den Untertan nicht verzichten können, unterstützen sie weiterhin die Zwangsfamilie – als »Untertanenfabrik«.

Ob das wissenschaftlich alles ganz astrein ist, darüber darf man zumindest streiten. Auch wenn es unmittelbar einleuchtet – und uns um Schwanzlängen sympathischer dünkt als

Freuds freudlose Muckertheorie von der ewigen Sublimation der Libido. Allein, betrachtet man, von akademischer Akkuratesse hier wirklich mal abgesehen, sein Buch als gesellschaftspolitisches Pamphlet (noch dazu aus dem Jahre 1936!), so wird man Wilhelm Reich, diesem »Rosenkreuzer des Ficks« (Hans Magnus Enzensberger), seine Anerkennung kaum versagen können. Schade nur, dass der alte Reich es nicht mehr erleben konnte, wie sittenlose Halbstarke im Jahre 1968 ff., seine Schrift in der Hand, ihr »Gegen Bullen hart, im Bett zart« an öffentliche Gebäude schmierten (Weiteres dazu im Artikel über Günter Amendts *Sex Front*, S. 213). Vielleicht ist ja doch was dran? Wir empfehlen bei intellektuellem Rechtsruck: Reich lesen!

Ein kleiner Appendix muss noch erlaubt sein. Denn all unserer Sympathie und Verehrung für diesen originellen Sozialpsychologen zum Trotz – Reichs spätere Entdeckungen, also »Bione«, »SAPA-Strahlung«, »Orgonakkumulator« etc., sind nichts weiter als Hirngespinste eines Paranoikers. Aber wie lässt sich dieser Bruch erklären? Wie konnte aus dem einstigen Musterschüler Freuds der Wissenschaftsphantast und schließliche Sternenkrieger werden, der gerade noch rechtzeitig seinen »Cloudbuster« in Stellung bringt, um die Welt vor den Angriffen Außerirdischer zu retten? Vielleicht liegt der Umschlag von der profunden psychoanalytischen Forschung zur Esoterik nicht zufällig in der Nazizeit. Die Erfahrungen dieser Jahre, in denen Reich politisch, wissenschaftlich und menschlich – bisweilen aufs Intriganteste – ausgegrenzt wird, haben sicher seine Egomanie und Halsstarrigkeit, vor allem jedoch seine Unzugänglichkeit für externe Kritik befördert.

Nach der Machtergreifung Hitlers musste der schon zuvor von den Nazis verketzerte jüdische Kommunist – dessen sexual hygienische Schrift *Der sexuelle Kampf der Jugend* 1932 im *Völ-*

kischen Beobachter als »kommunistische(r) Appell an die deutsche Jugend, sich gegen alle Sittengesetze aufzulehnen« gebrandmarkt worden war – nach Wien flüchten, um der drohenden Verhaftung zu entgehen. Dort warnt er vor allem in Reden vor der Suggestivität und zunehmenden Popularität des Hitler-Faschismus und bringt die Freudianer gegen sich auf, die ihre Psychoanalyse um jeden Preis heil durch die Fährnisse der Zeitläufte bringen wollen und sich deshalb – hellsichtig und in weit vorauseilendem Gehorsam – politischer Unbotmäßigkeiten gänzlich enthalten.

Die NS-Machthaber brauchten nicht zu ziehen, die institutionalisierte Psychoanalyse sank ganz von alleine hin: Reich wurde von den Mitgliederlisten der Deutschen wie Internationalen Psychoanalytischen Vereinigung (IPV) gestrichen, und es wurde – in Absprache mit Freud – ein »Memorandum« für die Nazi-Funktionäre erstellt, das die eigene von der Reich'schen Psychoanalyse positiv abzugrenzen suchte. Bezeichnenderweise erschien dieses Machwerk, das Reich mit gutem Recht eine »Schande für die gesamte psychoanalytische Wissenschaft und Bewegung« nannte, auch im Naziorgan *Reichswart.* Der Bruch mit der IPV (und dann auch mit den Kommunisten) zwingt ihn zur Emigration nach Schweden (später Norwegen). In seinen Tagebüchern aus jenen Jahren kann man nachlesen, wie sehr Reich unter der Ablehnung und zunehmenden Isolation gelitten hat. Einstige Glaubensbrüder treiben Häresie, andere konvertieren gleich ganz, von der wissenschaftlichen Welt wird er als Scharlatan abgetan und marginalisiert, beharrlich hetzt die reaktionäre Presse gegen ihn (ein Osloer Schmierblatt etwa empfiehlt ihm einen KZ-Aufenthalt), und in seiner unmittelbaren Umgebung brodelt die Gerüchteküche: Er hypnotisiere seine Patienten, sperre sie in ein Zimmer und lasse sie miteinander koitieren – oder trete dabei höchstselbst in Aktion. Und immer droht die Gefahr, dass auf die allgemeine Hatz eine Abschiebung folgt. Kein Wunder, dass ein selbstgefälliger, egozentrischer Dickschädel wie Reich sich nun erst recht in die Arbeit stürzt – und sich zwangsläufig darin verrennt: »Ich fühle mich nur noch in meinem Zimmer wohl. Hier bin ich noch der alte Willi Reich. Draußen im ›Leben‹, im Café, im Kino bin ich der ›merkwürdige Mann‹, ›der Fremde‹, ›der: es gibt auch anständige Juden‹. Siegen oder kaputtgehen – – that's the question.«

Are you sprakin sea Djoytsch?

Finnegans Wake von James Joyce (1939)

Rolf Vollmann, der bekannte »Roman-Navigator«, drückt sich in seiner gewohnt nonchalanten Art um eine Auseinandersetzung mit diesem Monolithen – von einem Roman kann ja eigentlich nicht die Rede sein – herum und fragt sich stattdessen, ob Joyces Gedanke, »einmal alles zu wollen, was nur er wollen konnte«, also die Grenzen des Schreibbaren auszuloten, wirklich gut war: »Manchmal denke ich, daß die meisten Großen ihn hatten, aber dann ließen sie ihn. Dann wieder denke ich mir, daß, wer diesen Gedanken auch nur ein einziges Mal wirklich hat, ihn eben nicht mehr läßt: so daß ihn doch keiner vor Joyce hatte, und wenigstens darin war der Gedanke dann gut.« Sind Vollmanns zwei Gedanken nun eigentlich so gut, dass man sie derart vorsichtig in Satzschächtelchen packen müsste und aufheben wie eine kostbare Preziose? Am Ende ist nämlich alles ganz einfach: Anstatt sich lebenslang mit *Finnegans Wake* zu beschäftigen, was Joyce vom idealen Leser forderte, liest Vollmann lieber »sechstausend andere Romane«. Das hat er also gemeint …

Sich herumdrücken um den Text – das ist genau das, was die meisten machen. Fritz Senn, einer der besten Joyce-Kenner und -Interpreten, die zurzeit auf Erden wandeln, hält *Finnegans Wake* für »das Werk mit der wohl größten unmittelbaren Ausstrahlung, d. h. Ausstrahlung auf seine Nichtleser«: »Man kann darüber je nachdem banalste oder einsichtige Aussagen von sich geben, gerade ohne die vertiefende Auseinandersetzung, die ›Finnegans Wake‹ so dringlich verlangt.«

Ganz ausnehmen kann man da vielleicht nur den Kreis der Süchtigen, der sich schon vor geraumer Zeit um Senn und seine Fanzines *James Joyce Quarterly* and *A Wake Newslitter* for-

James Joyce
Finnegans Wake
Deutsch
Herausgegeben von
Klaus Reichert und
Fritz Senn
edition suhrkamp
SV

miert hat: Das sind die idealen Leser im Joyc'schen Sinne. Aber wie auch immer, zumindest wer darüber schreibt, sollte sich schon ein wenig einlassen auf dieses wohl merkwürdigste Buch der neueren abendländischen Literaturgeschichte (auch wenn man schließlich über ein paar Lektürenotizen kaum hinauskommen wird).

Merkwürdig ist das vor allem, weil man auch sechzig Jahre nach seinem Erscheinen immer noch nicht mit Bestimmtheit weiß, worum es genau geht in dem Buch. Denn da ist seine Sprache vor – ein vielbödiges, aus Elementen von fünfundsechzig unterschiedlichen Fremd-, Fach- und Kunstsprachen ebenso brachial wie feinsinnig aufgeschichtetes Idiom, auf endlose Mehrdeutigkeit angelegt und bis zur Unverständlichkeit verrätselt. Ein gigantisches Sprachspiel. Das meiste, was sich über *Finnegans Wake* bisher sagen lässt, ist deshalb immer noch hypothetischer Natur und könnte sich morgen schon als falsch erweisen. Man ist gleichsam gezwungen, sich auf das zu verlassen, was mittlerweile nun auch schon einige Forschergenerationen in mühevoller Kleinarbeit, die sich oft erschöpft in skrupulöser Einzelstellenerläuterung, herausgefunden haben.

Da wird geträumt in dem Buch. Wer das ist, der träumt, weiß noch keiner, vielleicht sind es mehrere, vielleicht ist es allein der Protagonist: der Kneipenwirt Humphrey Chimpden Earwicker, der mit seiner Frau Anna Livia Plurabelle, den Zwillingssöhnen Shem und Shaun und der Tochter Isabel in einem Dubliner Vorort namens Chapelizod lebt. In einer Nacht, so wird der Text zumindest zeitlich eingegrenzt, lässt H. C. E. (nehmen wir hier mal an, dass er es tatsächlich ist) träumend sein Leben Revue passieren: Von einem Skandal ist die Rede (man hat ihn früher irgendeiner sexuellen Verfehlung überführt: Möglicherweise hat er einem kleinen Mädchen beim Pinkeln zugesehen, sich einem Mann sexuell genähert oder dergleichen Dummheiten gemacht), aber auch von einigen Erfolgen bei den Frauen, von dem Gezänk der Zwillinge, von Geschehnissen in seiner Kneipe usf.

Alle Figuren dieses Monuments sind auf Transzendenz angelegt, sie weisen über sich hinaus ins Archetypische: H. C. E. repräsentiert das phallozentrische Prinzip, Anna Livia (Liffey heißt der Fluss, an dem sie wohnen!) das weibliche des Fließens und Strömens. In ihrer Funktion als Archetypen sind sie umso leichter zu ersetzen – oder zu erweitern – durch Äquivalente aus der schriftlichen Tradition, aus Mythos und Legende (was Joyce ausgiebig tut).

Aber auch das Familienmodell lässt sich transzendieren. Wie bei einem Palimpsest scheinen unter der Oberfläche von *Finnegans Wake* immer wieder geschichtsphilosophische Vorstellungen durch, wie sie Giambattista Vico in seiner *Scienza Nuovo* formuliert (die Joyce sattsam studiert hatte). Vico geht von einem zyklischen Entwicklungsmodell aller Kulturen aus (von einem Paradigma aus Aufstieg, Blüte und Zerfall), das sich in Onto- und Phylogenese wiederholt: Alles ist in allem, das heißt, im einzelnen Menschenschicksal (oder in der Familie) spiegelt sich die Kultur- und Menschheitsgeschichte. Und alles befindet sich in einem zyklischen Fluss.

Hier haben wir wohl das strukturbildende Prinzip des Werks. So mündet denn das letzte Wort »the« wieder in das »riverrun« vom Anfang. Und auch der Titel spielt an auf das große Thema vom Werden, Vergehen und Wiederauferstehen. »Finnegans Wake« nämlich hieß zunächst eine anonyme irische Ballade. In der stürzt ein Maurer, Tim Finnegan, besoffen von der Leiter und bricht sich das Genick. Als sich seine Freunde zum Leichenbegängnis (dem »Irish Wake«) versammeln, fällt einem die Whiskeyflasche aus der Hand und knallt auf den Sarg, der Whiskey (usquebeatha, gälisch für Lebenswasser) läuft aus, über die Leiche – und infolgedessen kehren Finnegans Lebensgeister wieder zurück.

Auch die Sprache, der eigentliche Protagonist von *Finnegans Wake*, gehorcht dem Prinzip des Zyklischen, Fließenden. Sie emanzipiert sich von ihrer obligatorischen Funktion, Wirklichkeit abzukonterfeien, sie dreht sich ausschließlich um sich selbst und ist insofern, was ihre semantische Ausdeutbarkeit betrifft, wirklich grenzenlos. Dass sich ein so inkommensurables Ding unmöglich in eine andere Sprache übersetzen lässt, zumal das Englische ja auch nur das linguistische Substrat darstellt, auf dem die polyglotten Wortrabatten üppig wuchern, ist keine Frage. Fritz Senn meint dazu lapidar: »Der vielsprachige ›Wake‹ ist seine eigene Übersetzung.« Und im Werk selbst findet sich ja auch das bereits sprichwörtliche, ironisch so etwas wie Eigensprachlichkeit reklamierende Diktum: »are you sprakin sea Djoytsch?«

Nichtsdestominder blickt Senn wohlwollend auf die vielen Frankensteine, die es dennoch probieren, ein neues Monster zu erschaffen – auch weil Joyce selbst Übersetzungen angeregt und an ihnen mitgearbeitet hat. Beide werden mir also verzeihen, wenn ich im Folgenden aus einer deutschen Übersetzung zitiere – und zwar nicht aus der misslungenen von Dieter H. Stündel, der ja schon im Untertitel warnt, dass es sich eigentlich um »Kainnäh ÜbelSätZung des Wehrkeß fun Schämes Scheuß« handelt, sondern aus der sehr viel präziseren Teilübersetzung der »Anna Livia Plurabelle« (Kap. I.8) von Wolfgang Hildesheimer. Die Passage kann auch bezeugen, dass wir es mit einem durchaus witzigen Buch, einer Kalauerei allergrößten Ausmaßes zu tun haben: »Erst ließ sie ihren Haaren Fall, und herab floß es zu Fuß, in theißenden ringelnden Lockern. Und dann, mitternackt, seift sie sich ein mit Galaxienmilch und aronatischphlegendem Krystazienschlamm, obion et unsha, vom Harz bis zur Seele. Dann besalbte sie Grube von Mietzel und Mürz und Mutter und Mal und Kratzer mit antifaulendem

Karamalz und Turfenthym und Särpenzin, podert mit Liebstock ihre prünella Itzeln, bezaudert ihr fünnfiges Quitt mit Islandminz allover ihr kleines Röschen. Schaalt Gold aus Wachswerk über ihren Wiggelbauch und Ribbeln aus Weihrauch, aalglossigbraun. Darauf wob sie Girland in ihr Haar. Sie zöpfte es. Sie zupfte es. Aus Visengras und Wasserflecht, aus Flatterbins und Uferhalm, und aus dem Schmerzgefälle der traurigen Weiden.«

Was soll eine solche Sprache? Nun, zunächst einmal soll es sie geben als etwas für sich selbst Existierendes. Dahinter steht aber noch eine weitere, nicht weniger freche Prätention: Joyce will die mythische Ursprache wiederherstellen – jene vor der babylonischen Sprachverwirrung noch für alle verständliche, weil noch nicht in die Einzelsprachen ausdifferenzierte –, *eine* totale Sprache. Und was liegt da näher, als die verfügbaren Einzelsprachen in einem gewaltigen Extrakt zu integrieren, sie auf engstem Raum zusammenzuballen. Joyce nennt diesen Rekonstruktionsversuch »nat language« (»in the Nichtian glossery which purveys aprioric roots for aposteriorious tongues this is nat langue at any sinse of the world«): Es ist also zunächst mal keine Sprache (not language), jedenfalls keine, die wir verstehen; genauso aber die Sprache der Nacht (dän. nat); sie lässt sich vergleichen mit dem Summen der Insekten (gnats), das in der Nacht am lautesten sich mitteilt, ist also auch eine Sprache der Nat-ur; es ist die Sprache des Irrationalen (nuts); und nicht zuletzt die Anwesenheit aller Sprachen, die in eins fallen wie in einer Nuss (nut).

Samuel Beckett schrieb mal, in *Finnegans Wake* habe Joyce die Sprache schlafen gelegt. Fürwahr. Hier spricht das Unterbewusstsein, das ja nur sprechen kann, wenn die Ratio Ruhe gibt. Und im Unterbewusstsein, in diesen älteren vorrationalen Gehirnregionen, ist der alte mythische Menschheitszustand noch gegenwärtig: Es beherrscht die Ursprache noch –

die »nat language«. Die Korrespondenz von Phylogenese und Ontogenese zeigt sich also auch hier.

Aber genug, es sollten ja nur ein paar Lesenotizen sein. Nun entscheiden Sie selbst, ob Sie sich fürderhin fernhalten wollen von diesem rauschenden, über alle Ufer tretenden Wortstrom und stattdessen lieber ein paar andere Romane lesen. Es müssen gar nicht sechstausend sein. Mir brauchen Sie schließlich nichts zu beweisen.

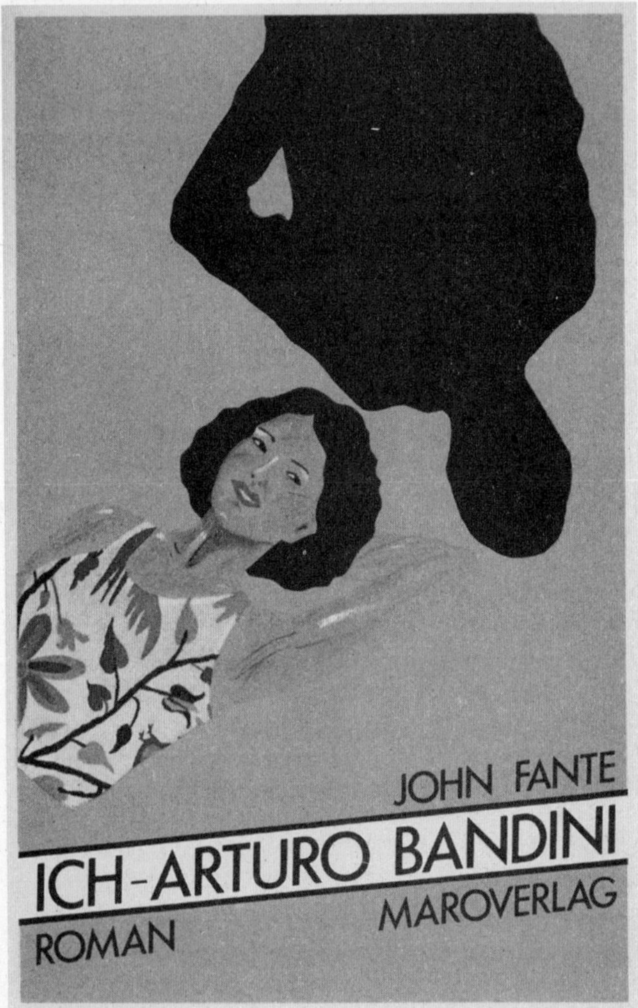
JOHN FANTE
ICH-ARTURO BANDINI
MAROVERLAG
ROMAN

Aus dem Gedärm heraus

Ich – Arturo Bandini von John Fante (1939)

Fante konnte nur über sich selbst schreiben. Jedenfalls wenn er literarisch schrieb. Als Drehbuchautor, der er auch immer war, sein musste, weil ihm trotz der Unterstützung des einflussreichen Zeitungsmannes und berühmten Kritikers H. L. Mencken seine Geschichten und Romane nie die Subsistenz sicherten, hätte man ihm Studioverbot erteilt, wenn er den Regisseuren mit Storys aus dem beschwerlichen Alltag der italienischen Immigranten gekommen wäre. Deren geringe bzw. nicht vorhandene Aufstiegschancen widerlegen nämlich ganz hübsch den amerikanischen Nationalmythos. Nicht gerade der Stoff, aus dem die Träume sind … Aber in seinen zehn Büchern, von denen bisher immerhin sieben auf Deutsch erschienen, aber nur wenige lieferbar sind, geht es ausschließlich um ihn, um sein Schicksal, seine Erfahrungen als Sohn einer armen, noch nicht ganz assimilierten Einwandererfamilie. Kein Wunder also, dass ein ebenfalls manisch autobiographischer Autor und Outcast wie Charles Bukowski Fante als seinen »Gott« pries und bei seinem Verlag Black Sparrow Press Anfang der 80er gleich ein paar Neuauflagen durchsetzte, die in den USA so eine Art Fante-Renaissance auslösten. Aber noch etwas hat Bukowski begeistert. Hier gab es einen Ahnen zu entdecken, ein ähnliches Schriftstellertemperament, das für seine Zeit, und das sind vor allem die 20er und 30er Jahre, und sein Soziotop leistete, was Buk für seine Gegenwart und Umgebung sich vorgenommen hatte. Dieses Schreiben »aus dem Herzen und aus dem Gedärm heraus«. Und da ist es naheliegend und sinnreich, dass sein alter deutscher Hausverlag Maro 1982 die erste Übersetzung von *Ask The Dust* liefert: *Ich – Arturo Bandini*, laut Bukowski einem der besten in den USA publizierten Romane.

Ein Anti-L.A.-Roman: »Auf dem Rückweg stieg ich die staubigen Treppen von Bunker Hill hinauf, vorbei an den rußbedeckten Holzhäusern und den nutzlosen Palmen, die unter einer dicken Schicht Öl und Sand und Schmiere erstickten. Wie todkranke Gefangene standen sie da, angekettet an ein kleines Fleckchen Erde, und ihre Füße waren unter schwarzem Pflaster verborgen, Staub und alte Häuser und alte Leute, die am Fenster sitzen. Alte Leute, die aus ihren Haustüren angeschlurft kamen, alte Leute, die sich unter Schmerzen durch die dunklen Straßen quälten ... mit gerade so viel Geld, dass es reichte bis zum Tag, an dem die Sonne sie umbrachte.«

Es ist dieser harte, unschöne, nicht drum herum redende Realismus, dem sich Fante verschrieben hat und der keinen Zweifel daran lässt, dass fast alles in diesem Text selbst erlebt, selbst erlitten worden ist.

Es geht hier um die Initiation eines Schriftstellers. Seine eigene! Leider hat er noch nicht viel erlebt, worüber es sich zu schreiben lohnte, schon gar nicht mit den Frauen, und das trifft so einen jungen italienischstämmigen Hengst naturgemäß am härtesten. Also läuft er durch die heißen Straßen der Stadt auf der Suche nach dem großen Abenteuer, folgt einer Hure aufs Zimmer, aber dann macht ihm sein katholischer Glaube einen Strich durch die Rechnung. Trotz Nietzsche- und Voltaire-Lektüre, trotz seines angelesenen Atheismus also ist ihm diese ganze Bigotterie mitsamt dem Erbsündedogma tief eingebrannt, und gerade Letzteres wirkt ziemlich lusthemmend auf ihn. Schließlich lernt er Camilla Lopez kennen, verfällt ihr total, dieser bildschönen, versauten »Mexe«, die eigentlich einen anderen liebt. Und auch bei ihr versagt er zunächst, aber nachdem er mit der todunglücklichen, körperlich verunstalteten Vera Rivken etwas geübt hat, klappt es doch noch. Allerdings ist für ihn dauerhaft kein Platz an ihrer Seite, er passt nicht zu »Camillas fiebriger, verlorener Existenz«. Sie zieht weiter, und er hat am Ende seinen ersten Roman in den Buchläden.

Bandini ist »weder Fisch noch Vogel noch ein braver roter Hering«, ein innerlich Zerrissener, ständig schwankend zwischen hedonistischer Haltlosigkeit und gottgefälligem Moralismus, zwischen Hartherzigkeit und tiefem Mitgefühl für die Leidenden, zwischen machohafter Großspurigkeit und Minderwertigkeitskomplexen, literarischen Omnipotenzphantasien und Versagensängsten. All diese Widersprüche entspringen aber nur dem einen existenziellen Konflikt dieses Charakters: Bandini ist in den USA geboren und besitzt Nationalstolz und Patriotismus für zwei, aber er bleibt in den Augen der anderen dennoch immer das Immigrantenkind, der Amerikaner zweiter Klasse, der »Greaser«, »Dago«, »Wob«. Und das macht ihn wütend: »Ich habe auf ihre Zeitungen gekotzt, habe ihre Literatur gelesen und ihre Sitten und Gebräuche angenommen. Ich habe ihre Nahrung gegessen, ihre Frauen begehrt, ihre Kunst begafft. Aber ich bin arm, und mein Name endet mit einem Vokal, und sie hassen mich und meinen Vater und meines Vaters Vater, und sie würden mich gern zur Ader lassen und auf mir herumtrampeln, aber sie sind jetzt alt und sterben in der Sonne und im heißen Straßenstaub. Ich aber bin jung und voller Hoffnung und Liebe für mein Land und für meine Zeit.« Bandinis Konfession! Er will sich als Autor in die amerikanische Literaturgeschichte einschreiben, um es denen zu zeigen – seine Emanzipation ein für alle Mal zu besiegeln.

Bandini ist auf dem besten Weg dahin. John Fante hat es schließlich geschafft, aber es hat lange gedauert. Vermutlich weil zuvor noch viele alte Amerikaner in der Sonne und im heißen Straßenstaub sterben mussten.

PS$_1$. Es hat sich ein »Prolog zu Ask the Dust« im Nachlass erhalten (jüngst bei Maro erstmals ins Deutsche übersetzt), der möglicherweise als verkappter Appell an seinen Verleger gedacht war, auf dass dieser endlich den Vertrag nebst Vorschuss rüberkommen lasse für seinen zweiten Roman, eben *Ask the Dust*. Der Text ist eine prächtige, vollmundige Eigenwerbung in poetischer Prosa, ein Exposé, das selbst ein Stück Literatur geworden ist und einen Roman skizziert, der sich von dem kurz darauf wirklich geschriebenen und gedruckten in einigen Details unterscheidet, weil Fante hier noch näher dran ist an der eigenen Biographie. Wer also nachvollziehen will, wie sich bei diesem Autor das eigene Leben und Erleben in Literatur verwandelt, der bekommt hier eine schöne Gelegenheit. Die anderen haben einfach einen weiteren grandiosen Fante-Text mehr, den sie nun bewundern können.

PS_2. Apropos grandiose Fante-Texte. Sehr zu empfehlen, nicht zuletzt als Teaser für die größeren Romane, ist auch der Storyband *Eine Braut für Dino Rossi* (Maro, who else!?). Das Wesentliche nämlich findet sich hier bereits. Charaktere, so wetterwendisch, unberechenbar und dann doch auch wieder so simpel, wie Menschen sein können. Und eben das Fante-typische Personal, für das seine eigene Familie Modell stand. Da ist die raubeinige, proletarisch-laute Vaterfigur, jener hart arbeitende, bitterarme, aber gleichwohl bis zur Machokarikatur selbstbewusste Maurer aus den Abruzzen, der mehr schlecht als recht seine Familie ernähren kann, deshalb mit seinem Gott hadert und auch gern mal über die Stränge schlägt. Die stets duldende, katholisch-frömmelnde Mutter, die moralische Instanz der Familie. Und schließlich der Held und Ich-Erzähler, in diesen vier Geschichten ist das ein Junge, der von der Virilität seines Vaters zutiefst beeindruckt und zugleich abgestoßen ist. Er hasst ihn dafür, dass er säuft und rumhurt und der Mutter das Leben zur Hölle macht, aber natürlich liebt und bewundert er ihn auch aus vollem

Herzen. Er hat den moralischen Imperativ der Mutter intus, der immer wieder in Konflikt gerät mit der alleweil ausbrechenden maskulinen Ungezähmtheit, der auf Konventionen pfeifenden Lebenslust des Vaters. Und die daraus resultierende existenzielle Verwirrung des Jungen, der zwischen dem mütterlichen Ideal einer verantwortungsbewussten bürgerlichen Existenz und dem prallen, rücksichtslosen Leben, wie es der Vater repräsentiert, nicht vermitteln kann, interessiert Fante hier vor allem.

In »Old Red Devil«, der besten Geschichte des Bandes, erreicht die Konfusion ihren Höhepunkt und kippt dann um in reines Grauen. Der Vater des Erzählers bekommt eine Goldmine geschenkt und fährt nun jedes Wochenende mit einem zwielichtigen Kumpan zur Mine, um dort zu graben, aber nie bringt er etwas heim. Seine Frau schöpft Verdacht und besteht darauf, dass der Sohn mitfährt – und ihre Befürchtungen bestätigen sich: Die Mine ist wertlos, die beiden Männer suchen dort gar nicht erst nach Gold, sondern betrinken sich lieber. Und als wäre das noch nicht genug, taucht auch eine andere Frau auf. Mitten in der Nacht wird der Junge geweckt, und er ertappt die Erwachsenen bei einem flotten Dreier. Völlig außer sich greift er zum Weihwasser, das seine Mutter ihm für den Notfall mitgegeben hat: »Über ihre Gesichter, ihre Brüste, ihre Schamhaare schüttete ich Weihwasser, trieb den Teufel aus, tötete ihn – und rettete und befreite meinen Vater.« Aber dieser furiose Exorzismus nützt gar nichts, verstört, »ganz verrückt vor Scham« rennt er in den Wald, und irgendwann sieht sein Vater nach ihm: »Ich hielt seine kräftige, schwielige Hand. Sie fühlte sich an wie der Huf eines Tieres. Aber es war mein Vater, und er konnte das einfach nicht getan haben.« Der Huf eines Tieres! So leicht lässt sich der Teufel eben nicht austreiben … Übrigens auch aus Fantes Werk nicht. Er hat sie immer wieder dargestellt, diese von keinem Katholizismus zu bändigenden männlichen Teufel. Und die dürften Bukowskis Wertschätzung für den Autor nun auch nicht gerade im Weg gestanden haben.

PS3. Johns Sohn Dan Fante hat mit *Chump Change* (German Publishing AG) einen thematisch einschlägigen Roman geschrieben, dem man die – eben nicht nur genetische – Verwandtschaft der Autoren recht deutlich ansieht. Nun haben sich in den letzten sechs Dekaden ein paar Beschreibungstabus in Luft aufgelöst, entsprechend ist Dan Fantes Prosa – und das, obwohl sein Vater schon ziemlich weit geht, sehr viel weiter als die meisten seiner Generation – deutlich schmieriger. Hier nimmt die Segnung rückläufiger Peristaltik geradezu leitmotivische Züge an, hat man sich eine gewisse Libertinage, ja Perversion im Sexuellen auferlegt, hier wäscht man sich nicht mehr und trinkt auch, wenn man fährt. Nun geht es in *Chump Change* ja nicht zuletzt um die ziemlich harte Säuferkarriere des Autors bzw. seines Alter Ego Bruno Dante – mit Tremor, Absenzen, Messer im Bauch und allem, was dazu gehört. Er wird frühzeitig aus der Entziehungskur entlassen, weil sein Vater, eben jener John Fante (hier entsprechend: Dante!), im Sterben liegt. Die beiden sind sich fremd geworden in all den Jahren, und vermutlich hat der stolze, halsstarrige, auch verbitterte Alte es keinem leicht gemacht, ihn zu mögen. Seine Romane bleiben erfolglos zu Lebzeiten, und die gut dotierte Arbeit für die Filmindustrie hat er stets als Vergeudung seines Talents empfunden. Noch im Sterben zeigt er sich als eigensinniger Knochen, sein Herz macht einfach weiter, obwohl alle anderen Organe schon längst nicht mehr funktionieren. Bruno/Dan nimmt also Abschied, und zu seinem eigenen Erstaunen empfindet er doch noch etwas für ihn, Liebe auch, vor allem aber Hochachtung für dessen literarische Größe. Und dass die nach seinem Ableben auf ewig verschüttet bleiben soll, macht ihn erst richtig fertig. Die probaten 3½-Liter-Flaschen Mad Dog 20-20, ein billiger Rotwein, helfen zwar eine Weile, aber das ist doch keine Lösung! Also hört er auf zu saufen und fängt wieder an zu schreiben (*Chump Change* eben!). Für seinen Vater. Damit er allen, die seine Sachen gut finden, sagen kann, dass es da noch einen anderen Fante gab, und der war viel besser! Das ist eigentlich allzu ehrenwert und altruistisch für einen Hurensohn wie Bruno, mit anderen Worten, dieser totale Gesinnungswechsel hängt ein bisschen unmotiviert in der Luft. Aber das weiß er wohl selber. An einer Stelle bezichtigt er sich, nur des Vaters »Temperament, und nicht sein Talent« geerbt zu haben. Nun, das ist nicht wenig, und diese kompromisslose Rabaukendiktion weist durchaus den richtigen Weg.

ANTOINE DE SAINT-EXUPÉRY
Der Kleine Prinz
KR
KARL RAUCH VERLAG

Einzig in der Welt

Der kleine Prinz von Antoine de Saint-Exupéry (1943)

Wer schon mal nach einer Trauerkarte gesucht hat mit nicht gar zu schwermütiger Botschaft, der ist unweigerlich auf ein Zitat aus dem folgenden Opusculum gestoßen ... Ein kleines Buch, ein großes Plädoyer für die Freundschaft. Und wer dann noch etwas anfällig ist für sentimentale Stimmungen, der schreibt nach der Lektüre an den Verlag – wie jene namenlose, aber »begeisterte Leserin«: »›Den kleinen Prinzen‹ möchte man noch am selben Tag in den Händen all der Menschen wissen, die man lieb hat ...«

Der Ich-Erzähler, ein Flieger wie der Autor, muss in der Wüste Sahara notlanden und trifft dort unverhofft auf einen außergewöhnlichen Herrn, den kleinen Prinzen vom Asteroiden B 612, wie sich bald herausstellt. Der hat seinen Heimatplanetoiden verlassen müssen, weil er mit seiner neuen Freundin, der ein wenig arroganten, selbstverliebten Rose, »Schwierigkeiten« bekommen und ihren Wert anzuzweifeln begonnen hatte. Zunächst bereist er die umliegenden Sterne und trifft dort viele seltsame Erwachsene: einen einsamen, nach Autorität heischenden König; einen eitlen Fatzke, der ständig bewundert werden will; einen lethargischen Trinker, der Vergessen sucht im Alkohol, und zwar Vergessen von seiner Trinkerei; einen Geschäftsmann, der immerfort die Sterne zählt und sich als ihr Besitzer dünkt; einen Laternenanzünder, dem die Arbeit über den Kopf wächst, weil wegen der geringen Größe seines Planeten Tag und Nacht so schnell aufeinander folgen, der aber dennoch stur seiner Weisung folgt; und einen Geographen, der nichts zu tun hat, weil ihm die Forscher fehlen, die ihn mit Informationen versorgen.

Wirklich merkwürdige Gesellen, freilich mit parabolischem Huckauf. Ihre ganze Existenz ist absurd, weil sie Einzelgänger, in gewisser Weise Asoziale sind, weil niemand da ist, der sie braucht. Der kleine Prinz merkt, dass mit ihnen etwas nicht stimmt, kann aber nicht benennen, was es ist. Das lernt er auf der Erde. Zunächst entdeckt er dort einen Rosengarten und muss nun erst mal darüber weinen, dass seine einzige Rose nur eine von vielen ist, dann aber trifft er einen Fuchs, und der erklärt ihm das Wesen der Freundschaft und der Liebe: »Du bist für mich noch nichts als ein kleiner Knabe, der hunderttausend kleinen Knaben völlig gleicht. Ich brauche dich nicht, und du brauchst mich ebensowenig. Ich bin für dich nur ein Fuchs, der hunderttausend Füchsen gleicht. Aber wenn du mich zähmst, werden wir einander brauchen. Du wirst für mich einzig sein in der Welt. Ich werde für dich einzig sein in der Welt ...«

Wenn man sich also mit seinem Gegenüber vertraut gemacht hat, Verantwortung für ihn übernimmt, dann – ja dann bemerkt man auch schnell seine Singularität. So rennt der kleine Prinz noch einmal zum Rosengarten und gibt den Blumen – und damit auch der kleinen mitlauschenden Leseratte – anständig Bescheid:

»›Ihr seid, wie mein Fuchs war. Der war nichts als ein Fuchs wie hunderttausend andere. Aber ich habe ihn zu meinem Freund gemacht, und jetzt ist er einzig in der Welt.‹

Und die Rosen waren beschämt.

›Ihr seid schön, aber ihr seid leer‹, sagte er noch. ›Man kann für euch nicht sterben. Gewiß, ein Irgendwer, der vorübergeht, könnte glauben, meine Rose ähnle euch. Aber in sich selbst ist sie wichtiger als ihr alle, da sie es ist, die ich begossen habe. Da sie es ist, die ich unter den Glassturz gestellt habe. Da sie es ist, deren Raupen ich getötet habe ... Da sie es ist, die ich klagen oder sich rühmen gehört habe oder auch manchmal schweigen. Da es meine Rose ist.‹«

Und damit ist dann ja auch alles gesagt. Nur das mit dem Sterben wollen wir jetzt mal nicht auf die Goldwaage legen. Zu viel heroisches Pathos für ein sonst so einfach-anrührendes Kinderbuch.

Nachdem der Fuchs auch noch sein letztes Geheimnis preisgegeben hat (»Es ist ganz einfach: man sieht nur mit dem Herzen gut. Das Wesentliche ist für die Augen unsichtbar.«), lässt sich der kleine Prinz von der Schlange beißen, denn nur so kann er wieder zu seiner einzigartigen Rose zurückkehren, die ja von ihm begossen und gegen den Wind geschützt werden will.

Jetzt ist allerdings der verlassene Ich-Erzähler traurig, denn auch das gehört nun mal zur Freundschaft: »Man läuft Gefahr, ein bißchen zu weinen, wenn man sich hat zähmen lassen …«

TOWNE FORUM
MEETINGS
DAILY
11AM 2PM
By Special Request Sun 2 PM
WOODY.
& HIS GUITA
Singing His Own Son
Songs of the Common Pe
Dedicated
TO
SKID-ROAD
& Dust Bowl Refugees
MODERN CLASSICS
Woody Guthrie
Bound for Glory

In den Teufelszügen

Bound for Glory von Woody Guthrie (1943)

An den »Balladeer« und fahrenden Sänger, Urahn aller Folkies, maßgeblichen Takt- und Riffgeber des jungen Bob Dylan wird man sich vielleicht noch erinnern, wenn man sich überhaupt an Woody Guthrie (1912–1967) erinnert, und möglicherweise auch noch an den plakativen Slogan auf seiner Wandergitarre: »This Machine kills Fascists«.

Nur den *happy few* ist indessen bekannt, dass dieser pragmatische, naiv-archaische Kommunist, den nur seine schwere Nervenkrankheit Huntington's Disease vor den Nachstellungen McCarthys bewahrte und mit dessen Andenken man sich in seinem Heimatstaat Oklahoma auch heute noch schwer tut, bereits mit einunddreißig Jahren eine literarisch durchaus bedeutende Autobiographie veröffentlicht hat. *Bound For Glory* liest sich mit seinen sozial engagierten, wenn auch mitunter leicht romantisierenden Milieuschilderungen, dem nie verhohlenen Patriotismus, seinem Freiheitspathos und dem auf Spontaneität und Unmittelbarkeit setzenden umgangssprachlichen Stil beinahe wie eine vorweggenommene Mischung aus Jack Kerouacs *On the Road* und John Steinbecks *The Grapes of Wrath*, auch wenn sie vielleicht nicht ganz deren Strahlkraft erreicht.

Dankenswerterweise hat die Edition Nautilus das Buch vor einigen Jahren wieder aufgelegt, in der alten, lange vergriffenen Übersetzung von Hans-Michael Bock, der sich vor nun immerhin fünfundzwanzig Jahren redlich bemüht hat, die vielen Dialektpassagen ins Deutsche hinüberzuretten, was naturgemäß nie ganz ohne Albernheiten abgeht. Eine Revision *after all these years* hätte dem deutschen Text denn auch ganz gut getan, aber auch so entwickelt Guthries leicht fiktionalisierte Beschreibung seiner frühen Jahre genügend Schwung, um den

Leser durch die gut vierhundert Seiten zu tragen (der reicht dann sogar noch für Michael Kleffs ein bisschen sehr menschelndes, gleichwohl kenntnisreiches Nachwort).

Guthrie erzählt vom Kindheitsglück auf dem Land, in das die Anfälle seiner Mutter, die ebenfalls an der Huntingtonschen Krankheit leidet, wie Naturkatastrophen hereinbrechen; von den verbotenen Reisen auf dem Zug quer durch die Vereinigten Staaten als Wanderarbeiter, später dann Musiker; von den Unterhaltungen im Kreise der Hobos, den gewalttätig ausgetragenen Streitigkeiten, dem alltäglichen Rassismus innerhalb dieser Schicksalsgemeinschaft, der hier immer wieder aufgefangen wird durch die von Guthrie doch etwas zu stark idealisierte Solidarität der Vaganten; von dem bisweilen brutalen Vorgehen der Polizei usw.

Ganz subjektiv und unprätentiös, scheinbar kunstlos lässt Guthrie seine Biographie Revue passieren, aber was dabei entsteht, ist nicht weniger als ein Sittenbild der Unterschichten in den 20er und 30er Jahren, das auch immer die wirtschaftliche und politische Großwetterlage durchschimmern lässt: den Ölboom und die Folgen für die Menschen, Städte und (auch schon!) die Umwelt, die Depression Ende der 20er, die Arbeitslosigkeit und Massenarmut in der Folge, schließlich den Krieg.

Aber nicht nur der Stoff macht diese Lebensbeschreibung so wertvoll, der Songschreiber Guthrie hat einen Blick für die kleine, zumeist herbe Poesie des Alltags, und er findet dafür eine adäquate Sprache. Zum Beispiel – und ein Beispiel soll und muss hier für viele andere stehen –, wenn er angesichts einiger vagabundierender Kinder eine wunderschöne kleine Prosa-Elegie auf den natürlichen Zyklus der Landstreicherei anstimmt: »Ich hatte schon tausende solche Kinder gesehen. Sie kommen wohl von überall her, sind von zuhause weggelaufen. Sie nehmen den Platz der alten Tramps ein, die auf einem nassen Brett ausrutschen, eine Leiter verpassen, aus einer Tür fallen oder einfach vertrocknen und verschrumpeln, während sie in den Teufelszügen fahren; die Alten, die irgendwo in der dunkelsten Ecke eines Waggons ächzen und ihr Leben bejammern, das nur halb gelebt und zu neun Zehnteln vergeudet war, sie weinen, während ihre Seele den Expreßzug Himmel nimmt, wenn sie sterben und diese Erde verlassen wie das Echo eines Pfiffs im Nebel.«

J. D. Salinger
Der Fänger im Roggen
Roman
KiWi

Janes Hand im Nacken

Der Fänger im Roggen von Jerome David Salinger (1951)

Der hoch sensible, von der Welt und den Menschen enttäuschte, vereinsamte, zur Zeit der Niederschrift siebzehnjährige Ich-Erzähler Holden Caulfield, der im Sanatorium weilt und von den Vorgängen im letzten Jahr erzählt, von den letzten drei Tagen bis zu seinem Nervenzusammenbruch – Caulfield also ist der Fänger im Roggen. Als er seiner kleinen Schwester Phoebe beichtet, dass er nun schon zum vierten Mal wegen mangelnder Leistungsbereitschaft von einer Schule relegiert werde, und sie ihn deshalb zur Rede stellt, kommt er zu sich selbst – und der Roman zu seinem Titel. Phoebe beklagt sich, dass er »*überhaupt nichts* ausstehn« könne und nur deshalb ständig von der Schule fliege, woraufhin Holden dem Mädchen erklären muss, was er mag, und dann auch gleich, was er gern sein will. Er möchte eine literarische Gestalt sein, und das wird er dann ja auch mit der Niederschrift dieses Sanatoriumsberichts, zunächst aber möchte er in Robert Burns' Gedicht »Coming through the Rye« sein oder zumindest in einer leicht variierten Phantasie, die Burns' Gedicht zur Imaginationsgrundlage nimmt. Das heißt, er stellt sich »immer kleine Kinder vor, die in einem Roggenfeld ein Spiel machen. Tausende von kleinen Kindern, und keiner wäre in der Nähe – kein Erwachsener, meine ich – außer mir. Und ich würde am Rande einer verrückten Klippe stehen. Ich müßte alle festhalten, die über die Klippe hinauslaufen wollen – ich meine, wenn sie nicht achtgeben, wohin sie rennen, müßte ich vorspringen und sie *fangen*. Das wäre alles, was ich den ganzen Tag lang tun würde. Ich wäre einfach der Fänger im Roggen. Ich weiß schon, daß das verrückt ist, aber das ist das einzige, was ich wirklich gern wäre. Ich weiß natürlich, daß das verrückt ist.«

Verrückt, oder eben einfach nur literarisch. Denn darum jedenfalls geht es hier auch, wenn wir einmal absehen von den Schwierigkeiten und Fatalitäten des Erwachsenwerdens, die das Problemfundament in diesem Bildungsroman liefern – es geht eben auch um den Antagonismus von Kunst und Leben.

Immer wieder fällt Holden das Unnatürliche, Unechte in der Kunst auf – etwa, wenn er sich an frühere Lektüren erinnert, in der Kneipe einem Klavierspieler zuhört, ins Kino oder ins Theater geht: »Sie spielten gut, aber eben zu gut. Wenn ein Ehepartner seine Rede gehalten hatte, antwortete der andere blitzschnell etwas. Das sollte den Eindruck von Leuten erwecken, die wirklich zusammen sprechen, sich ins Wort fallen und so weiter. Aber der Fehler war eben, daß es zu beabsichtigt wirkte. Ihre Art erinnerte mich ein bißchen an die Art, wie Ernie draußen im Village Piano spielte. Wenn man etwas zu vollkommen macht, muß man sehr achtgeben, daß keine Aufschneiderei daraus wird. Denn dann ist es schon nicht mehr so vollkommen.«

Auf der anderen Seite leidet er an der Prosa der Erwachsenenwelt, an deren ganz und gar unpoetischem Wesen, das ihm völlig funktionalistisch, auf Effizienz bedacht und allein von der Vernunft determiniert erscheint: »Im mündlichen Ausdruck muß jeder in der Klasse aufstehn und einen Vortrag halten«, erzählt er seinem ehemaligen Lehrer Antolini, von dem er sich Beistand und eine Schlafgelegenheit erhofft (und der dann spät nachts plötzlich und merkwürdigerweise an seinem Bett erscheint, was Holden wieder in die Flucht schlägt). »Aus dem Stegreif, wissen Sie. Und wenn er vom Thema abweicht, so soll man so schnell man nur kann ›Abschweifung!‹ brüllen. Das hat mich halb verrückt gemacht. Ich bekam eine schlechte Note – eine Sechs.«

Und wenn sich dieses Erwachsenenleben mal eine Aura von ästhetischer Stilisierung geben will, kommt eben doch nur hohle Affektiertheit dabei heraus, gespreizte Künstlichkeit und nicht Poesie: »Famos. Dieses Wort ist mir wirklich verhaßt. Dieser Schwindel. Wenn ich das höre, muß ich jedesmal kotzen.«

Caulfield will Kunst und Leben zusammenzwingen, und das hat Auswirkungen für beide Seiten: Für die Kunst postuliert er das Natürliche, Lebensnahe – und für das Leben Poesie. Danach vor allem sucht er, überall. Freilich vergeblich. (Selbst der amerikanische Ur-Mythos, die Existenz im Einklang mit der Natur, ist korrumpiert und taugt nicht mehr als poetisches Lebensparadigma; Holden spielt kurz mit dem Gedanken, tut ihn aber bald, anders als die Blumenkinder im Jahrzehnt darauf, als illusionär ab.) Ohne Poesie ist das Existieren indes jämmerlich, nachgerade heillos. Da darf man schon mal zusammenbrechen. Um wieder auf die Beine zu kommen, muss Holden zum Künstler werden, denn nur in der Künstlerexistenz können sich Poesie und Leben wirklich vereinen.

Und so erzählt er ein Jahr später – möglichst unmittelbar und lebensecht natürlich, in der vergröbernden und vergrößernden Sprache der Adoleszenz, was man Salinger als eine besondere Mimese-Leistung anrechnen darf – von den drei Tagen allein in New York, die ihn umhauen: von der Flucht aus seiner Schule kurz vor den Weihnachtsferien, von Kneipen-, Kino- und Theaterbesuchen, von der Prostituierten, die er sich aufs Zimmer bestellt und dann unverrichteter Dinge wieder wegschickt, vom Treffen mit seiner langweiligen Flamme Sally Hayes, die er schließlich beleidigt und stehen lässt, und nicht zu vergessen von seiner kleinen Schwester Phoebe, die er klammheimlich des Nachts zu Hause besucht, denn eigentlich sollte er ja noch im Internat sein – na, und noch von diesem und jenem.

Und siehe da, in der literarischen Rückblende gibt es sie doch, diese flüchtigen, funkelnden Momente, die sich auf ewig eingraben in seine Erinnerung, die Momente einer poetischen Realität, die er anders als der vermeintliche Rest der Welt als das Eigentliche erkennt, für das es sich zu leben lohnt. Zum Beispiel diese Sache mit seiner eher platonischen, aber nun auch wieder nicht bloß platonischen Freundin Jane Gallagher: »In so einem Kino tat Jane einmal etwas, das mich sprachlos machte. Es war während der Wochenschau, glaube ich, und plötzlich fühlte ich Janes Hand im Nacken. Komischer Einfall. Sie war ja noch ganz jung, und meistens legen nur Fünfundzwanzigjährige oder Dreißigjährige ihrem Mann oder ihrem Kind die Hand in den Nacken – ich tue es zum Beispiel manchmal bei meiner kleinen Schwester Phoebe. Aber wenn ein Mädchen noch so jung ist und diese Bewegung macht, ist das so nett, daß es einen umwerfen kann.«

Vielleicht ist das ja nur bei sentimentalen Gemütern wie mir so, aber, ganz ehrlich, auch ich finde solche Stellen umwerfend. Schon damals übrigens, bei der uneingeschränkt identifikatorischen Erstlektüre mit fünfzehn. Die Nackenhaare standen einem da in Hab-Acht-Stellung, und ein warmer Schauer durchflutete unsere noch gar nicht so lichte Stirnpartie. Ach …, würde Kleist hier vielleicht schreiben. Ich zitiere lieber noch eine Gänsehautpassage, wieder geht es um Jane: »Es regnete wie aus Kübeln, und wir saßen dort beim Damespiel, und plötzlich kam dieser blöde Säufer heraus, mit dem ihre Mutter verheiratet war, und fragte Jane, ob noch irgendwo Zigaretten im Haus wären. Ich kannte ihn nicht näher, aber er schien mir so ein Mensch zu sein, der nur mit einem redet, wenn er etwas haben will. Ich fand ihn widerlich. Jane gab keine Antwort auf seine Frage nach den Zigaretten. Er wiederholte die Frage, aber sie gab immer noch keine Antwort. Sie schaute überhaupt nicht auf. Schließlich ging er wieder ins

Haus. Als er verschwunden war, fragte ich Jane, was das zu bedeuten habe. Sie wollte nicht einmal mir antworten. Sie tat so, als ob sie sich auf ihren nächsten Zug konzentrieren müßte. Dann fiel plötzlich eine Träne auf das Schachbrett. Auf eines der schwarzen Felder – ich sehe es noch vor mir. Jane verrieb sie nur mit dem Finger auf dem Brett. Das ging mir wahnsinnig nah, ich weiß nicht, warum. Deshalb stand ich von meinem Stuhl auf und schob sie auf ihrem Bänkchen auf die Seite, um mich neben sie zu setzen – ich setzte mich ihr tatsächlich fast auf den Schoß. Dann fing sie *richtig* an zu weinen, und als nächstes weiß ich nur, daß ich sie überall küßte – einfach *überall* –, auf die Augen, die Nase, die Stirn, die Augenbrauen, die Ohren und so weiter – auf das ganze Gesicht, nur nicht auf den Mund. Sie wollte mich nicht zu ihren Lippen lassen.«

Und auch das, wie so vieles andere im Leben, wird uns wohl ein ewiges Rätsel bleiben. Warum lässt sie Holden nicht zu ihren Lippen? Warum?

HEYNE
Ian Fleming
James Bond
Casino Royale
Roman
007

Der Angestellte

Die James-Bond-Romane von Ian Fleming (1953 ff.)

Vor über fünfzig Jahren erschien *Casino Royale*, der erste Thriller einer vierzehnteiligen Serie um einen gewieften, potenten, leidensfähigen Secret-Service-Mann mit einer Doppelnull, die ihn im Zweifelsfall zum Töten ermächtigt. Sein Name ist so sehr eingeschrieben in die Pop-Ikonographie der Gegenwart und jungen Vergangenheit, nicht zuletzt durch die phantasie- und effektvollen, oftmals sehr freien Verfilmungen von Saltzmann/Broccoli, dass man ihn innerhalb unseres Kulturkreises bereits anhand dieser zwei, drei Attribute nennen können müsste, wenn man die letzten Jahrzehnte nicht in einer Höhle verbracht hat.

Aber warum soll man lesen, was man doch im Grunde bereits so gut kennt? Vielleicht gerade weil man es so gut kennt und es sich darin gemütlich machen kann – so will es jedenfalls das Gesetz der Serie. In meinem Fall kam noch ein schönes Interview mit Douglas Adams dazu, das in seinem Nachlassband *Lachs im Zweifel* nachzulesen ist. Darin extemporiert er eine kleine Apologie für populäre Kunst und bekennt, es gebe für ihn »nichts Schlimmeres, als sich hinzusetzen und einen Roman zu schreiben und zu sagen: ›Also gut, ich werde jetzt etwas von hohem künstlerischen Wert schaffen.‹« Sein positives Gegenbeispiel ist Ian Fleming, der meinte, »er habe nicht literarisch sein, sondern einfach nur gut schreiben wollen«. Adams stellt mit Genugtuung fest, dass »es handwerklich gesehen wirklich sehr gut geschrieben ist. Fleming wußte, wie man Sprache benutzt, er wußte, wie man sie zum Funktionieren bringt, und er hat gut geschrieben. Aber offensichtlich wollte das niemand Literatur nennen.«

Das klingt gut, nur leider stimmt es nicht. Gerade die handwerklichen Mängel dieser Bücher sind so offensichtlich, dass sie in den Augen brennen. Sie sind mitunter umständlich erzählt (so zitiert Fleming seitenlang ein populäres Voodoo-Sachbuch, um sein Soll an Hintergrundinformationen zu erfüllen), sie stecken voller Ungereimtheiten in der Plot-Struktur (Bond schwebt ständig in Lebensgefahr und säuft sich dessen ungeachtet einen an) und unfreiwilliger Komik (wunderbar etwa die streng geheimen Archivnoten des Secret Service), und sie sind nicht zuletzt gesättigt von Stereotypen, dass man es kaum glauben mag. Aber sie sind trotzdem recht spannend – das meinte Adams wohl mit Handwerk –, in dem Fall verzeiht man ja einiges.

Was man Fleming allerdings nicht so einfach nachsieht, ist der ideologische Knochenbau dieser Romane, ihr auch für die wertkonservativen 50er Jahren komplett reaktionäres Ideenskelett, das ihnen augenscheinlich inneren Halt geben soll. Die Bond-Scholastik hat darauf zwar gelegentlich hingewiesen, bisweilen auch mit scharfen Worten, aber das Gruseln wird ja nicht weniger, wenn man es dann noch einmal mit eigenen Augen sehen muss.

Flemings Frauenbild zum Beispiel. In *Leben und sterben lassen* wird mit wenigen groben Strichen Bonds verbrecherischer Gegenspieler Mr. Big skizziert. Wie immer bei Fleming ist er nicht nur moralisch, sondern auch optisch ein Unhold, seine Verwerflichkeit steht ihm in guter alter physiognomischer bzw. rassistischer Tradition förmlich ins Gesicht geschrieben. Und er hat eine besondere Schwäche: »Frauen, die er in Unmengen verbrauchte.« Mit fast den gleichen Worten wird auch Le Chiffre charakterisiert, der genauso monströse Superschurke aus *Casino Royale*. Der gerät in finanzielle Nöte, weil er einen Bordellring kauft, um »über eine unbegrenzte Zahl von Frauen für den Gebrauch zu verfügen«.

Nun könnte man meinen, hier werde auf etwas simple, kolportagehafte Weise nur die existenzielle Amoralität der Anti-

Bonds prononciert, aber nichts da, der Heroe selber ist nicht besser. Als Bond hört, dass ihm im Kampf gegen Le Chiffre eine Frau sekundiert, muss er erst mal tief seufzen: »Frauen waren zur Entspannung da. Sonst aber standen sie nur dauernd im Wege und vernebelten alles mit ihrer Weiblichkeit, ihren verletzten Gefühlen und dem, was sie sonst noch mit sich herumschleppten. Dauernd hatte man auf sie Rücksicht zu nehmen und für sie zu sorgen.« Und sein Vorurteil bestätigt sich am Ende ja auch, seine Kollegin Vesper ist eine Doppelagentin, die ihn an »Rotland« verraten und ihm damit letztlich auch Folter und Beinahe-Kastration (!), wenn auch gegen ihren Willen, eingebrockt hat. »Für ihn war sie nur eine Spionin. Das, was sie an Liebe und Kummer gemeinsam erlebt hatten, war in das hinterste Fach seiner Erinnerungen gestopft worden. Später würde es vielleicht einmal herausgeholt, leidenschaftslos geprüft und dann verbittert wieder weggesteckt werden, zusammen mit dem anderen sentimentalen Ballast, den er am liebsten vergessen würde.«

Flemings Männer sind eben noch welche. Und als solche haben sie ein konsumistisches Verhältnis zu Frauen: »Gebrauchen«, »verbrauchen«, »wegstecken«, »vergessen«, das sind die Prädikate, die den Verlauf einer idealen Beziehung beschreiben. Mehr ist »Ballast« und behindert die Konzentration auf die wirklich wichtigen Sachen, die Männersachen – wie zum Beispiel die Rettung der Welt vor den Russen …

Nun, dass man im Agentenmilieu eher den besonders virilen Typ Mann antrifft, lässt sich vielleicht gerade noch legitimieren, wenn nicht mit der Realität, dann doch mit den Übereinkünften des Genres. Schwerer fällt es schon, Flemings fast chauvinistische Vaterlandsliebe und vor allem seinen forcierten Anti-Kommunismus zu begreifen. Trotz Kalten Krieges, atomaren Wettrüstens und der ideologischen Grabenkämpfe jener Jahre muss man sich nicht so vor den Propagandakarren spannen lassen, wie er dies immer wieder getan hat – etwa wenn er in *Moonraker* eine Zusammenarbeit der Sowjets mit dem unverbesserlichen Nazi und England-Hasser Drax imaginiert und ihnen unterstellt, dass sie bedenkenlos London mit einer Atomrakete vernichten würden.

Und dann gibt es eben auch noch solche Sätze: »Es war heiß, die Luft war stickig; es roch nach Rauch und, leicht süßlich, nach zweihundert Farbigenleibern.«

Das ist blanker, kruder Rassismus, das bloße Ressentiment, das nur unzureichend verbrämt Flemings zweiten Roman *Leben und sterben lassen* fast durchgängig kontaminiert: Indem der »riesige Neger« Mr. Big den Voodoo-Aberglauben, der »im Unterbewußtsein der Farbigen noch tief und ursprünglich eingewurzelt ist«, geschickt für sich instrumentalisiert, sich als Zombie des Fürsten Samedi ausgibt, eines Quasi-Teufels der Voodoo-Mythologie, macht er beinahe die gesamte Farbigenwelt der USA zu angstvollen Erfüllungsgehilfen und somit zu einer Art fünften Kolonne, die letztlich von »Smersh«, der russischen Agentenspezialeinheit, gesteuert wird. Die Black Community wird somit zum Staat im Staat und als solcher eine stets gegenwärtige nationale Gefahr. Ein bewährtes Vorwurfsmuster zur Diskreditierung unliebsamer Ethnien, das auch in der Geschichte des Antisemitismus immer mal wieder aktiviert wurde.

Aber es geht noch weiter. Mr. Big ist zwar »ein verdammt guter Ganove«, wie Bonds Kollege Felix Leiter einräumen muss, aber er ist es eben nur »dank der Ausbildung durch unseren Geheimdienst und durch Moskau«. Als Schwarzer hätte er diese exponierte Position niemals erreichen können, denn noch stehen die »Neger«, das wird in diesem Buch immer wieder eingeschärft, auf einer niedrigeren Stufe der Zivilisation. Sogar ein selbst ernannter »Aficionado von Harlem« wie Leiter muss diese Tatsache anerkennen: »Ich bewundere die Art, wie die Schwarzen sich langsam hocharbeiten, obgleich der

Himmel weiß, wie es ausgehen wird.« Vorsicht bleibt also geboten! Und auch Mr. Big konzediert eine gewisse Inferiorität seiner Brüder, ein Bekenntnis, das ganz im Gegensatz steht zum eigenen Größenwahn: »In der Geschichte der farbigen Emanzipation ... hat es bereits große Sportler, große Musiker, große Schriftsteller, große Ärzte und große Wissenschaftler gegeben. Wie bei der Entwicklung der übrigen Rassen werden innerhalb einer gewissen Zeit auch Farbige auftauchen, die auf anderen Lebensgebieten groß und berühmt werden.« Aber eben noch nicht jetzt!

Damit haben wir eigentlich alle gängigen Vorurteile aus der rassistischen Waffenkammer beisammen: Die Schwarzen riechen eigenartig, stehen auf einer niederen Stufe der Zivilisation, sie sind abergläubisch, als Staatsbürger unsichere Kantonisten und also eine latente Gefahr. Fehlt nur noch ein Stereotyp, das man auch bereits in den Reisebeschreibungen des 18. Jahrhunderts findet, der Gipfel der Verleumdung sozusagen: Sie wären am liebsten weiß! Als Leiter und Bond durch Harlem pilgern, »schaute Bond immer wieder in die Schaufenster. Er war betroffen von der Unzahl von Friseuren und Schönheitssalons. Allen gemeinsam war die Reklame für Frisiermittel zum Glätten der Haare ... sowie für Geheimmittel zum Bleichen der Haut.«

Die Infamie, der Grundskandal dieser Romane steckt jedoch in Bonds Charakter selbst. Fleming schuf einen Helden, der unheldischer gar nicht sein könnte. Einen kalten, funktionalen, sich bis zur Selbstverleugnung der Aufgabe unterordnenden Dienstleister! Einen Angestellten, der nichts weiter will und für sein Seelenheil nichts weiter braucht als den Auftrag, den er zu vollen, zur vollsten Zufriedenheit seines Dienstherren erledigt. Und nebenbei ein bisschen Befriedigung der Primärtriebe in Form eines ziemlich mondänen Lebenswandels. Bond ist ein selbstgerechter Knecht im Zeichen des Wirtschaftswunders, der seine moralischen Skrupel bei Miss Moneypenny abgegeben hat. Dass er immer wieder über Leichen geht, ficht ihn nicht an, schließlich kämpft er für die gerechte Sache. Nur ein einziges Mal, gleich im ersten Buch, stellt er seine Doppelnull grundsätzlich ethisch in Frage, geraten ihm »Gut« und »Böse« etwas durcheinander. Aber nicht lange, schon springt ihm nämlich sein französischer Partner Mathis zur Seite und schärft ihm einen moralischen Pragmatismus ein, dem sich Bond tatsächlich beugt: »Wenn Sie wieder in London sind, werden Sie feststellen, daß es noch eine Menge Le Chiffres gibt, die versuchen, Sie, Ihre Freunde und Ihr Land zu vernichten … und Sie werden sie zu vernichten versuchen, um sich selbst und die Menschen, die Sie gern haben, vor ihnen zu schützen.« Mehr braucht es augenscheinlich nicht an moralphilosophischer Raffinesse, um den Zweifler davon zu überzeugen, dass er gefälligst seine Pflicht zu erfüllen habe!

Es ist schon irgendwie merkwürdig und auch gespenstisch, dass kaum zwanzig Jahre nach der bürokratisierten Barbarei, die gezeigt hat, wozu dieser Typus des allzeit korrekten Sachbearbeiters fähig ist, sich schon wieder alle Welt ausgerechnet einen solchen zum Helden auserkoren hatte.

Doch, doch, Flemings Bücher sind spannend, ohne Zweifel …

Hinter den sieben Bergen

Der Herr der Ringe von John Ronald Reuel Tolkien (1954)

Ein riesiger, stofflich ausufernder, immerhin dreibändiger Schmarrn, der erst 1969 ins Deutsche übersetzt wurde, was einigermaßen erstaunlich ist, denn der notorische Nachkriegseskapismus wäre mit diesem atavistischen Pseudo-Mythos doch eigentlich recht gut bedient gewesen. So erlöste jene Romantrilogie die meisten deutschen Traumtänzer und Schwarmgeister erst in den 70er und 80er Jahren (im Gefolge des Fantasybooms) aus ihrer Realitätsstarre und schickte sie auf eine weite Reise nach »Mittel-Erde«. Ins Land der »Hobbits«, einer ein bisschen auch drollig sich gerierenden, na, sagen wir mal: Zwergenart, wodurch wir mit einiger Sicherheit den Zorn der vielen Auenland-Mythologen auf uns ziehen werden (sofern die sich schon erholt haben von der vielleicht doch etwas unangemessen flachen Parodie mit dem Titel *Herr der Augenringe* von einem gewissen Dschä Ar Ar Tollkühn oder so ähnlich). Eine echte Renaissance erfuhr das Mammutwerk spätestens mit dem Oscar-Regen 2004 für die erfolgreiche Verfilmung durch Peter Jackson.

Traditionell verlangt ein so abseitiges Phantasieprodukt nach spielerischer Beglaubigung, und so fingiert Tolkien, um sich das nicht alles selbst ausgedacht haben zu müssen, eine Quelle als Vorlage, das »Rote Buch von Westmarch«, in dem Bilbo Beutlin, der Chronist und größte Hobbit unter der Sonne, die wechselvolle Geschichte seiner Art aufgeschrieben hat.

Einst will eben dieser Hobbit-Heroe Bilbo in Mordor, dem Land der Orks, der absoluten Bösewichter dieser Sage, einem zombieartigen Höhlenwesen, dem Gollum, einen Ring mit magischen Fähigkeiten abgeluchst haben. In Wirklichkeit hat er

J. R. R. Tolkien
Der Herr der Ringe
Band 3
Die Rückkehr des Königs
KLETT-COTTA

ihn bloß gefunden, aber Heroen haben schließlich auch einen Ruf zu verlieren. Die eigentliche Handlung beginnt damit, dass der alte Bilbo noch einmal auf Wanderschaft geht und den Ring einem nahen Verwandten, dem Jüngling Frodo, vermacht. Bilbos greiser Berater allerdings, der Zauberer Gandalf der Graue, warnt vor der dämonischen Macht dieses Ringes, der von allen Zauberringen der mächtigste sei, und kann den daraufhin einberufenen Rat von Elrond davon überzeugen, ihn zu vernichten. Das freilich geht nur im »Berg des Feuers«, der mitten im unwirtlichen Mordor gelegen ist, das nun wiederum von dem Erzbösewicht Sauron regiert wird, der behufs Arrondierung seiner Macht ebenfalls auf den Ring spitzt und auch schon seine Schergen, die »Schwarzen Reiter«, ausgeschickt hat, diesen zu entwenden. Ganz schön spannend, was? Allein kann der Ringträger Frodo aber gegen Sauron nichts ausrichten, also wählt man ein paar Gefährten für ihn aus zur Unterstützung: seine Hobbit-Verwandten Meriadoc und Peregrin, den Diener Samweis, die beiden Menschen Aragorn und Boromir, den Elben-Königssohn Legolas, den Zwerg Gimli und schließlich Gandalf. Von den schwarzen Häschern verfolgt, ihnen allerdings immer wieder ein Schnippchen schlagend, ziehen sie aus, die Welt vom Ring zu befreien und alle guten, verbündeten Völker einzustimmen auf den alles entscheidenden Krieg mit den Orks. Aber Boromir gerät in den Bann des Rings, versucht, ihn zu stehlen, woraufhin die Bruderschaft zerbricht und Frodo und Samweis fliehen müssen.

Das alles geschieht im ersten Teil (*Die Gefährten*), im zweiten (*Die zwei Türme*) geht es genauso handlungsreich weiter. Nun werden die Abenteuer der versprengten Mitglieder der Bruderschaft erzählt, und wieder ist Verrat in den eigenen Reihen im Spiel. Dann trifft Frodo, der Ringträger und Hauptprotagonist, auf Gollum, und es gelingt ihm, das Ungeheuer für eine Weile zu zähmen. Am Ende scheint es jedoch, als sei Frodo im Kampf mit dem fürchterlichen Spinnenwesen Kankra zu Tode gekommen – Samweis wächst über sich hinaus, vertreibt das Untier, nimmt den Ring an sich, muss dann aber mit ansehen, wie die Orks seinen Herrn Frodo wegschleppen, der von der Spinne doch nur betäubt wurde.

Die Rückkehr des Königs, der dritte Teil, schließlich erzählt von der »Großen Dunkelheit«, dem Krieg zwischen Gut und Böse – den Alliierten, die von dem befreiten, wieder genesenen Frodo nebst seinen treuen Gefährten angeführt und von Gandalf strategisch beraten werden, und den Mächten des Bösen, den Orks. Das Gute siegt auf ganzer Linie, der Ring wird vernichtet, Gollum getötet, das Land Mordor zerstört. Aragorn (ein Mensch also!) wird zum »König der Mark« gekrönt, Bilbo taucht plötzlich wieder auf und nimmt Frodo mit auf eine weite Reise – Samweis hingegen kehrt wieder zurück ins Land der Hobbits. Phhhhhh, endlich durch!

Es liegt nahe, diese Geschichte hinter den sieben Bergen allegorisch auszudeuten, vor allem die Zeit der Großen Dunkelheit als Reflex auf den noch nicht allzu lange beendeten Zweiten Weltkrieg zu lesen oder sogar als eine chiffrierte Beschreibung dessen. Tolkien jedoch hat dagegen in einem nachgereichten Vorwort zur Roman-Trilogie Einspruch erhoben: »Was irgendwelche tiefere Bedeutung oder ›Botschaft‹ betrifft, so gibt es nach der Absicht des Verfassers keine. Das Buch ist weder allegorisch noch aktuell. Als die Darstellung wuchs, schlug sie Wurzeln (in der Vergangenheit) und verzweigte sich unerwartet, aber ihr Hauptthema lag von Anfang an fest ... Ihr Ursprung sind Dinge, die mir schon lange im Sinn lagen oder in einigen Fällen schon niedergeschrieben waren, und wenig oder nichts wurde durch den Krieg, der 1939 begann, oder durch seine Folgen verändert.« Mit einem Wort: »Der wirkliche Krieg ähnelt weder in seinem Verlauf noch in seinem Abschluß dem Krieg der Sage.«

Ob da einer seine vielen deutschen Leser nicht vergraulen wollte?

Der Gottsucher

Erzählungen und Romane von Philip K. Dick (1954 ff.)

Sechs Jahre vor seinem Tod hat Philip K. Dick in einem Interview mit der Zeitschrift *Science Fiction Review* seine Faszination für den Brahma-Mythos bekannt und damit fast so etwas wie eine erzählerische Ur-Situation verraten, aus der sich tatsächlich viele seiner Geschichten und Romane direkt oder indirekt ableiten lassen. Diesem Mythos zufolge ist unsere Wirklichkeit nichts weiter als ein Traum der uralten indischen Gottheit Brahma, und so werden wir in dem Moment aufhören zu sein, in dem sie erwacht. Das kann einen schon faszinieren, durchaus, das kann einen aber genauso gut verstören. Und damit ist auch schon eins der wesentlichen Funktionsmerkmale Dick'scher Erzählkunst benannt. Das Wort Kunst ist hier übrigens mit Bedacht gewählt, denn obwohl er mit dreiunddreißig Romanen und über hundert Kurzgeschichten in knapp dreißig Produktionsjahren ein verdächtig, ja eigentlich viel zu großes Œuvre hinterlassen hat und das auch noch vor allem dem Trivialgenre Science-Fiction zu subsumieren ist, haben viele seiner Werke durchaus literarische Qualitäten – von kultischer Aura gar nicht zu reden.

Ubik etwa, einer seiner bekanntesten und am häufigsten interpretierten Romane, der an dem erwähnten Mythos beinahe entlanggeschrieben zu sein scheint. Der Agent Joe Chip und seine Kollegen, angestellt bei einer Organisation zur Kontrolle und Bekämpfung parapsychologisch Begabter, fliegen in einer heiklen Mission zum Mond. Dort wird ein Attentat auf sie verübt, das ihren Chef Glen Runciter das Leben kostet. Nun ist man in dieser 1969 erdachten nahen Zukunft bereits in der Lage, das Leben künstlich zu verlängern, indem man die Menschen in ein »Tiefkühlgrab« einlagert, das zumindest für gewisse Zeit ihre Hirntätigkeit aufrechterhält. Runciter wird in ein solches Mora-

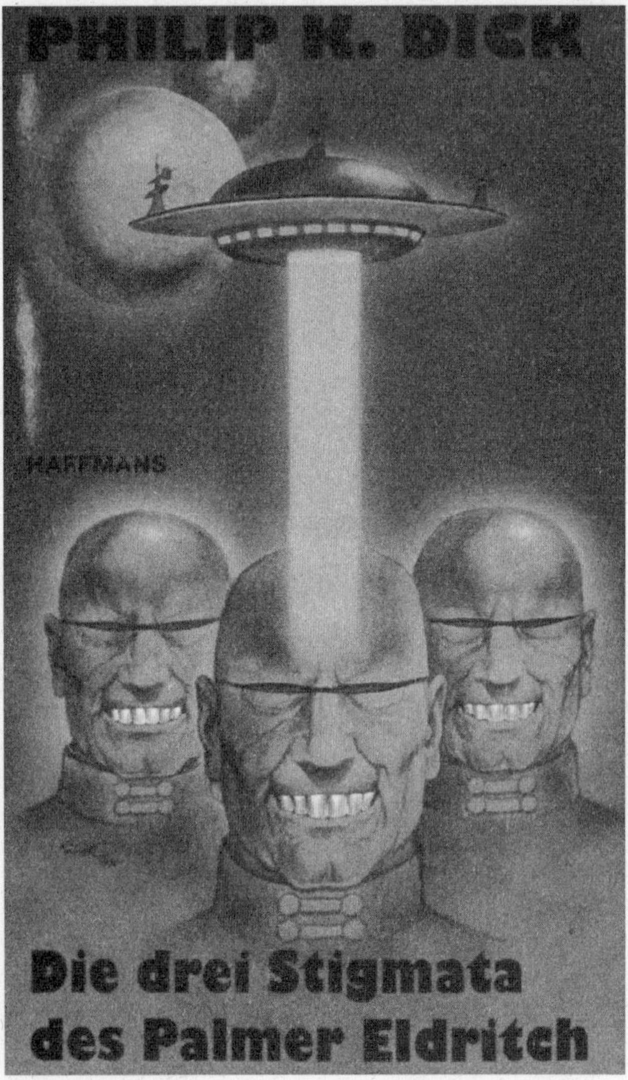
PHILIP K. DICK
HAFFMANS
Die drei Stigmata
des Palmer Eldritch

torium gebracht, von wo aus er weiterhin mit der Welt kommunizieren kann. Chip und die anderen Überlebenden des Attentats bekommen es nun mit merkwürdigen Realitätskrümmungen zu tun. Die Zeit scheint rückwärts zu laufen, die Gegenwart regrediert ins Jahr 1939, und schließlich werden einige Mitglieder der Gruppe förmlich dehydriert und zerfallen zu Staub. Chip versucht, dem Rätsel auf die Spur zu kommen, sieht sich mit merkwürdigen Botschaften seines eingefrorenen Chefs konfrontiert und muss dann das Schreckliche feststellen (eine Anagnorisis wie in der antiken Tragödie): Auch er und die anderen sind bei dem Attentat gestorben und befinden sich jetzt in der »Kaltpackung«, haben sich ihr Weiterleben also bloß imaginiert. Jetzt stellen sich natürlich existenzielle Fragen: Ist Runciter am Leben geblieben? Ist er ebenfalls eingefroren – und kommuniziert mit ihnen im Halbleben? Oder existieren Chip und seine Freunde am Ende bloß in Runciters Vorstellung?

Die Struktur ist klar (und taucht in vielen anderen Texten Dicks wieder auf, übrigens schon in den frühen Kurzgeschichten): Er fingiert eine Realität, vergegenwärtigt und beglaubigt diese mit allen ihm zu Gebote stehenden erzählerischen Mitteln, fingiert dann aber noch eine weitere alternative Wirklichkeit, die genauso authentisch evoziert wird, so dass der Leser nicht entscheiden kann, welche er nun glauben, mithin als echte Realität annehmen soll. Einen zusätzlichen Dreh bekommt die Geschichte hier, gleichsam dem Mythos analog, indem Dick insinuiert, dass eine der beiden Realitäten nur als Imagination eines Protagonisten aus der anderen hervorgehe. Aber was ist hier nur vorgestellte und was wirklich erlebte Realität? Fragen, deren Beantwortung sich der Autor aus gutem Grund entzieht, denn diese epistemologische Leerstelle ist ja das Thema. Sein Lebensthema.

Mit Philip K. Dick nämlich, unter anderen, hält die ästhetische Moderne im Science-Fiction-Genre Einzug. Er diskutiert im Modus des Zukunftsromans jene philosophischen Probleme, um die sich auch schon die Schriftsteller der klassischen Moderne bemühten: den Solipsismus, die Diskrepanz von subjektiver und objektiver Realität, die Defizite der menschlichen Wahrnehmungsfähigkeit überhaupt und die unter solchen erkenntnistheoretischen Bedingungen sich zwangsläufig auflösende Identität des Einzelnen. Überdies beschäftigten ihn von Anfang an – und seit den 60er Jahren zunehmend – metaphysische Fragen. Offensichtlich erlebte er seinerzeit im Drogenrausch, auch dies ein immer wiederkehrender Topos des Werks, eine Art Epiphanie, und anschließend war er sich wohl nicht recht im Klaren darüber, ob es sich hier bloß um eine drogeninduzierte Halluzination, eine krude LSD-Vision handelte oder eben doch um eine veritable Erscheinung Gottes. Wie andere Acid-Heads in den furiosen 60ern geht er diesen dopegestützten religiösen Erfahrungen nach – am eindringlichsten wohl in dem Roman *Die drei Stigmata des Palmer Eldritch*:

Im 21. Jahrhundert ist die Erdatmosphäre so überhitzt, dass die Menschen nur noch mit einem transportablen Kühlaggregat vor die Tür gehen können. Wenn man Pech hat, wird man von den Vereinten Nationen zwangsrekrutiert und muss für den Rest des Lebens die Kolonisierung des Mars oder der Venus vorantreiben. Das Leben dort ist noch trostloser. Die Menschen vegetieren in »Gruben«, kleinen Wohneinheiten unter der Erde, vor sich hin und fallen über kurz oder lang der Lethargie anheim. Kleine Fluchten verheißt allein die Droge Can-D, die es ermöglicht, sich virtuell in ein idealisiertes Amerika der 20er Jahre zurückzuversetzen. Voraussetzung dafür ist ein Miniaturmodell jener Welt, ein so genanntes Layout mit Spielpuppen, Utensilien etc. Nach zehnjähriger Abwesenheit kommt der Aussteiger Palmer Eldritch aus entlegenen Sonnensystemen zurück und bringt eine Droge mit, die keine Imaginationskrücke in Gestalt einer Miniaturwelt mehr benötigt. Eldritchs Droge Chew-Z bietet freilich noch eine weitere Verbesserung: Das vom Junkie kreierte Wunschuniversum ist keine bloße Imagination mehr, sondern eine Art Parallelwelt – mithin objektive Realität. Leo Bulero, der Chef von Perky Pat Layouts, marktführender Layout-Anbieter und Drogenboss im Verborgenen, sieht seine Felle wegschwimmen, versucht Eldritch umzubringen und wird von diesem unter Chew-Z gesetzt. Von nun an geht alles drunter und drüber. Der Roman oszilliert zwischen den beiden Realitäten, da Bulero während des Trips der Parallelwelt zu entkommen sucht, sich aber nur eine Gegenwelt schafft, die der wirklichen haargenau gleicht. Dick treibt sein Vexierspiel mit den Erzählebenen ohne Rücksicht auf logische Verluste. Immer, wenn der Leser sich gerade halbwegs wieder eingerichtet hat, festen narrativen Boden unter den Füßen zu haben vermeint, fällt Dick ein neuer absurder Fiktionsbruch ein. Bis zum Schluss kann man nie wissen, was noch Trip und was schon wieder objektive Realität sein soll.

Der Roman liefert aber nicht nur eine authentische Darstellung psychedelischer Bewusstseinszustände, man soll ihn auch als hinterhältige religiöse Allegorie lesen. Palmer Eldritch ist Gott. Ein böser Gott, »der aus dem Prox-System über uns hereinbricht … und uns das bietet, wofür wir seit über zweitausend Jahren beten«. Das ewige Leben im Chew-Z-Universum. Freilich nicht ganz bedingungslos: »Eldritch wird in unser Leben eindringen und uns auf Schritt und Tritt verfolgen.« Es hat schließlich nie jemand gesagt, dass transzendentale Erlebnisse nicht auch einem Horror-Trip gleichkommen können!

Nun, man wird Dick nach all dem kaum vorwerfen dürfen, er habe mit seiner Prosa »handlungsverbrämte Propaganda für reine Wissenschaft, unterhaltende Reklame für den absolut gesetzten technischen Fortschritt« geliefert, wie dies Michael

Pehlke und Norbert Lingfeld in ihrer »ideologiekritischen« Studie *Roboter und Gartenlaube* an der klassischen Science-Fiction-Literatur monieren. Die futuristische Staffage und das Setting interessieren ihn nämlich gar nicht so sehr, hier ist er oft schlampig, willkürlich, nicht so um logische Kohärenz bemüht. Seine Zukunftswelten geraten eher plan und großflächig, nicht selten mit satirischen Intentionen, und sie gemahnen schon mal an einen schlechten Comic oder Werbespot. Skrupulös, detailgenau und liebevoll, wenn es der allemal drohende Abgabetermin des Manuskripts zuließ, hat Dick in erster Linie seine Protagonisten gezeichnet, ihre sozialen und politischen Interaktionen, ihre psychische Verfassung respektive Fassungslosigkeit. Sie sind keine strahlenden Helden, sondern fast immer Allerweltsmenschen – Bürokraten, Techniker, Handwerker, am häufigsten begegnet einem etwa der »repair man« –, und sie sind Melancholiker, die an den zukünftigen Verhältnissen leiden und denen der technologische Fortschritt das Leben nur vordergründig einfacher gemacht hat. Oft nicht einmal das. Deshalb erscheint mir der eher profane Harrison Ford in Ridley Scotts Verfilmung »Blade Runner« (nach der sehr viel komplexeren Buchvorlage *Do Androids Dream Of Electric Sheep?*) eine durchaus bessere Wahl als Darsteller eines typischen Dick-Protagonisten gewesen zu sein als der zum Superhelden aufgepumpte Arnold Schwarzenegger in dem Action-Reißer »Total Recall« (der auf der furiosen, für den Nebula Award nominierten Erzählung »We Can Remember It For You Wholesale« beruht).

Dick ist kein Apologet des Fortschritts, er berichtet vielmehr von der Kehrseite utopischer Hoffnung und grundiert seine Geschichten mit einem tiefen Pessimismus hinsichtlich der Lösbarkeit gesellschaftlicher Probleme durch die Weiterentwicklung der Technologie. Und er lenkt den Blick auf die Gefahren, die sie birgt, etwa, dass sie sich als sehr taugliches

Hilfsmittel bei der Manipulation und Kontrolle der Massen erweisen und so möglicherweise der Durchsetzung von totalitären Staatsformen Vorschub leisten könnte.

Ein gutes Beispiel dafür ist die lange, durch Steven Spielbergs banalisierende Verfilmung einem größeren Publikum (zumindest dem Namen nach) bekannte Erzählung »Minority Report«, weil er hier eine jahrhundertealte Schnapsidee aufgreift und zu Ende denkt – vor allem deren soziale, das heißt repressive, inhumane, totalitäre Konsequenzen plastisch vergegenwärtigt. Das Verbrechen zu verhindern, bevor es passiert, die Möglichkeit also, kriminelle Prädispositionen bei Menschen unmissverständlich zu dechiffrieren – und diese infolgedessen präventiv aus dem Verkehr zu ziehen –, ist ein alter Menschheitswunsch, der vielleicht deshalb so suggestiv ist, weil er sich nicht realisieren lässt. Aber angenommen, und im Science-Fiction-Genre wird ja so einiges angenommen, man könnte tatsächlich Aussagen über die Zukunft treffen und Verbrechen vorhersagen? Dass es auch dann nicht ganz so einfach ist, veranschaulicht »Minority Report«.

John Anderton, Chef der Pre-Crime-Behörde, einer Zukunftspolizei, die mithilfe von drei parapsychologisch begabten Mutanten, den Pre-Cogs, »metaphysische« Kriminelle noch vor der eigentlichen Tat aus dem Verkehr zieht, wird selbst als Mörder in spe ausgemacht. Er flüchtet, findet jedoch heraus, dass die drei Pre-Cogs sich nicht einig waren, einer der drei eine alternative Zukunft vorausgesagt hat, dann aber überstimmt wurde. Dieser »Minderheitenbericht« hat schon Andertons Wissen um sein späteres Verbrechen und also auch seine Reaktion darauf verarbeitet und spricht ihn frei. Anderton ist damit rehabilitiert. Es stellt sich aber noch etwas anderes heraus: nämlich dass es nur scheinbar einen Mehrheitsbericht gegeben hat. Zwei der Pre-Cogs haben zwar einen Mord vorausgesehen, aber der jeweilige Verlauf ist ein anderer. Die zweite Mordvorhersage verarbeitet nämlich einmal mehr Andertons Wissen, diesmal allerdings den Freispruch – letztlich sind damit alle drei Vorhersagen nur Minderheitenberichte, die nacheinander erfolgten –, und erst die Kenntnis der Zukunft lässt ihn zum Mörder werden. Im Hintergrund intrigiert nämlich eine abgehalfterte Armee gegen Pre-Crime, die versucht, den Minderheitenbericht zu nutzen, um mit diesem offensichtlichen Justizirrtum die ganze Methode öffentlich zu diskreditieren und letztlich die Behörde zu entmachten. All das steht in der letzten Vorhersage, und Anderton verhält sich so, wie es der Pre-Cog glaubt, willentlich, er beißt in den sauren Apfel, um Pre-Crime zu retten und der gewaltigen Machtakkumulation des Militärs vorzubeugen, und bringt den Anführer der Veteranen um …

Wie ist das nun mit der Kenntnis der Zukunft? Was wäre etwa gewesen, wenn auch noch ein vierter, fünfter, sechster … Pre-Cog ein Votum abgegeben hätte? Mit anderen Worten, das Wissen über Zukunft verändert selbst die Zukunft. Beziehungsweise: Wer die Zukunft kennt, kennt sie schon nicht mehr, weil dieses Wissen sie unweigerlich verändert! Eine paradoxe Zeitschleife.

Abgesehen davon schildert Dick durchaus plausibel – die Sachlichkeit, ja emotionale Ungerührtheit des Erzählers verstärkt noch den Effekt – die sozialen Auswirkungen eines solchen Systems, und die kann man noch weniger wollen. Die niedrige Verbrechensrate wird erkauft mit der totalen Geheimnislosigkeit des Individuums, einem fundamentalen Verlust an Intimität und emotionaler Verbindlichkeit. Andertons Frau etwa glaubt zunächst den Pre-Cogs mehr als ihrem eigenen Mann, hält ihn für einen Mörder, und er selbst, der sich ja unschuldig und ohne Mordabsichten wähnt, denkt sofort an ein Machtkomplott, an dem seine Frau beteiligt sein soll. Totale Überwachung führt unweigerlich zu Paranoia.

Und auch an die politischen Konsequenzen hat der Autor gedacht: Eine Behörde mit solchen totalitären Befugnissen weckt notwendig Begehrlichkeiten, birgt somit immer das Risiko, korrumpiert, unterwandert zu werden und seine Machtfülle wie auch immer zu missbrauchen. Nicht umsonst führt Dick das Militär als einflussreichen Gegenspieler ein, das sich die Kompetenz der Pre-Cogs gern für eigene Zwecke zunutze machen möchte.

Das schönste und menschenfreundlichste Argument, das P. K. Dick gegen die Pre-Crime-Methode ins Feld führt, ist jedoch moralphilosophischer Natur. Die Tatsache nämlich, dass so etwas wie Minderheitenberichte existiert, Parallelzukünfte also, denen zufolge sich der potenzielle Attentäter bessert und von seinem Vorhaben Abstand nimmt, bezeugt ja doch, dass der Mensch zur ethischen Perfektibilität imstande ist. Zumindest gelegentlich. Wenn man aber ausnahmslos der Mehrheit vertraut und präventiv eingreift, nimmt man ihm die Chance der Läuterung und entlässt ihn damit auch aus der moralischen Verantwortung. Er hat eben nicht mehr bis zum Schluss die Wahl zwischen Gut und Böse. Dick schärft hier sehr subtil einen moralischen Pragmatismus ein, der in der guten aufgeklärten Tradition steht: Man möge den Menschen nur nach seinen Taten beurteilen, der Rest geht keinen etwas an – den Staat schon gar nicht.

Und was ist denn überhaupt ein System wert, das die Reduzierung von Gewaltkriminalität zum Ziel hat, aber dabei selbst auf völliger Amoralität fußt? Man hat durch gezielte Mutation so erbarmungswürdige Wesen wie die drei Pre-Cogs erschaffen, lässt sie für die gute Sache leiden und straft sie dann auch noch mit Ekel und Verachtung: »Den ganzen Tag lallten die Idioten vor sich hin, gefangen in einer starren Haltung, mit Metallbändern, Kabelbündeln und Klammern an Spezialstühle mit hohen Lehnen gefesselt. Ihre körperlichen Bedürfnisse wurden automatisch befriedigt. Geistige Bedürfnisse hatten sie nicht. Dumpf grummelten, dösten und vegetierten sie dahin. Ihre Sinne waren stumpf, verwirrt, in Schatten versunken.« Selbst Anderton, der »Held«, offenbart sich als herzloses Schwein, wenn er seine drei »Affen« einem neuen Mitarbeiter vorführt: »Die Begabung verschlingt alles; der Psi-Lappen läßt den Rest des Stirnbereichs zusammenschrumpfen. Aber was interessiert uns das? Wir kriegen ihre Prophezeiungen. Sie liefern uns das, was wir brauchen. Sie haben von all dem keine Ahnung, *wir* schon.« Wie Tiere im Zoo!

Nicht von ungefähr vermeidet Spielberg in seiner Verfilmung die Degoutanz solcher Szenen. Er lässt den Pre-Cogs liebevolle Fürsorge angedeihen, und am kitschigen Ende dürfen sie ein zurückgezogenes romantisches Blockhüttendasein fernab der Zivilisation fristen. Absolut artgerecht. Eine solche Harmonisierung ist verlogen und abstoßend. Dicks Zynismus ist ebenfalls nur schwer erträglich. Aber nötig.

Häufiger installiert Dick in seinen technologisch hoch entwickelten Zukunftsszenarien ein restriktives Law-and-Order-Regime, das dann freilich auch immer entfernte Ähnlichkeit mit den USA seiner Zeit hat. Am schärfsten und eindeutigsten formuliert er solche Kritik in *Flow My Tears, The Policeman Said* (dt. *Eine andere Welt*), Dicks belletristischer Rache an den kalifornischen Behörden. Die nämlich hatten den Renegaten und in einschlägigen Drogenkreisen verkehrenden Schriftsteller observieren lassen und waren sogar bei ihm eingebrochen, augenscheinlich, um allzu subversive Schriften sicherzustellen. Dick erstattet Anzeige, aber die lokale Polizei verschleppt die Ermittlungsarbeiten und redet sich mit einem Anschlag einer religiösen Gruppe heraus. Als er sich darüber an höherer Stelle beschwert, so erzählt er es jedenfalls später seinem Freund Paul Williams, habe man ihm offen gedroht: »›Wir wollen keinen

Kreuzzug hier in Marin County. Ziehen Sie woanders hin, oder es trifft Sie eines Nachts eine Kugel im Rücken. Oder Schlimmeres.‹ Ich fragte, was ›Schlimmeres‹ sei. Der Polizist: ›Das werden Sie bestimmt nicht wissen wollen.‹« Dick ist daraufhin nach Kanada gezogen. Später meinte er, die Behörden seien vor allem hinter der Kurzgeschichte »Faith Of Our Fathers« hergewesen. Darin geht es um einen hohen Regierungsbeamten, der von einer revolutionären Organisation eine Droge verabreicht bekommt, die in Wirklichkeit ein Halluzinogenblocker ist. Der nun ermöglicht ihm, das Staatsoberhaupt in seiner wahren Gestalt zu sehen, weil der Blocker die über das Trinkwasser in alle Haushalte geleiteten Drogen neutralisiert. Und was sieht er da? Eine gottgleiche, böse, außerirdische Kreatur. Sehr bedenklich …

Appendix: Für den Philip-K.-Dick-Leser hat die postume Hollywoodisierung des Meisters (zuletzt in dem dümmlichen Thriller »Pay Check«) den schönen Nebeneffekt, dass seit längerer Zeit mal wieder eine gut ausgewählte und fast schon liebevoll edierte Teilausgabe begonnen wurde. Nun ist zumindest eine Weile das kanonische Werk wieder lieferbar. Neben *Ubik*, *Die drei Stigmata des Palmer Eldritch* und *Eine andere Welt* auch sein *opus magnum Die Valis-Trilogie*, das seinen dopegestützten religiösen Erfahrungen nachspürt und zugleich die 70er Jahre in Kalifornien porträtiert. Begleitet wurde dieses aberwitzige metaphysische Spätwerk von einer tagebuchartigen, im Original über achttausendseitigen *Exegesis*, einer Mischung aus groß angelegter mystischer Selbstreflexion, Werkkritik, Hippie-Spinnerei und Dick-typischer Paranoia. (Eine lesbare Auswahl daraus ist vor kurzem erstmals auf Deutsch erschienen: *Auf der Suche nach Valis*, Edition Phantasia.)

Dicks Erzählungen werden oft unterschätzt, weil sie in zweit- und drittklassigen Genre-Magazinen erschienen sind und weil er sie zur Subsistenzsicherung zwei Jahrzehnte lang förmlich rausgehauen hat. Dabei erprobt er hier Themen, Stoffe und auch Plots, die in den Romanen dann manchmal nur erweitert werden mussten. Die moralphilosophische Frage, an der »Blade Runner« Rick Deckard schier verzweifelt, ob man auch Androiden alle Menschenrechte zubilligen sollte, zumal dann, wenn sie sich eigentlich humaner verhalten als ihre Erbauer und oft nicht einmal selbst ahnen, dass sie keine Menschen sind, wird hier immer wieder ventiliert. Der Haffmans Verlag hat seine verdienstvolle Ausgabe *Sämtliche Science-Fiction-Geschichten in 10 Bänden* gerade noch zu Ende gebracht, bevor er Pleite gegangen ist, gelegentlich findet man sie aber noch in den Buchläden. *Der unmögliche Planet* ist eine kompetente Auswahl daraus und enthält neben dem »Minderheiten-Bericht« und »Erinnerungen en gros« (die Vorlage für »Total Recall«) auch seine beste Shortstory »Foster, du bist tot«, in der er die subtile Verschmelzung von staatlicher Kriegspropaganda und kapitalistischer Verwertung der damit geschürten Ängste entlarvt und damit selbstredend die USA in Zeiten des Kalten Krieges meint.

Das Orakel vom Berge ist der wohl berühmteste Parallelwelt-Roman des Genres. Japan und Deutschland haben den Zweiten Weltkrieg gewonnen und die USA unter sich aufgeteilt. Aber der Schriftsteller Hawthorne Abendsen, das Orakel, hat einen Roman geschrieben, in dem die Geschichte einen anderen Verlauf genommen hat. Ein Hoffnungsschimmer!

Wer jetzt immer noch nicht genug hat, der liest auch noch *Zeit aus den Fugen*, der die »Truman Show« schon mehr als inspiriert hat, und *Marsianischer Zeitsturz*, der über die Sci-Fi-typische Spielerei mit dem Zeit-Paradoxon hinaus eine literarisch beachtliche Auseinandersetzung mit der Schizophrenie darstellt, die einen rätseln lässt, woher Dick das wohl alles so genau wusste.

Hauen und Stechen

Die Jerry-Cotton-Heftromane (1954 ff.)

John D. High, Special Agent in Charge des New Yorker FBI, führt ein Bewerbungsgespräch mit dem jungen Jeremias Cotton aus Harpers Village, Connecticut. Zunächst mal rät er ihm, sich Jerry zu nennen, und dann warnt er mit deutlichen Worten: »Sie können keinen Ruhm und keine Reichtümer bei uns ernten, aber sehr leicht Kugeln oder Messerstiche. Sie haben keine Tag- und keine Nachtruhe mehr ... Und, Jerry, Sie müssen ein starkes Herz und einen festen Charakter haben.«

Die anschließende Frage, ob er »trotzdem noch bei uns eintreten« wolle, ist dann wirklich nur mehr rhetorisch. Klar tritt er ein. Das war damals im März 1954 – über fünfzig Jahre her! So lange schon sorgt er dafür, zusammen mit seinem besten Freund Special Agent Phil Decker, dass New York nicht ganz in der stinkenden Kloake der Kriminalität versinkt – und die Gelangweilten dieser Erde nicht vor Gram vergehen.

»Mit rund 700 Millionen Exemplaren ist Jerry Cotton die am besten verkaufte Krimiserie, die je auf diesem Globus gedruckt worden ist«, erzählt Heinz Werner Höber, der maßgebliche Autor der frühen Jahre, in seiner Autobiographie *Der Mann der Jerry Cotton war*. »Meiner Kenntnis nach übertreffen nur die Bibel und die Logarithmentafel diese Auflage. Die Bibel ist nicht einzuholen. Bei der Logarithmentafel bin ich mir im Zeitalter des Computers nicht sicher.« Das war 1996. Mittlerweile sind es 850 Millionen. Und von der Logarithmentafel spricht kein Mensch mehr!

Was der jahrzehntelang anonyme, erst 1998 als Delfried Kaufmann enttarnte Cotton-Erfinder bei John D. Highs Einsegnung des Helden skizziert, ist natürlich nicht allein das

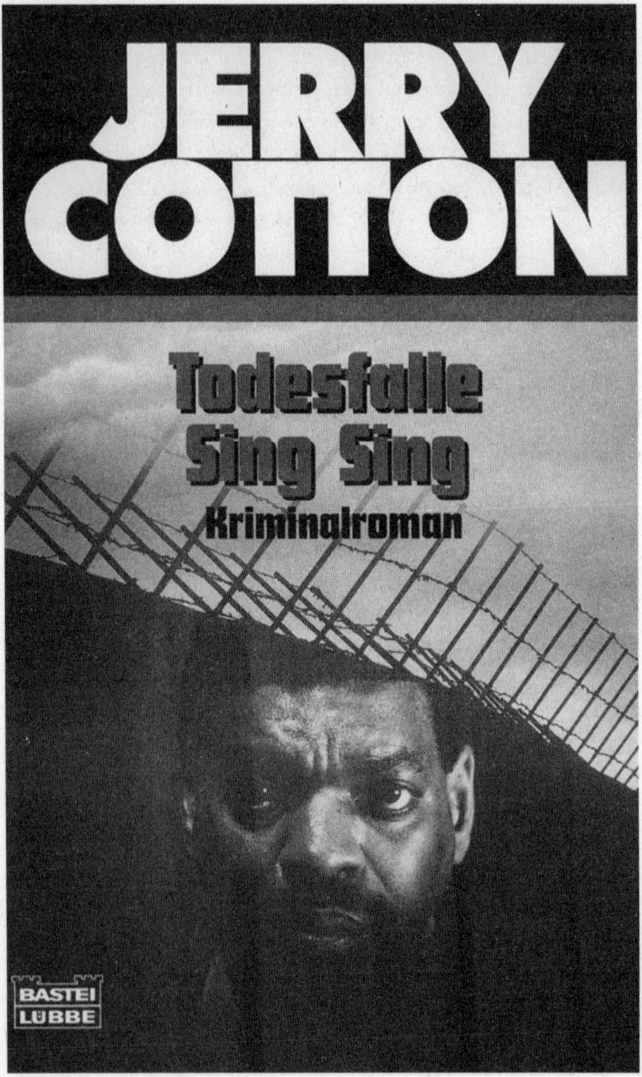
JERRY COTTON
Todesfalle Sing Sing
Kriminalroman
BASTEI LÜBBE

harte Los des G-Man, sondern vor allem auch das des Heftroman-Autors: Kein Ruhm, keine Reichtümer, aber ein ständiges Hauen und Stechen, keine Ruhe mehr, denn zwei Hefte im Monat muss schon mindestens publizieren, wer sein monetäres Auskommen haben will, und vor allem moralische Standfestigkeit. Denn immer noch entlässt kein Heft den Leser ohne die stets sehr überzeugend vorgetragene Lehre, dass sich Verbrechen einfach nicht lohnt: »Ich kam von links, aus der Finsternis, und schmetterte ihm zwei Dinger von der gleichen Güteklasse auf den Punkt, wie sie seinen Kumpel Eddy ins Traumland geschickt hatten. Mit der ersten Handkante entfernte ich die Beretta aus seiner Pranke, mit der zweiten faltete ich ihn über dem Fenstersims zusammen.«

Wer hier lachen muss, der soll das ruhig tun! Horst Friedrichs, der Verfasser dieser Sätze, mit sechsunddreißig Schreibjahren und über dreihundertfünfzig Cotton-Romanen der dienstälteste und auch sonst herausragende Autor der Serie, gibt zu, dass er gern die amerikanische *hard-boiled*-Schule in seinen Romanen auf die Schippe nimmt.

Eigentlich muss es verwundern, dass die staatlichen Hüter der Kultur und guten Sitte immer eher geneigt waren, restriktiv tätig zu werden, und den »volkspädagogischen Nutzen« gar nicht in Erwägung zogen, denn etwas so bieder Prinzipienfestes, moralisch Tadelloses und penetrant Gutmenschelndes, wie es Cotton und Kollegen an den Tag legen, hat die Welt noch nicht gesehen. Sogar Friedrichs erlaubt sich da ein ironisches Lächeln. »Das ist ja unsere erzieherische Aufgabe, dem Lesepublikum klar zu machen, wo die ethischen Grenzen sind. Das ist eine Verpflichtung, die wir einfach erfüllen müssen, weil wir uns dieser Selbstkontrolle unterworfen haben.«

Es liegt vielleicht an diesem moralischen Biedersinn, der den Leser immer ein wenig gängelt, ihm stets vorschreibt, was er in ethischen Fragen zu meinen habe, dass die Cotton-

Romane bei aller Modernität der Ausstattung und der Aktualität der Sujets leicht angestaubt wirken. Auf eine beinahe rührende Weise sind dem scheinbar alterslosen G-Man seine Jahre dann doch anzumerken.

In der Vergangenheit gab es immer wieder Versuche, die Kolportage-Literatur vor ihren Verächtern zu retten. Bastei-Verlagsgründer Gustav Lübbe zum Beispiel rechtfertigte sich gern mit seiner »Hochlese-Theorie«, derzufolge ein Schundleser den Heftroman als eine Art Vorschule nutze, um dann irgendwann bei der Hochliteratur anzukommen. So musste man in den 50ern wohl argumentieren, um nicht als jugendgefährdend verboten zu werden! Wer vom Paradigmenwechsel in den späten 60er Jahren profitieren kann, wer also ein entspannteres, weniger idiosynkratisches Verhältnis zur Popkultur anerzogen bekam, stört sich an der Defensivität dieser »Theorie«, die Trivialliteratur als bloß defizitär versteht. Viel interessanter ist doch die Frage, was sie möglicherweise eher zu leisten vermag. Ernst Bloch zum Beispiel hat die These vertreten, dass sich in der Kolportage die Wünsche und Träume und Hoffnungen einer Zeit viel unverstellter zeigen und dass sie als zeit- und mentalitätsgeschichtliche Quelle folglich weitaus mehr zu bieten hat. Und man muss nur mal einen Blick auf einige Cotton-Titel der letzten fünfzehn Jahre werfen – Titel wie *Das Attentat auf Gorbatschow*, *Ich sprengte den Plutonium-Deal*, *WM 94 – im Fadenkreuz des Terrors*, *Sex-Skandal im Weißen Haus*, *Angriffsziel: Bagdad* –, dann leuchtet das unmittelbar ein. Man ist näher dran an der Realität, kann beinahe journalistisch schnell auf die Zeitläufte reagieren. Bisweilen entwickeln die Autoren sogar Seherqualitäten. In Band 2317 etwa, *Das Genie, die Geiseln und wir* aus dem Jahr 2001, will eine obskure terroristische Organisation die Twin Towers sprengen. Das Buch war schon fast in der Druckerei, als realiter die Türme fielen, man konnte nur mehr den Untertitel

»Sie stürmten das World Trade Center« gegen einen weniger marktschreierischen ersetzen.

»Ich habe den Eindruck, daß die Form des Mediums, sprich Heftroman oder harter Deckel, entscheidend dafür ist, wie die Sache beurteilt wird«, konstatiert Friedrichs. »Das Taschenbuch ist schon ein bißchen geadelt, aber wenn es dann noch ein Hardcover ist, dann ist es auf einmal Literatur. Neulich hat mich eine Antwort auf die Frage sehr beeindruckt, wie man denn nun Trivialliteratur von Hochliteratur unterscheiden könne. Da gab es ein interessantes Argument von Dieter Wellershoff, dem Schriftsteller, der da sagte: ›Wenn ich Trivialliteratur kaufe, wird meine Erwartung bestätigt. Gehobene Literatur hingegen zeichnet sich dadurch aus, daß die Erwartung durchkreuzt wird.‹ Ich habe gerade über diese Äußerung lange nachgedacht. Mein Bestreben ist es auch immer, dem Cotton-Leser etwas Neues zu bieten. Also da könnte man dem Wellershoff durchaus widersprechen.«

Allerdings muss ein Cotton-Heft dann eben doch im Rahmen des Erwartbaren bleiben: Bereits eine zeitweilige Demission Phil Deckers wird als Sakrileg empfunden und von der Leserschaft mit Beschwerdebriefen geahndet; und bevor man den anachronistischen Jaguar E-Type gegen das zeitgenössische Modell XKR auszutauschen wagte, vergingen viele Jahre und ebenso viele Grundsatzdiskussionen in der Redaktion. Bei dem, was Friedrichs für sich beansprucht, handelt es sich wohl eher um Variationen eines Schemas.

Bei einer Lesung haben ihn neulich Schüler gefragt, ob es eigentlich noch so etwas wie Romantik gebe, wenn man wie am Fließband produziere. »Natürlich gibt es das«, habe er geantwortet, »das glaubt uns ja keiner, das wir dabei noch Empfindungen haben. Wenn mir eine Szene besonders gut gelingt zum Beispiel, wenn sie mir so gut gelingt, dass ich beim

Schreiben anfange zu weinen.« Man darf sich einen wirklich guten Heftromanautor wohl doch nicht als Zyniker vorstellen, der nur stumpf die Bedürfnisse der Konsumenten bedient. Vermutlich ist er seiner Leserschaft ähnlicher, als man meint. Auch Höber sagte von sich: »Meine Romane gingen dem Leser auch deswegen ans Herz, weil ich sie mit Herzblut schrieb.«

Das heiße Gift in den Lenden

Lolita von Vladimir Nabokov (1955)

Von allen amerikanischen Verlagen abgelehnt, mit dem Bannspruch »unpublizierbar« belegt, denn mit Pädophilie spaßt man nicht in den falschen Fuffzigern, erschien der Roman schließlich doch – in dem Pariser Pornoverlag Olympia Press. Und wenn nicht günstige rezeptionsgeschichtliche Umstände hinzugekommen wären, hätte es durchaus mit diesem Underground-Erfolg sein Bewenden haben können. Hatte es aber nicht. 1958 fasste sich ein New Yorker Verlag ein Herz und brachte die erste amerikanische Ausgabe auf den Markt: Ein Skandal! Und selbstredend ein Bestseller!

Bekanntlich wiederholt sich die Geschichte ständig – vielleicht weil es zu allen Zeiten puritanische Wassertrinker ohne Kunstverstand gegeben hat, gibt und geben wird, die das Geschäft der Reaktion betreiben –, so fand denn vor einigen Jahren die jüngste, zweite, wenn auch überflüssige Verfilmung von Adrian Lyne (die erste hatte 1961 Stanley Kubrick abgedreht und ohne Probleme in die Kinos gebracht!) in den USA ebenfalls keinen Verleiher. Der gleiche vorauseilende Gehorsam. Das Drehbuch wurde dann als raubkopierte Bückware verhökert, übrigens nicht mal zum Leidwesen des Autors Stephen Fischer, der so zumindest noch einige lesende Landsleute erreichte.

Dabei ist *Lolita* nun nichts weniger als eine Rechtfertigung der Pädophilie und alles andere als amoralisch. Selbst Humbert Humbert, der schändliche, perverse, na, sagen wir lieber obsessive Ich-Erzähler (schließlich darf in anderen Kulturen mit zwölf Jahren schon geheiratet werden, Hochzeitsnacht und der ganze Zinnober inbegriffen), ist es im Grunde nicht. Er tut etwas Verabscheuungswürdiges – und er tut es ja nicht

Vladimir Nabokov

Lolita

Roman

einmal selber, lässt sich vielmehr verführen von seiner geliebten Kindfrau –, aber er ist sich der Niederträchtigkeit seines Verhaltens immer bewusst, leidet auch bisweilen darunter (wenn die Lust ihn nicht wieder übermannt, und er mit den Kleidungsstücken auch jegliche Skrupel abwirft).

Ein Beispiel. Als sein »Nymphchen« sich im Postamt von Wace die dort hängenden Fahndungsplakate besieht, wendet sich der nach ihrer Odyssee quer durch Amerika nervlich schon halbwegs derangierte Erzähler dem Leser zu: »Sollten Sie aus meinem Buch einen Film machen wollen, so lassen Sie eines dieser Gesichter sanft in mein eigenes überblenden, während ich es betrachte.« Ein cineastisches Stereotyp aus dem Film Noir: Der Verbrecher wird konfrontiert mit seinem Konterfei. Humbert ist auch einer von ihnen: einer, der dem frühreifen Mädchen Dolores Haze die Kindheit gestohlen hat.

Und dass der Autor diese fatale Liaison missbilligt, muss eigentlich nicht gesagt werden, schließlich bringt er alle Beteiligten um. Aus der Einleitung des fingierten Herausgebers geht hervor, dass Humbert im Gefängnis an einer Herzattacke verstirbt, und zwar kurz bevor er hingerichtet werden kann für seinen Mord an dem Schunddramatiker und Drehbuchschreiber Clare Quilty, Lolitas großer unglücklicher Liebe, für den sie Humbert Jahre zuvor verlassen hat und der sie schließlich fortjagt, weil sie ihm bei seinen Gruppensexorgien nicht zu Willen ist. Auch Lolita, mittlerweile verheiratet, beinahe volljährig, stirbt dann ja – im Kindbett.

Also, eine ethisch wie auch immer anfechtbare Intention wird man *Lolita* kaum unterstellen können, zumal Nabokov als mediatisierende Instanz einen promovierten Herausgeber einsetzt, der die Lektüre abfedert, indem er Humberts Obsessionsbericht als »großes Kunstwerk« und psychopathologisches Lehrstück deutet. Nun, andererseits hat auch das natürlich ironische Züge, und Dr. phil. John Ray jr. desavouiert sich schließlich selbst durch sein moralinsaures Pädagogen-Gebrabbel am Ende des Vorworts: »Noch wichtiger aber als die wissenschaftliche Bedeutung und der literarische Wert ist uns der ethische Appell, den dies Buch an jeden verantwortungsbewußten Leser richten sollte, denn in dieser bitteren persönlichen Studie steckt eine allgemeingültige Lehre; das moralisch gefährdete Kind, die egoistische Mutter, der keuchende Besessene – sie sind nur lebensvolle Figuren einer einzigartigen Geschichte: Sie warnen uns vor gefährlichen Strömungen, sie zeigen uns die Macht der bösen Triebe.«

Nein, das dann wohl doch nicht. Nabokov ging es wohl eher darum, diese erotische Manie in all ihrem psychologischen Facettenreichtum aufzufächern und die ihr innewohnende tiefe Tragik erfahrbar zu machen (eine Tragik *a priori* gleichsam, denn Humbert verzehrt sich nach dem Kind, das es ja nun nicht bleiben kann, mit anderen Worten, er verzehrt sich nach einer Idee, die er in der Realität zwangsläufig nicht findet). Darin eben liegt auch die Zumutung für den Philister: dass hier einem verderbten Menschen Tragikfähigkeit zugebilligt wird, dass er ungehindert seitenlang von seiner dunklen Passion delirieren darf und der Schriftsteller ihn dafür auch noch mit einer überlegenen Beredsamkeit ausstattet, der man sich als Leser schwerlich entziehen kann. Man lese nur mal Humberts typologischen Sermon über das Nymphchen (der zeigt dann sogar noch eine weitere Zumutung: dass man über dieses Monster überdies lachen soll, denn sein umständlich-manieriertes Wortgeschraube besitzt auch unzweifelhaft komische Züge): »Das hübsche Äußere ist kein Kriterium, und Vulgarität, oder wenigstens, was man in gewissen Kreisen darunter versteht, kann bestimmte geheimnisvolle Merkmale nicht beeinträchtigen: die Koboldgrazie, den ungreifbaren, verschmitzten, seelenzerrüttenden, heimtückischen Zauber, die das Nymphchen von seinen Altersgenossinnen unterscheiden, welche unvergleichlich stärker in der Raumwelt synchroner Erscheinungen zu Hause sind als auf der unfaßbaren Insel entrückter Zeit, wo Lolita mit ihresgleichen spielt … Ein normaler Mann, dem man ein Gruppenbild von Schulmädchen oder Pfadfinderinnen mit der Aufforderung zeigt, er solle die Reizvollste aussuchen, wird nicht unbedingt das Nymphchen unter ihnen wählen. Man muß ein Künstler sein, und ein Wahnsinniger obendrein, ein tiefmelancholisches Geschöpf, dem das heiße Gift in den Lenden kocht und eine Wollustflamme unablässig in der elastischen Wirbelsäule lodert (ach, wie sehr man sich zu ducken und zu verkriechen hat), um sofort, durch untrügliche Anzeichen – die leicht geschwungene Raubtierkontur eines Backenknochens, den Flaum an schlanken Gliedern und andere Merkmale, die auszuplaudern mir Verzweiflung, Scham und Tränen der Zärtlichkeit verbieten – den tödlichen kleinen Dämon unter den gewöhnlichen Kindern herauszuerkennen …«

Dieses Spiel mit dem Skandalösen hat seinen Reiz, nicht zuletzt einen genuin literarischen. Und auch wenn Humberts possierliche Drechselei ein wenig Komik abwirft, diffamiert sie ihn doch nicht. Nabokov bringt ihn dem Leser durchaus nahe, erweckt Empathie, und am Ende ist das Schwein gar nicht mal unsympathisch. Bedenklich, bedenklich.

Damit ist hier noch nichts über das Motiv des Schachspiels, des Gefängnisses, noch nichts über die »Hazin«, Lolitas Mutter, Humberts Wirtin, die er heiratet, um ihrer Tochter weiterhin nahe sein zu können, und auch noch nichts über den verflixten Anspielungsreichtum des Romans gesagt. Muss aber auch nicht unbedingt sein, denn die Universitätsanglistik hat ihm ja mittlerweile doch eine breite Aufmerksamkeit geschenkt.

Wieder so ein Fall, wo sich das einstmalige Kultbuch hat eingemeinden lassen und zum modernen Klassiker, somit also in den bildungsbürgerlichen Kanon aufgestiegen ist. Vorbei die unschuldigen Tage in der Subkultur!

Hipster mit Engelsköpfen

Howl von Allen Ginsberg (1956)

»Dichter sind verdammt, aber sie sind nicht blind – sie sehen mit den Augen der Engel. Dieser Dichter sieht durch all das Grauenhafte, das er durchmacht, und er betrachtet es von allen Seiten in den sehr intimen Mitteilungen seines Gedichts. Er geht keiner Erfahrung aus dem Weg, sondern durchlebt sie bis zum Äußersten. Nimmt sie in sich auf. Macht sie sich zu eigen – und, so glauben wir, lacht darüber und hat auch noch die Zeit und den Nerv, einen Gefährten seiner Wahl zu lieben und diese Liebe in einem gut gemachten Gedicht zu dokumentieren.

Nehmen Sie die Säume Ihrer Gewänder hoch, meine Damen, wir gehen durch die Hölle.«

William Carlos Williams, einer der maßgeblichen Vorsänger Ginsbergs, dem diese doch recht suggestive Lektüreaufforderung zu verdanken ist, kannte den jungen wilden Dichterengel augenscheinlich schon von Kindesbeinen an. Dr. Williams praktizierte in Rutherford unweit von Paterson, der Heimatstadt Ginsbergs. Hat er ihm da möglicherweise schon den ersten Hustensaft verschrieben – oder etwas Brom für die reichlich überspannten Nerven? Nein, wohl eher doch nicht. Nach einer Lesung von Williams schrieb ihm Ginsberg und gab sich in diesem Brief als junger Verehrer und gleichfalls Poet zu erkennen – der Beginn einer generationsübergreifenden Künstlerfreundschaft.

»Er war von schmächtiger Gestalt«, erinnert sich Williams (und seine Erinnerung ist nach dem vorangegangenen Schlaganfall vielleicht etwas getrübt, vielleicht spricht er auch mehr über sich selbst als über den erst 1926 geborenen Ginsberg): »Er war von schmächtiger Gestalt und geistig sehr durcheinander von dem Leben, wie er es während jener ersten Jahre nach

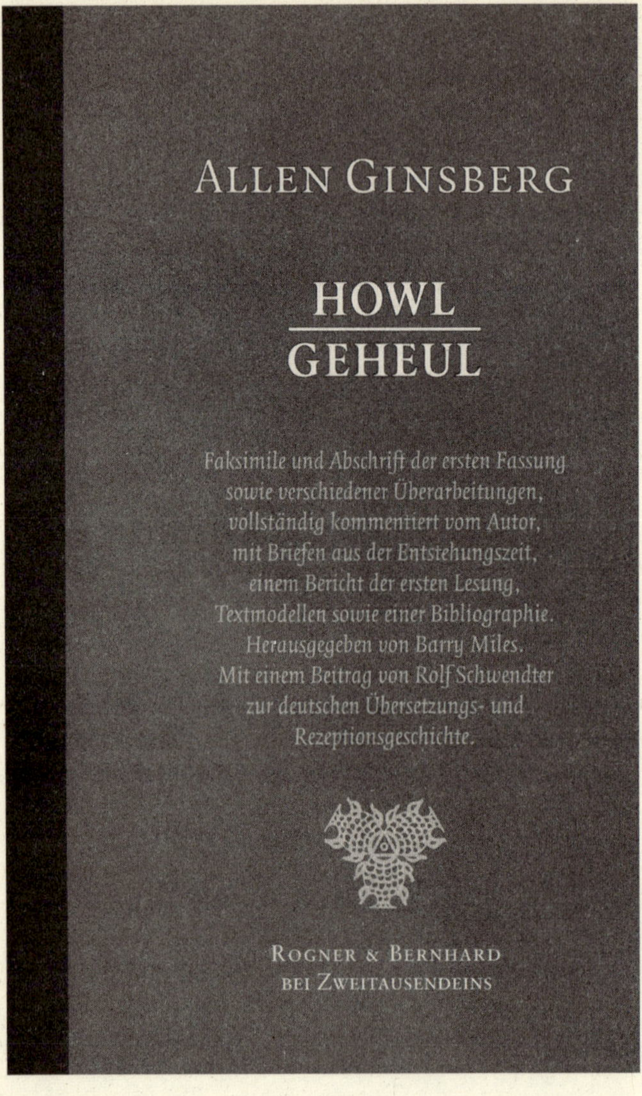
ALLEN GINSBERG
HOWL
GEHEUL
Faksimile und Abschrift der ersten Fassung
sowie verschiedener Überarbeitungen,
vollständig kommentiert vom Autor,
mit Briefen aus der Entstehungszeit,
einem Bericht der ersten Lesung,
Textmodellen sowie einer Bibliographie.
Herausgegeben von Barry Miles.
Mit einem Beitrag von Rolf Schwendter
zur deutschen Übersetzungs- und
Rezeptionsgeschichte.
ROGNER & BERNHARD
BEI ZWEITAUSENDEINS

dem Ersten Weltkrieg angetroffen hatte ... Er beunruhigte mich, und ich hätte nie gedacht, daß er lange genug leben würde, um erwachsen zu werden und einen Band Gedichte zu schreiben.«

Einen Band zumal, der *Howl* enthielt und sich eben vor allem wegen dieses Langgedichts schon bald mehrere hunderttausend Mal verkauft hatte. Schon als Ginsberg dieses Poem das erste Mal vortrug, an jenem legendären 7. Oktober 1955 in dem kleinen Bohemeclub »Six Gallery« in San Francisco, soll es den Anwesenden wie eine Epiphanie ein- und heimgeleuchtet haben. Nicht zuletzt deshalb, weil Jack Kerouac, der Freund, von dessen spontaner Prosa *Howl* angeregt worden war, mit geschlossenen Augen auf eine Weinflasche einzutrommeln begann und unter vielen »Go!« und »Yeah!« das Publikum aufpeitschte, bis der Preacherman Ginsberg endlich niederkam mit seiner unfrohen Botschaft vom Moloch Amerika:

»Ich sah die besten Köpfe meiner Generation zerstört vom Wahnsinn, ausgemergelt hysterisch nackt,
wie sie im Morgengrauen sich durch die Negerstraßen schleppten auf der Suche nach einer wütenden Spritze,
Hipster mit Engelsköpfen, süchtig nach dem alten himmlischen Kontakt zum Sterndynamo in der Maschinerie der Nacht
Die armselig und abgerissen und hohläugig und high wach hockten und rauchten im übernatürlichen Dunkel von Altbauwohnungen, in Jazz-Meditationen schwebend über dem Häusermeer der Städte«

So fängt das an, was dann als der Beginn einer neuen Epoche in der amerikanischen Lyrik gefeiert wurde. Dieses scheinbar extemporierte, beinahe besinnungslos gebrabbelte Traumstenogramm, diese Kombination von mystischer Metaphorik und knallhartem Realitätskonterfei war der Ausweg aus der lyrischen Sackgasse, an deren Ende der ebenso kryptisch wie anämisch monologisierende Dichterpriester stand. Ginsberg eröffnete dem Gedicht wieder eine größere Öffentlichkeit, führte es raus aus den Gelehrtenklüngeln auf die Straße. Er machte es populär, indem er auf die populäre Kultur reagierte – und ihren Motiven, Phrasen und Themen Einlass in seine Verse gewährte: dem Jazz etwa mit seinen spezifischen Attributen (Sinnlichkeit, Spontaneität, Verstandesferne usf.), den Drogen und der daraus abgeleiteten krausen Spiritualität, schließlich einem rüden gesellschaftskritischen bzw. antigesellschaftlichen Impuls, einer Renegaten-Attitüde, die durchaus modisch und gerade eben auch von Hollywood massenwirksam verbreitet worden war (cf. »The Wild One«, 1954, und »Rebell Without A Cause«, 1955).

Das – in etwa – ist der gemeinsame Nenner einer Avantgarde, einer Jugendbewegung, die sich dann Beat Generation nannte und die dem muffigen Puritanismus und der rigiden Law-and-Order-Mentalität des weißen Amerikas den Mittelfinger zeigte. Ginsberg nun formulierte das lyrische Manifest dieser Generation, weil er als Erster eine adäquate, ebenso eingängige wie hoch literarische Form fand – eine Litanei aus metrisch frei gefügten Langversen, die »im Einklang mit dem Rhythmus der Gedanken im nackten und grenzenlosen Hirn« sein sollten und daraus den Anspruch ableiteten, »Syntax und Rhythmus der verarmten menschlichen Prosa zu erneuern«. Jedenfalls waren diese langen Verse gerade lang genug, um es sowohl mit der Unzufriedenheit und schreienden Verzweiflung als auch mit der Passion und nicht zuletzt der (homosexuellen) Lebenslust der Beats aufnehmen zu können:

»die sich mit Zigaretten Löcher in die Arme brannten, aus Protest gegen den betäubenden Tabakmief des Kapitalismus,

die superkommunistische Pamphlete verteilten auf dem Union Square, sich weinend die Kleider auszogen, während die Sirenen von Los Alamos sie niederheulten und die Wall Street entlangheulten und die Staten-Island-Fähre ebenfalls heulte,
die schluchzend zusammenbrachen in weißen Turnhallen, nackt und zitternd vor der Maschinerie anderer Skelette,
die Polizisten in den Nacken bissen und vor Freude kreischten in den Streifenwagen, weil ihr einziges Verbrechen darin bestand, daß sie hemmungslose Päderasten und Süchtige waren,
die in der U-Bahn auf den Knien lagen und es hinausheulten, vom Dach gezerrt wurden und Genitalien und Manuskripte schwenkten,
die sich von Motorrad-Engeln in den Arsch ficken ließen und schrien vor Lust,
die die Matrosen bliesen, diese Seraphen in Menschengestalt, und sich von ihnen blasen ließen und die Zärtlichkeiten atlantischer und karibischer Liebe erlebten«

Ginsbergs Coming-out. Burroughs hatte ihm dazu geraten. Solcher Passagen wegen wurde das in England gedruckte Buch (*Howl And Other Poems*) von der Zollbehörde beschlagnahmt: Zu obszön! Ginsberg und sein Verleger Lawrence Ferlinghetti mussten sich vor Gericht verantworten, wurden aber freigesprochen, weil namhafte Literaturkritiker (u. a. Kenneth Rexroth) sich auf ihre Seite stellten, die literarische Bedeutung des Werks bestätigten und den Vorwurf der Obszönität ausräumen konnten (wie auch immer das gegangen sein soll). Spätestens jetzt wollte alle Welt das Skandalwerk lesen, nur drei Jahre später erschien sogar eine deutsche Übersetzung (*Das Geheul und andere Gedichte* – hübsch, nicht?). Ginsberg avancierte zur literarischen Berühmtheit und engagierte sich in der Folge mehr und mehr politisch. Er pilgerte von Happening zu Happening – und das FBI ließ ihn nun jahrelang beschatten.

In *Howl* ist der politische Impetus noch nicht zur Parole verkümmert, sondern eingebettet in eine expressive Sprache und auch noch nicht zu konkreten Zielen ausdifferenziert. Hier äußert sich ein generelles Unbehagen an der geheimnislosen, repressiven, selbstzerstörerischen, schmutzigen, alles in allem menschenfeindlichen Industriegesellschaft:

»Welche Sphinx aus Zement und Aluminium schlug ihnen die Schädel auf und fraß das Hirn und die Phantasie heraus?

Moloch! Einsamkeit! Dreck! Häßlichkeit! Mülleimer und unerschwingliche Dollars! Angstschreie von Kindern unter den Treppen! Schluchzende Boys in der Armee! Alte Männer, weinend in den Parks!

Moloch! Moloch! Alptraum des Moloch! Moloch der Lieblose! Geistiger Moloch! Moloch, der harte Richter des Menschen!

Moloch, das unbegreifliche Gefängnis! Moloch, das gnadenlose Zuchthaus unter der Fahne mit dem Totenkopf, der Kongreß der Leiden! Moloch, dessen Gebäude uns richten! Moloch, der riesige Stein des Kriegs! Moloch, die gelähmten Regierungen!«

Und trotz alledem – muss sich Doc Williams wundern – hat er »auch noch die Zeit und den Nerv, einen Gefährten seiner Wahl zu lieben«: Carl Solomon, den er im New Yorker Pilgrim Hospital, Abteilung Psychopathologie, kennen lernte, wo dieser sich freiwillig gemeldet hatte, um an verschiedenen Schockbehandlungen teilzunehmen. Der dritte Teil des Gedichts nimmt Bezug auf Solomons Irrenhausaufenthalt:

»Ich bin bei Dir in Rockland
    wo du die Gestalten deiner Pfleger als die Harpyien der Bronx verhöhnst
Ich bin bei dir in Rockland
    wo du schreist, daß du in deiner Zwangsjacke das entscheidende Pingpong-Spiel am Rande des Abgrunds verlierst
Ich bin bei dir in Rockland
    wo du auf dem katatonischen Piano hämmerst: die Seele ist unschuldig und unsterblich, man darf sie nicht elend sterben lassen in einem gepanzerten Irrenhaus«

Solomon ist das »Lamm«, das exemplarische Opfer des Molochs – der widerständige Mensch, der die Regeln bricht und deshalb weggesperrt wird. Ihm widmet Ginsberg dieses Gedicht, das sich in seinem vierten Abschnitt, der »Fußnote«, schließlich noch einmal aufschwingt zum ekstatischen Panegyrikos auf das Leben, die Existenz und den Kosmos. Ein beinahe spinozistisches Glaubensbekenntnis, das die streckenweise wohl etwas defätistische Schlagseite der vorangegangenen Verse wieder gerade rückt und aufgeht in exaltierter Lebensbejahung:

»Alles ist heilig! Jeder ist heilig! Überall ist heilig! Jeder Tag ist in Ewigkeit! Jedermann ist ein Engel!«

PS. Rogner & Bernhard hat vor kurzem einen wohlfeilen Nachdruck der Prachtausgabe in der Edition Michael Kellner vorgelegt. Diese Edition faksimiliert den Text, zeigt seine Genese, die verschiedenen Varianten und Überarbeitungsstufen, bringt Fotos und Briefe aus dem literarischen Umfeld des Autors, seine einschlägigen Selbstäußerungen, etwa den wunderbaren, mit Eigenlob nicht sparenden Stimmungsbericht von der legendären ersten Lesung in der »Six Gallery«, und nicht zuletzt einen von Ginsberg noch selbst besorgten umfänglichen Kommentar. Man muss sich auf diesen philologischen Spaß erst mal einlassen, aber die Lektüre lohnt sich in doppelter Hinsicht: Man lernt zum einen diese ingeniöse Rhapsodie in ihrer ganzen artifiziellen Vielschichtigkeit kennen und also noch mehr schätzen, zum anderen bekommt man hier gleich noch den historischen, ästhetischen, biographischen Humus mitgeliefert, aus dem das Gedicht entstanden ist. Eine Schippe Leben direkt aus dem Inner Circle der Beatszene Mitte der 50er. Man weiß dann auch, dass Ginsberg sich vor allem deshalb so vehement ins Zeug legte, damit »ein sauberes angelsächsisches Schimpfwort mit vier Buchstaben sich für immer in Schulanthologien wiederfinden« lasse.

Wie eine Landstraße

On the Road von Jack Kerouac (1957)

Wie sah er wohl aus, der typische Beatnik? Der Kulturhistoriker Steve Watson (*Die Beat Generation. Visionäre, Rebellen, Hipsters 1944–1960*) weiß es: »Nach dem, was die Medien … vorexerzierten, trug der männliche Beatnik (›the cat‹) ein Kinnbärtchen, je räudiger, desto besser, und langes Haar, das lose über den Kragen hing. Er trug zuweilen einen Anhänger, mehr oder weniger in der Form eines Kruzifixes, ein schwarzes Barett, schwarze Jeans mit schwarzem Rollkragenpulli oder, im Sommer, ein weißes T-Shirt. Er rauchte am liebsten Marihuana, spielte Bongos und deklamierte zu cooler Jazzbegleitung Lyrik. Sein weibliches Pendant (›the chick‹) war mager, trug das Haar lang und glatt, blasses Make-up und träumte davon, wie Morticia aus der Addams-Family auszusehen. Sie trug schwarze Trikots und Sandalen. Sie trank am liebsten Espresso, ging zu Dichterlesungen und hatte es mit schwarzen Jazzmusikern. Die angestammten Wohnräume des Beatnik waren ein düsteres Kaffeehaus in North Beach und eine kärgliche Mansarde (›the pad‹) mit nackten Glühbirnen, einer Heizplatte für die Espressokanne und mexikanischen Kuhglocken.« Aha.

Kein Wunder also, dass patriotisch-konservative Literaturkritiker Kerouac, einen der Köpfe der Beatbewegung, als »Latrinen-Laureatus« beschimpften. Und ebenfalls kein Wunder, dass der FBI-Chef J. Edgar Hoover sein geliebtes Amerika nicht nur von Kommunisten und intellektuellen Eierköppen, sondern eben auch von den Beatniks bedroht sah. Erstaunlich daran ist, dass man ihnen, vor allem jenem Jack Kerouac, vieles vorwerfen kann, aber eben nicht mangelnde Liebe zum »Vaterland«. Um den patriotischen Generalbass in seinen Tex-

JACK KEROUAC
UNTERWEGS
rororo
MOTEL
HAM
EGGS
65
VACANCY

ten zu hören, der von den schrillen gesellschaftskritischen Kampfansagen übertönt wird, aber dennoch beharrlich tuckert wie Pa Waltons alter Lastwagen, braucht es freilich einen feinsinnigeren Leser, als es FBI-Chefs gemeinhin sind. (Später, gegen Ende seines Lebens, hörte man dann jedoch auch Äußerungen von Kerouac, die Hoover leicht verstanden und mit Wohlwollen zur Kenntnis genommen haben dürfte: Die gleichen antikommunistischen, anti-intellektualistischen und sogar antisemitischen Phrasen werden da gedroschen – aber, wie gesagt, das war viel später!)

Kerouac verstand sich als guter Amerikaner. Freilich in einem anderen, eher mythologischen Sinne. Er propagiert die Rückkehr ins gelobte, will sagen: vorindustrielle Land, die Restitution des sagenhaften Ur-Amerikas, in dem die schrankenlose Freiheit und Unabhängigkeit, der absolute, anarchistische Individualismus herrscht – und das es so natürlich nie gegeben hat. (Nicht umsonst heißt der Erzähler in *On the Road*, Kerouacs Alter Ego, mit Nachnamen Paradise. Er ist auf der Suche nach diesem verlorenen Paradies.) Kerouac war so konservativ, dass es in seiner Zeit schon wieder als progressiv verstanden werden konnte – und wirklich erinnert manches in seinem Denken und Schreiben an die kulturpessimistischen bzw. zivilisationskritischen Autoren der 20er Jahre. Etwa sein Misstrauen gegen alles Konstruierte, Geplante, vom Bewusstsein Gesteuerte, gegen die »fade Intellektualität«, seine gleichzeitige Hinwendung zur Spiritualität, zu quasi-romantischen Ideen, zum Un- und Unterbewussten – schließlich seine immer wieder geäußerten Regressionssehnsüchte.

Zu solchen Büchern gehören verfilmbare Situationen. Mitternacht war vorbei, der 5. September 1957 gerade angebrochen, als Jack Kerouac den Broadway entlangschlenderte und an der Ecke zur 66. Straße West an einem Zeitungsstand Halt machte, um sich die Frühausgabe der *New York Times* zu kaufen. Fieberhaft blätterte er sie durch. Hatte man sein Buch diesmal besprochen? Und wenn, war es ein Verriss? Da! Also doch. Er las nicht, seine Augen galoppierten über die Lettern. Dann ballte er die Faust, streckte sie drohend den Sternen entgegen und schnob befriedigt, nein, überglücklich durch die Nase. Nun erst las er genauer: »So sicher, wie Hemingways ›Fiesta‹ als Testament der Lost Generation gelten kann, so sicher scheint es, daß ›On the Road‹ als Testament der Beat Generation bekannt werden wird.« Er ging nach Hause und legte sich ins Bett. Früh am Morgen klingelte ihn sein Lektor heraus und überreichte ihm eine Kiste Champagner. Drei Flaschen hatte er bereits geleert, als die spätsommerliche Sonne ihren höchsten Punkt erreichte …

Zu solchen Büchern gehören Legenden. 1951 – also schon ein paar Jahre nach den ersten Trips mit seinem Kumpan Neal Cassady quer durch die Vereinigten Staaten, jenen Trips, die dann gewissermaßen die autobiographische Folie des Romans lieferten –, 1951 also soll sich Kerouac an den Schreibtisch gesetzt und ihn dann drei Wochen lang nur noch für die Erledigung lebenserhaltender Maßnahmen verlassen haben. Essen, Schlafen, Verdauen. Auf eine einzige gewaltige Papierrolle (aus aneinander geklebten Blättern) stanzte er in einem wahren, nicht zuletzt mithilfe von gehörigen Mengen Benzedrin herbeigeführten Schaffensrausch die erste Proklamation der Beat Generation ins unschuldig weiße Papier. Die Bibel aller späteren Subkulturfraktionen. Der atmosphärische Archetyp aller Roadmovies. Er soll dabei ein Dutzend T-Shirts pro Tag durchgeschwitzt haben (womit man wohl vor allem andeuten wollte, dass es sich hier mehr um einen physischen denn intellektuellen Akt gehandelt habe). Und das auf dem Boden herumliegende Endlospapier – so erzählen's die Alten – sei ihm schließlich vorgekommen »wie eine Landstraße«. Auch das lässt sich allegorisch deuten: als Annäherung der Kunst an die Wirklichkeit nämlich. Als Versuch, Literatur und Leben ununterscheidbar werden zu lassen. Als Authentizitätsausweis mithin. Womit das wichtigste poetologische Axiom Kerouacs bereits genannt wäre.

Auch Dean Moriarty und Sal Paradise – den beiden Protagonisten des Romans, jenen fiktionalen Wiedergängern von Neal Cassady und Kerouac selbst –, auch ihnen geht es zuvörderst um Authentizität, hier freilich des Erlebens, um die Intensität des unmittelbaren, von der Ratio unverstellten Augenblicks. Ach, wie blass und leidenschaftslos hört sich das an im Vergleich zu den springlebendigsprudelnden Wortkaskaden und ekstatischen Eruptionen Kerouacs bzw. seines Hobo-Helden Dean: »›Oh, Mensch! Mensch! Mensch!‹ stöhnte Dean. ›Und es ist noch nicht einmal der Anfang davon – und hier fahren wir jetzt endlich zusammen nach dem Osten, wir sind nie zusammen nach dem Osten gefahren, Sal, denk nur, wir werden Denver zusammen durchwühlen und sehen, was alle machen, obwohl es uns wenig interessiert, denn der springende Punkt ist, daß wir wissen, was ES ist, und daß wir wissen, was ZEIT ist, und daß alles wirklich GUT ist.‹ Dann flüsterte er, mich am Ärmel packend, schwitzend: ›Nun beobachte einmal die da vorne. Sie haben Sorgen, sie zählen die Kilometer, sie machen sich Gedanken darüber, wo sie heute nacht schlafen werden, wieviel das Benzin kostet, über das Wetter, wie sie hinkommen werden – und dabei werden sie doch sowieso hinkommen, siehst du.‹«

Dean, Sohn eines Wanderarbeiters, in einer Erziehungsanstalt aufgewachsen, gibt nach seiner Entlassung den klassischen Aussteiger, immer auf Achse, erdverbunden, kriminell. Ein vitalistischer Renegat, ein schwuler, asozialer Hedonist: »gierig nach Brot und Liebe; er kümmerte sich nicht darum, wer recht hatte, ›solange ich immer noch die lieben kleinen

Mädchen mit dem lieben kleinen Etwas zwischen den Beinen kriegen kann, Jungs‹ und ›solange wir noch was zu essen haben, Mensch, hörst du? Ich bin *hungrig*, ich *verhungere, essen wir gleich jetzt was!*‹«

Seine Tante hat ihn noch gewarnt, dass so einer nur Ärger macht. Aber in dem Augenblick, in dem Sal Dean kennen lernt in der New Yorker Bohemeszene, gerät er auch schon in seinen Bann. Als Moriarty New York wieder verlässt, westwärts, ho, reist er ihm nach, findet ihn auch nach langer Suche in Denver, Colorado, wo er sich ihm anschließt. Die meiste Zeit der folgenden zwei Jahre verbringen sie nun gemeinsam unterwegs. Aber Dean entpuppt sich mehr und mehr als rücksichts- und verantwortungsloses Schwein, das schließlich sogar Sal krank und allein in Mexiko zurücklässt, um weiter den Kontinent durchjagen zu können. Sal bemüht sich, auch diesen letzten Verrat zu entschuldigen, wie er jegliche Amoralität zuvor entschuldigt hat – mit Deans elementarem Protest gegen das bürgerliche Leben und dessen Tugendparameter. Zudem sieht er ihn als Personifikation eines Prinzips, das sich nun einmal nicht erklären und domestizieren lässt: des Prinzips der Kreativität.

Sal freilich ist aus einem anderen Holz, die rastlose Suche zermürbt ihn, so dass er sich schließlich wieder von Moriarty löst, um ein ruhigeres, sesshaftes Leben zu führen. Und schließlich verrät auch er seinen Freund ein bisschen. Das ist wohl nötig, um diesen wunderbar schwermütigen, sehnsuchtsvollen Schluss in diesem überhaupt wunderbar schwermütigen, sehnsuchtsvollen Buch hinzubekommen, das so viele krumme und schiefe Sätze hat wie ein improvisiertes Jazz-Trompetensolo Töne und doch auch so melodiös ist, dass man ihm auf all seinen verwinkelten und mitunter willkürlichen Wegen folgt – aber ich habe von diesem grandiosen Schluss gesprochen: »… wenn die Sonne in Amerika untergeht und ich auf dem alten verwitterten Flußdamm sitze und die weiten, weiten Himmel über New Jersey betrachte und all das rauhe Land spüre, das in einem unglaublichen, riesenhaften Wulst der Westküste zurollt, und die Straße spüre, die dorthin führt, und all die Menschen, die in dem Riesenraum träumen, und weiß, daß jetzt in Iowa die Kinder schreien, in diesem Land, wo man die Kinder schreien läßt, und daß heute nacht die Sterne scheinen werden; und weißt du nicht, daß Gott der Polarstern ist, daß der Abendstern sich neigen und sein funkelndes Halblicht auf die Prärie werfen muß, bevor noch vollkommene Nacht die Erde segnet, alle Flüsse verdunkelt, die Gipfel verhüllt und die letzte Küste zusammenfaltet, und niemand, niemand weiß, was einem beschieden ist, außer den trostlosen Fetzen des Alterns: dann denke ich an Dean Moriarty, ich denke sogar an den alten Dean Moriarty, den Vater, den wir niemals fanden – ich denke an Dean Moriarty.«

ROBERT LOWRY
LEBENDIG BEGRABEN
ROGNER & BERNHARD BEI ZWEITAUSENDEINS

Antisemitisches Gift

Lebendig begraben von Robert Lowry (1959)

Kurz bevor Robert Lowry, fünfundsiebzig Jahre alt, völlig verarmt, von seinen vier Ehefrauen und allen guten Geistern verlassen, in einer Nervenheilanstalt in Cincinnati stirbt, entdeckt und besucht ihn Matthias Matussek, der »rasende« Reporter vom »Spiegel«, und schreibt eine seiner symbolistischen Betrachtungen über die einstige Hoffnung der amerikanischen Nachkriegsliteratur (*Spiegel* 29/1994). Das »größte aller Talente« soll Lowry damals gewesen sein, jedenfalls nach dem Urteil Ernest Hemingways, dann aber folgte ein »Langer Flug in den Wahn«. So betitelt Matussek seinen Essay, in dem noch die Wandbemalung vom Anstaltszimmer das tragische Schicksal des Protagonisten bezeugen muss: »Auf die kahle Wand sind vier Möwen gemalt, die einen Leuchtturm umfliegen. Die Möwe, die ihm am nächsten ist, hat wegen eines Fehlers im Putz einen gebrochenen Flügel.« Matussek, bleib bei deinem Leisten, möchte man ihm noch nachrufen, vom Auguren-Handwerk verstehst du nichts! Immerhin ist es sein Verdienst, als Erster im deutschsprachigen Raum auf diesen Vergessenen aufmerksam gemacht und damit – wenigstens indirekt – eine deutsche Teilausgabe seines Werkes initiiert zu haben, die nun schon eine Weile bei Rogner & Bernhard abgeschlossen vorliegt.

Die Hauptübersetzungsarbeit hat der Burroughs- und Bukowski-erprobte Carl Weissner geleistet. Eine gute Wahl, weil Lowrys Kompromisslosigkeit (zumal der Diktion) und auch einige seiner Sujets und Motive durchaus an die American Beats gemahnen: das Alltägliche, das ins Zentrum der Literatur rückt; die Kritik am kapital(istisch)en Bock, der da mit dem amerikanischen Traum geschossen wird, und die Verteidigung uneingeschränkter Individualität gegenüber dem repressiven

Obrigkeitsstaat. Was ihn grundsätzlich unterscheidet von den Beats, ist das Fehlen eines positiven Gegenentwurfs – der Utopie, wenn man so will. Lowrys Figuren sind ohnmächtige Melancholiker und nihilistische Zyniker, Hoffnungslose, denen kein Ausweg mehr bleibt und die in ihrer Lethargie dennoch weitermachen – bis das Schicksal endlich ein Einsehen mit ihnen hat.

Übersetzt wurden Lowrys Erstling *Casualty* (*Die falsche Sanftmut des Schnees*, 1996), der ihm sogleich zum Durchbruch verhilft, die Boxergeschichte *The Violent Wedding* (*Tag, Fremder*, 1996), ein Band mit ausgewählten Erzählungen (*Aufenthalt in El Paso*, 1997) und eben jener seinerzeit verteufelte, weil vermeintlich antisemitische Roman *The Prince of Pride Starring* (*Lebendig begraben*, 1997).

Mit mehreren Tapferkeitsmedaillen dekoriert, kehrt Lowry aus dem Krieg zurück, körperlich unversehrt, aber kopflos. In der Kurzgeschichte »Das goldene Abzeichen« lässt er einen Veteranen auftreten, der erfolgreich in der Werbebranche arbeitet, dem die Resozialisation aber schließlich doch misslingt: »in keinem Land und keiner Wirklichkeit zu Hause … unterwegs zu einer Bar und nicht viel mehr«. Auch Lowry ist – trotz seines schnellen schriftstellerischen Erfolgs – immer häufiger unterwegs zu einer Bar. Alkoholexzesse tragen nicht gerade dazu bei, seine angegriffene Psyche zu stabilisieren. Er leidet zunehmend unter Wahnvorstellungen. Nach einem Anfall lässt ihn seine zweite Frau schließlich gegen seinen Willen in eine geschlossene psychiatrische Anstalt einweisen und stimmt einer Insulin- und Elektroschocktherapie zu. In *The Prince of Pride Starring* dokumentiert er jene brutale, nichtswürdige, aber in den psychiatrischen Abteilungen der Kriegsveteranenhospitäler durchaus übliche Behandlungsmethode: »Mir fiel auf, daß man dem Patienten einen Knebel in den Mund gesteckt hatte – das soll wohl verhindern, daß er sich die Zunge durchbeißt. Der Arzt drehte an einem Schalter, und der Patient, als hätte ihn eine Kugel getroffen, schnellte hoch, als wollte er sich mit einem spektakulären Satz seinen Peinigern entwinden. Die wälzten ihn dann auf eine Bahre, wo der inzwischen Bewußtlose ein lautes gequältes Schnarchen von sich gab, das mir noch jetzt unvergeßlich in den Ohren klingt.«

Aber er schreibt weiter und vollendet 1952/53 im Bronx Veteran Administration Hospital *The Violent Wedding*. Kein »makelloses Meisterwerk«, wie es Matussek gern hätte, aber mit seiner gekonnten Dialogführung, dichten Atmosphäre und den gut kalkulierten Perspektivenwechseln Lowrys gelungenster Roman, der überdies sehr genau die rassistischen Vorurteile und Restriktionen im Nachkriegsamerika registriert und kritisch kommentiert. Umso merkwürdiger, dass er plötzlich in Phasen geistiger Zerrüttung einen furiosen Antisemitismus an den Tag legt. Merkwürdig auch, weil seine ersten beiden Frauen jüdischen Glaubens waren. Womöglich haben die Insulin- und Elektroschocks der promovierten Folterknechte, die nicht selten irreversible Gehirnschäden mit sich brachten (Lowry erklärt später, man habe seine »Gedächtnisbank gelöscht«), seine antisemitischen Anwandlungen erst hervorgerufen – mit Sicherheit aber forciert. Als er sich auch diesen Komplex von der Seele zu schreiben versucht, kommt es zum Skandal, der ihm als Schriftsteller das Rückgrat bricht. *The Prince of Pride Starring*, der nur in einem kleinen Verlag erscheinen kann – Lowrys Doubleday-Lektor lehnt ihn auch noch nach achtmaliger Umarbeitung ab, weil er angeblich »antisemitisches Gift« versprühe –, ist ein aufrichtiges Stenogramm der eigenen Pathogenese.

Der angesehene Redakteur Jim Ramsey, der sich in einer ziemlichen Lebenskrise befindet, weil er sein Kind verloren und seine Frau sich von ihm getrennt hat, muss feststellen, wie er langsam, aber sicher den Verstand verliert. Gedankenverloren malt er Hakenkreuze auf seinen Notizblock, bemerkt auf einmal vorher nicht gekannte Animositäten gegenüber Juden – und träumt nachts von Hitler, der nackt auf einem Schaufelbagger eine von Schaulustigen gesäumte Straße entlangparadiert: »Während er sich gutgelaunt anzog, dachte er an den nackten Hitler mit einem Gefühl von unbeschwert kameradschaftlicher Verbundenheit. So etwas hatte er für den Diktator ganz gewiß noch nie empfunden.« Bei der anschließenden irren Fahrt zur Arbeit erlebt Ramsey dann sein antisemitisches Damaskus: »Wir kämpfen in Korea gegen den Osten, und gleichzeitig werden wir, ohne daß wir es uns bewußt machen, heimlich unterwandert und in Justiz, Medizin, Geschäftsleben und Schulen sogar schon vollkommen dominiert von einer Fünften Kolonne, die insgeheim seit Jahrhunderten ihre Wühlarbeit in der westlichen Welt betreibt und ihre Wurzeln schlägt, sich aber von allen anderen im Osten unterscheidet, nämlich durch das Merkmal der Beschneidung.«

Der Zersetzungsvorwurf gehört zum antijüdischen Schmutz, den Dunkelmänner seit dem Mittelalter immer wieder kolportieren, just in dieser Zeit aber auch ein schizophrener Senator namens McCarthy für seine Kommunistenhatz instrumentalisiert – etwas unverfänglicher im Ausdruck vielleicht. Mit anderen Worten, Lowry spiegelt im Individuellen das gesamtgesellschaftliche Krankheitssyndrom – und zwar durchaus mit Kalkül. So ist *The Prince of Pride Starring*, zumindest in der vorliegenden überarbeiteten Fassung, nichts weniger als eine antisemitische Hetzschrift: Lowry zeichnet zwar das übliche judenfeindliche Geschwätz nach, das er während seiner Anfälle selbst kolportiert hat, weist es aber – anders als beispielsweise ein Céline oder Eliot – mit rezeptionssteuernden Annotationen als Rollenprosa (eines Verrückten) aus und entlarvt dessen Absurdität. Vor allem in der zweiten, vornehmlich aus der Perspektive seiner Frau Carol erzählten Hälfte des Romans wird Ramseys Judenhass mehrfach kritisch gebrochen. So führt Lowry vor, wie Carol aus eigener Anschauung erkennt, dass es eine spezifisch jüdische Physiognomie, wie sie das Stereotyp glauben machen will, gar nicht gibt: »Carol hatte immer geglaubt, alle Juden seien schwarzhaarig, doch hier sah sie auch einige, die blond waren ... Es war also nicht so, daß alle Juden schwarzes Krusselhaar hatten, ... und ihre Vorstellung von dunklem Teint, kleinen schwarzen Knopfaugen und großer Nase erwies sich auch als falsch. Ben Feinbaum hatte sogar eine kleine Stupsnase. Wie sollte man Juden eigentlich erkennen, zumal wenn sie auch noch blond waren. Stammten sie denn nicht aus dem Nahen Osten, dessen Bewohner alle schwarzhaarig wie die Araber waren? Wie kam es, daß manche blond waren und auch durchaus keinen Zinken als Nase hatten? Vielleicht durch Vermischung mit Deutschen, Russen und Holländern, Engländern, Iren und so weiter? Hm, so wird es wohl sein, dachte sie.« Was Lowry hier inszeniert, ist die Decouvrierung des Vorurteils jüdischer Andersartigkeit. Wenn man die Juden optisch nicht unterscheiden kann von anderen Nationen, warum sollen sie dann einen eigenen Nationalcharakter haben? Andersherum: Wenn sie sich assimilieren und mit anderen Völkern vermischen können, dann ist es mit ihrer Andersartigkeit offenbar nicht so weit her. An einigen anderen Stellen nimmt Carol direkt zu Ramseys Ausfällen Stellung: »Ach Jim, dachte sie an der Auffahrt zum Highway, laß mich in Frieden. Und bleib mir weg mit deinem Gefasel von den Juden. Und was Martin Stern angeht – was soll's, wenn er Jude ist? Natürlich ist er Jude, aber was macht das für einen Unterschied?«

Man kann Lowry nun vorwerfen, dass er derartige Brechungen zu unausgewogen einsetzt. Vor allem die aus der Perspektive Ramseys geschilderten Hassausbrüche in der ersten Hälfte des Buches, die noch dazu häufig in erlebter Rede stehen, zur Identifikation also geradezu einladen, können möglicherweise als Meinungsbekundungen des Autors missverstanden werden. Dahinter steckt jedoch wohl ästhetisches Kalkül. Allzu häufige Rezeptionssteuerungen hätten den Roman ins platt Didaktisierende abgleiten lassen. Lowry schwebte eine intrikatere Entlarvungsstruktur vor, die augenscheinlich zunächst eine Identifikation des Lesers mit den vorgeführten antijüdischen Stereotypen stiften sollte, um anschließend die einschlägigen Klischees und damit auch den heraufbeschworenen Antisemitismus des Lesers zu demontieren, ihn also einer Art Katharsis zu unterwerfen. Allerdings besaß er in diesem Stadium seiner geistigen Desolation offenbar nicht mehr genügend erzählerische Souveränität, um einem solch heiklen, gleichsam anti-antisemitischen Text die obligate unverfängliche Form zu geben.

Für eine abschließende Beurteilung wäre es zudem wichtig zu wissen, welche Auswirkungen die vielen Umarbeitungen gezeitigt, ob sie dem Buch geschadet oder es vielleicht sogar erst goutierbar gemacht haben. In der vorliegenden Fassung (!), so jedenfalls scheint mir, ist es zwar ästhetisch angreifbar, moralisch verwerfen kann man es nicht. Genau das aber ist passiert. Die scheuklappenbewehrte Kritik bricht den Stab über den Roman, Lowry wird gesellschaftlich geächtet und ins literarische Abseits gedrängt. Ganz offensichtlich hat er einen neuralgischen Punkt berührt: Die amerikanische Öffentlichkeit ist längst noch nicht bereit, sich mit der eigenen latenten Judenfeindschaft auseinander zu setzen. Im kollektiven Bewusstsein der USA firmiert sie als europäisches, vornehmlich deutsches Phänomen. Die Schmelztiegel-Ideologie, nach der die Assimilation ausnahmslos aller Nationalitäten und Ethnien gewährleistet sei, marginalisiert das Problem und verfrachtet es über den Atlantik, zurück in die Alte Welt. Da gehört es zunächst mal auch hin. Wenn aber ein Senator McCarthy gegen eine vermeintliche jüdisch-kommunistische Weltverschwörung agitiert, ohne auf ernst zu nehmenden Widerstand zu stoßen, dann wird man wohl eine judenfeindliche Disposition auch in der amerikanischen Gesellschaft annehmen dürfen. Diese aufgespürt und umrissen zu haben, hat man Lowry offenbar übel genommen – und ihn deshalb abgestraft.

Bald danach aber dreht er völlig durch; er sucht den Kontakt mit George Lincoln Rockwell, dem Gründer und Führer der amerikanischen NSDAP, und bemüht sich nach dessen Ermordung um eine Wiederbelebung der Partei. Lowry wird schließlich ständiger Gast geschlossener Abteilungen und schreibt jahrzehntelang keine Zeile mehr. Am Ende seines Lebens fängt er sich noch einmal und beginnt wieder, kaum beachtet von der Öffentlichkeit, sporadisch zu publizieren: Erinnerungen und Tagebücher. Von Antisemitismus hier – wie auch sonst in seinem Werk – keine Spur. Trotz der offensichtlichen Tragik seines Lebens – es liegt auch etwas Tröstliches darin: Ein vom Krieg und dessen Weiterungen verbogener, psychisch zerstörter Mensch bewahrt im künstlerischen Werk seine moralische Integrität. Immerhin. Das kann manch bedeutenderer Kopf, dem nie der Wahnsinn das Handwerk gelegt hat, nicht von sich behaupten.

WILLIAM S. BURROUGHS Junkie
Auf der Suche nach Yage — Naked Lunch
Nova Express — Zweitausendeins

Loss of Control

The Naked Lunch von William S. Burroughs (1959)

Für Norman Mailer war er der einzige zeitgenössische amerikanische Literat, »der möglicherweise von Genie besessen ist«, er selbst bemerkte später einmal: »Ich glaube, daß ich einer der wichtigsten Leute auf dieser verdammten Welt bin.« Die Beatles verewigten ihn auf dem Plattencover von »Sergeant Pepper's Lonely Hearts Club Band«. Er war ein Junkie, schwul und verheiratet. Er schoss seiner Frau Joan im Drogenrausch, bei einer wahnwitzigen »Wilhelm-Tell-Nummer«, das Gehirn weg und ging ins selbst auferlegte Exil – nach Tanger und hierhin und dorthin. Als er ein Vierteljahrhundert später in die Vereinigten Staaten zurückkehrte, verkündete Patti Smith seine Ankunft von der Bühne herab und nannte ihn in einem Atemzug mit dem Papst. Ach, Patti ... Sie hießen ihn El Hombre Invisible, wegen seiner distinguierten, aristokratischen Erscheinung. Von ihm stammt der Begriff »Heavy Metal«, den die Gruppe Steppenwolf im Biker-Evergreen »Born To Be Wild« zum Genreetikett umfunktionierte. Er nannte einen Gummipenis »Steely Dan III aus Yokohama«, was die Musiker Donald Fagen und Walter Becker, die 1972 nach einem Bandnamen suchten, sehr inspirierte. Jahrelang lebte er in dem umgebauten Umkleideraum einer YMCA-Turnhalle, dem legendären »Bunker«. Er war ein Waffennarr mit reaktionären Anwandlungen, ein amerikanischer Pionier im Geiste, eine Ikone der Popkultur, dessen Bücher alle kannten, aber keiner je las. Man begrub ihn mit seinem Lieblingsrevolver, einer geladenen 38er, einem Joint und einer kleinen Tüte Heroin in der Tasche, denn »da, wo er hingeht, wird ihn keiner mehr hochgehen lassen«. Ich rede von William Seward Burroughs (1914–1997), der in Tanger, im Hotel Muniria, Zimmer 9, eines jener Kultbücher schrieb, die einem sofort einfallen, wenn man nach einem echten Kultbuch sucht …

»An die Niederschrift dieser Notizen«, bemerkt Burroughs in seinem Epilog »Zu Protokoll: Aussagen über eine Krankheit«, der den vorangegangenen Aberwitz mehr schlecht als recht zu domestizieren sucht, »kann ich mich nur noch undeutlich erinnern. Der Titel wurde von Jack Kerouac vorgeschlagen. Was er bedeutet, habe ich erst nach meiner kürzlichen Genesung begriffen. Der Titel ist ganz wörtlich zu nehmen: ein *nackter* Lunch – ein gefrorener Augenblick, in dem jeder erkennt, was er auf der Gabel hat.«

Kurzum, *The Naked Lunch* sei ein Bewusstseinsprotokoll im Zustand der Bewusstlosigkeit, eine Sammlung gefrorener Augenblicke im fortgeschrittenen Delirium, eine akribisch mitstenographierte Drogenphantasmagorie. Ein Text mithin, der sich gleichsam von selbst geschrieben hat. (Der Mär nach soll der Boden seines Hotelzimmers in Tanger mit vollgeschriebenen Blättern übersät gewesen sein, als seine Freunde Allen Ginsberg und Jack Kerouac ihn besuchten: Man musste das Buch nur mehr zusammensetzen!) So scheint es wirklich auf den ersten Blick – und so will es Burroughs auch, bitte schön, erscheinen lassen. Ob das für alle Textfragmente wirklich stimmt, darf man dann füglich bezweifeln. Bietet die graue, ausgemergelte Fratze der Drogensucht nicht vielmehr – auch! – eine perfekte Maske, hinter der sich ein radikaler Kritiker des autoritären, das Individuum verkollektivierenden Staates seine grimmen Grimassen schneiden kann? Man wird das Gefühl nicht los, als sei da vieles doch bewusster ins Werk gesetzt worden, als es uns Burroughs glauben machen will. Und einmal sieht es denn auch so aus, als habe er sich verraten.

Im schon zitierten Epilog führt er das Degoutante von *The Naked Lunch* auf seine Drogensucht zurück, den »Junk-Virus«, wie er sie nennt: Das Buch sei »notwendigerweise brutal, obszön und abstoßend. Krankheit wird oft als ekelhaft empfunden, und die Schilderung von Einzelheiten ist nichts für schwache Mägen.« Dann aber fällt er sich selbst ins Wort: »Manche Passagen, die man als pornographisch bezeichnet hat, wurden in Wirklichkeit als Traktat gegen die Todesstrafe verfaßt, in Anlehnung an Jonathan Swift's ›Modest Proposal‹. Sie sollen die Todesstrafe als das bloßstellen, was sie ist: ein obszöner, barbarischer und widerwärtiger Anachronismus.« Und also, könnte man ergänzen, sind sie durchhaus mit satirischem Kalkül geschrieben, bei klarem Verstand und eben nicht drogenumnebelt!

Es gibt in *The Naked Lunch* mehrere solcher brutal-sarkastischer Fragmente mit eindeutig satirischem Impuls, die nicht zuletzt auch das vernichtende Diktum Georg Seeßlens, er kenne kaum einen Schriftsteller, »der so bar jeden Anflugs von Humor ist wie William S. Burroughs«, ein für alle Mal widerlegen. Allen voran vermutlich die Operationsszene im »Hospital«-Kapitel, die später dann auch mit Burroughs in der Hauptrolle (als Dr. Benway selbstredend, diese Karikatur eines NS-Arztes) auf Zelluloid gebannt wurde:

»SCHWESTER: ›Adrenalin, Doktor?‹

DR. BENWAY: ›Das hat sich der Nachtportier schon alles reingejagt, um sich aufzumöbeln.‹ Er sieht sich um und entdeckt einen dieser Gummistampfer, mit denen man verstopfte Toiletten bearbeitet … Damit nähert er sich nun der Patientin … ›Machen Sie einen Einschnitt, Dr. Limpf‹, sagt er zu seinem entsetzten Assistenten, ›dann werde ich mal das Herz massieren.‹

Dr. Limpf zuckt die Schultern und setzt das Skalpell an. Dr. Benway wäscht den Gummistapfer aus, indem er ihn in der Kloschüssel herumschwenkt …

SCHWESTER: ›Sollte man den nicht besser sterilisieren, Doktor?‹

Dr. Benway: ›Vermutlich ja, aber dazu ist jetzt keine Zeit.‹ Er schiebt sich den Gummistapfer wie einen Jägersitz unter und sieht zu, wie sein Assistent den Einschnitt macht … ›Ihr jungen Schnösel … ohne ein elektrisches Vibrationsskalpell, das automatisch absaugt und auch noch die Naht macht, könntet ihr nicht mal einen Pickel anstechen … Bald wird es soweit kommen, daß wir nur noch per Fernsteuerung operieren und den Patienten überhaupt nicht mehr zu sehen bekommen … Wir werden nur noch auf Knöpfe drücken … Das chirurgische Handwerk kommt restlos auf den Hund … Die ganze Fingerfertigkeit und das gekonnte Improvisieren … Habe ich Ihnen mal von meiner Blinddarmoperation mit dem rostigen Büchsendeckel erzählt? Und einmal konnte ich überhaupt kein Instrument auftreiben und nahm einen Gebärmutter-Tumor mit meinen blanken Zähnen heraus. Das war am Oberen Effendi, und außerdem …‹

Dr. Limpf: ›Der Einschnitt ist fertig, Doktor.‹

Dr. Benway zwängt den Gummistampfer in den Einschnitt und beginnt zu pumpen. Blut spritzt über die beiden Ärzte, die Schwester und die Wand … Der Stampfer macht ein grauenhaft schmatzendes Geräusch.

Schwester: ›Ich glaube, wir haben einen Exitus, Doktor.‹

Dr. Benway: ›Naja, Verlust ist überall.‹ Er dreht sich um und geht an einen Medizinschrank … ›Da hat mir doch so ein gottverdammtes rauschgiftsüchtiges Schwein mein ganzes Kokain mit Desinfektionsmittel gestreckt! Schwester! Geben Sie dem Jungen das Rezept hier und schicken Sie ihn damit los, aber dalli!‹«

So viel zur medizinischen Betreuung in US-amerikanischen Krankenhäusern der 50er Jahre. Ganz ernst wird es dann im Kapitel »Die Untersuchung«, das eine klaustrophobisch-bedrückende, an Kafkas *Prozess* ebenso wie an Orwells *1984* gemahnende Stimmung heraufbeschwört. Carl Peterson wird zu Dr. Benway ins »Ministerium für Geistige Hygiene und Prophylaxe« von Interzone befohlen – diesem totalitären Überwachungsstaat, der sich als ein ins Hyperbolische verzerrtes Spiegelbild der Vereinigten Staaten in der McCarthy-Ära darstellt – und dort dubiosen Tests, einem scharfen Verhör und augenscheinlich auch einer Hypnose gegen seinen Willen ausgesetzt. Die Untersuchung soll Carls »sexuelle Fehlentwicklung« erweisen, seine latente Homosexualität, damit behördlicherseits die entsprechenden Maßnahmen getroffen werden können: »Das heißt, wir muntern den Patienten auf, wenn er es nötig hat … und verschaffen ihm selbstverständlich einen geeigneten Ausgleich bei Partnern von ähnlicher Veranlagung. Eine Isolierung ist nicht erforderlich …« Das ist das alles reglementierende, inhumane bürokratische Pandämonium, vor dem schon Max Weber eindringlich warnte. Entsprechend mündet das Kapitel bei Burroughs in eine surreale Untergangsvision: »Die Stimme des Arztes war kaum noch zu hören. Das ganze Zimmer explodierte ins All.«

Und hier befinden wir uns denn auch im heißen Kern seiner Poetik. Burroughs Hauptimpuls ist der Widerstand gegen jegliche Form von Kontrolle, vor allem aber gegen die unrechtmäßige, normierende und damit reduzierende Einflussnahme des Kollektivs auf den Einzelnen, mithin gegen staatliche und gesellschaftliche Repression. Sein ganzes Schreiben ist ein Aufbäumen gegen das Reglement, ein Durchbrechen von Beschränkungen. So befreit er sich mithilfe von Drogen aus den Fängen der Ratio und flüchtet in ein Land der frei flottierenden Phantasmen, und den dabei entstehenden Text zerschneidet er vermeintlich willkürlich (Stichwort »Cut-up-Technik«), um seine Einzelteile anschließend neu, eben völlig »unkontrolliert« wieder zusammenzusetzen. Das ist textuelle Anarchie der zweiten Potenz – und als solche ein einziger Affront gegen das autoritäre respektive hierarchische Prinzip. Mittelbar ließ sich das auch als Kampfansage an einen allzu repressiv sich gerierenden Obrigkeitsstaat verstehen. Und der hat das dann auch verstanden (und entsprechend gehandelt!), zumal ja *The Naked Lunch*, wie gesagt, genügend Klartextpassagen enthält, die alle puritanischen Grundfesten der amerikanischen Gesellschaft untergraben.

Und es enthält nicht zuletzt Visionen, so bizarr und abstoßend, von einer solchen obszönen Geschmacklosigkeit, dass man sicher sein kann: Wäre dieser Roman in den 90er Jahren erstveröffentlicht worden, er hätte noch für die gleichen Skandale – und vielleicht auch Prozesse – gesorgt. In der deutschen Erstausgabe beispielsweise waren deshalb einige besonders outrierte Passagen zum Schutze der Sittlichkeit nur auf Englisch zu lesen – die sadistischen Vergewaltigungsphantasien in dem Orgienkapitel »Hassans Matratzengruft« etwa: »Plötzlich schiebt der Mugwump den Jungen von seinem Schwanz herunter und stößt ihn nach vorne ins Leere. Der Junge schwingt sachte hin und her. Der Mugwump faßt ihn mit beiden Händen an den Hüftknochen und hält ihn an. Dann hebt er die Hände mit schlängelnden Bewegungen, als zeichne er Hieroglyphen in die Luft, und bricht dem Jungen das Genick. Ein Zucken geht durch den Körper des Jungen. In drei großen Wellen, die seinen ganzen Unterleib mit nach vorne ziehen, richtet sich sein Penis auf und ejakuliert. … Der Mugwump zieht den Jungen zu sich her und steckt ihm wieder den Schwanz rein. Der Junge zappelt wie ein harpunierter Fisch. Der Mugwump klammert sich an dem Jungen fest, stößt sich ab, sie pendeln hin und her, sein Körper zieht sich in schlangengleichen Bewegungen zusammen. Blut quillt dem Jungen aus dem Mund und läuft ihm am Kinn herunter; mit seinem leichten Schmollmund wirkt er rührend unschuldig in seinem Tod. Der Mugwump läßt sich wie ein satter Blutegel auf den Boden fallen.«

So, wenn Sie sich dann wieder etwas frisch gemacht haben, können wir ja vielleicht fortfahren?

Auch wenn man die auseinander geschnittenen und willkürlich – bzw. nach ästhetischen Maßgaben – neu zusammengesetzten Einzelteile von *The Naked Lunch* in ihren Urzustand zurückversetzen könnte (hat das eigentlich schon mal jemand versucht?), dürfte keine geschlossene, wirklich nacherzählbare Handlung dabei herauskommen. (David Cronenberg muss in seiner Verfilmung denn auch einen Trick anwenden, um so etwas wie Geschlossenheit zu erzeugen: Er nimmt die reale Person Burroughs' in die Fiktion mit hinein, zimmert einen erzählerischen Rahmen, in dem die historischen Umstände der Niederschrift mitgeteilt werden.) Es sind eben »Notizen«, wie Burroughs schon ganz richtig sagt. Eine ausschweifende Bricolage aus Junkie-Anekdoten, zoomorphen Phantasien, satirischen Attacken wider die Heuchelei in Wissenschaft, Politik und Business, aus absurden Verschwörungstheorien, kalten, emotionslosen, aber sprachlich fulminanten Endzeitvisionen. Und vieles ist dann auch wirklich bloßes Delirium. Ausflüge in den inneren Kosmos – und der ist unter dem Einfluss von Junk naturgemäß ziemlich abseitig. Freilich, und darauf hat Burroughs immer wieder hingewiesen, nicht minder real. Die literarische Vergegenwärtigung dieser anderen Wirklichkeit ist wohl seine größte Leistung. Und all jene, die den Namen Burroughs' so leichtfertig im Mund führen, sollten – *The Naked Lunch* endlich lesen.

Weltauflage 4 Millionen Exemplare.
2001 -18007-2.90
Ken Kesey
Einer flog über das Kuckucksnest
Dies Buch, sagt der Norddeutsche Rundfunk, ist „eine der wichtigsten Publikationen der Nachkriegszeit“. Es ist die „handfeste, realistische Geschichte“ (FAZ) von McMurphy, einer lärmenden Spielernatur voller unbändiger Lebenslust. Er aktiviert seine Patientenkollegen so weit, daß sie sich gegen die Große Schwester auflehnen. Der schaurige Höhepunkt ist zugleich ein Bekenntnis zu Liebe und Kommunikation.

Der Zehntausend-Watt-Psychopath

Einer flog über das Kuckucksnest von Ken Kesey (1962)

Der hünenhafte Häuptlingssohn Bromden, auch »Besen-Bromden« genannt, weil er nach zweihundert Elektroschockbehandlungen aufgegeben hat sich zu wehren und jetzt einen taubstummen Schwachsinnigen mimt, der den lieben langen Tag die Anstaltsräume fegt – Bromden ist nach Ende des Zweiten Weltkriegs eingeliefert worden und gilt als »chronischer« Fall, das heißt, er soll für den Rest seines Lebens die psychiatrische Klinik nicht mehr verlassen (das tut er natürlich doch, aber dazu braucht es weit über dreihundert Seiten). Tatsächlich scheint der Verstand des Ich-Erzählers sich etwas aus seiner Verankerung gelöst zu haben, scheint seine Wahrnehmung bisweilen leicht verzerrt. Nur, was in der Romanwirklichkeit Schizophrenie und Verfolgungswahn genannt werden könnte, erscheint dem Leser eher wie Hellsichtigkeit – oder doch immerhin wie eine poetische Sicht der Dinge.

Bromden ahnt, nicht die kruden Anstaltsvorschriften, nicht die Ärzte und nicht einmal das latent sadistische Pflegepersonal unter der Leitung der gusseisernen, tyrannischen, dabei immer liebenswürdigen »Großen Schwester« Ratched sind verantwortlich für all das Ungemach der Patienten, es steckt etwas Größeres, Mächtigeres dahinter, die »Genossenschaft«: »Jawohl. Soviel weiß ich bestimmt. Die Station ist eine Fabrik für die Genossenschaft. Es ist dazu da, die Fehler auszubügeln, die in den Wohnbezirken und in den Schulen und in den Kirchen gemacht werden, dazu ist das Hospital da. Wenn ein fertiges Produkt wieder hinausgeht, zurück in die Gesellschaft, ganz repariert und so gut wie neu, besser als neu gelegentlich, dann erfüllt das das Herz der großen Schwester mit Freude; etwas, das ganz verdreht hereinkam, ist jetzt ein gut funktionierendes, angepaßtes Element, eine Ehre für die ganze Truppe, und wunderbar anzuschauen. Seht doch, wie er mit angeschweißtem Lächeln dahingleitet, wie er in eine nette kleine Wohngegend hineinpaßt … Er ist glücklich darüber. Er ist endlich der Umwelt angepaßt …«

Das klassische Beatthema mithin: Der Staat als der inhumane, weil alles normierende, das Individuum auf die gleich Länge stutzende Prokrustes. Die Klinik ist nun zweierlei (sie besitzt eine metonymische und eine metaphorische Dimension, wenn man so will): zunächst einmal Institution und damit Erfüllungsgehilfin der »Genossenschaft«, zum anderen aber auch ein Spiegelbild der Welt da draußen, in kleinerem Maßstab. Wie auch immer, in beiden Lesarten demonstrieren die Vorgänge in der Anstalt das völlig angepasste, standardisierte, von Vorschriften eng begrenzte Leben und entlarven es als das absolut falsche. Nur im »Nebel«, in Bromdens wirr-surrealen Tagträumen scheint noch einmal das Ideal auf: das freie, unbeschwerte Leben der Indianer, die Jagd, der Lachsfang. Welchen Sinn hat es nun überhaupt noch, gesund zu werden, für Bromden und für all die anderen – für Billy Bibbit, den Stotterer mit dem Mutterkomplex, oder für Harding, den eloquenten Intellektuellen, dem die großen Brüste seiner Frau Angst einjagen, oder für »Schrubbschrubb George«, den ehemaligen Kapitän mit dem Hygienetick –, welchen Sinn hat es, wenn einem draußen auch nichts anderes blüht als in dieser sterilen geordneten Welt in Weiß? Keinen.

Aber dann kommt Randle McMurphy, ein irischer Stiernacken, Rumtreiber und Trickster, ein Vitalitätsprotz, lebenslustiger, hedonistischer Anarchist, ein Kleinkrimineller, der einen Psychopathen markiert hat, um aus dem anstrengenden Arbeitslager herauszukommen. Und mit ihm kommt die Hoffnung auf ein anderes, freieres, individuell verantwortetes

Leben zurück: »Schon möglich, daß er auch der Genossenschaft ausgeliefert ist, aber sie haben ihn nicht erwischt … Wie hat er es bloß angestellt, ihnen zu entkommen? Vielleicht hat es die Genossenschaft bei ihm versäumt, wie beim alten Pete, die Kontrollgeräte rechtzeitig zu installieren. Vielleicht ist er schon so wild aufgewachsen, war dauernd unterwegs, schon als Kind nie länger in einer Stadt als ein paar Monate, so daß ihn nie eine Schule richtig in den Griff bekam, und dann als Tagelöhner bei den Holzfällern, als Glücksspieler auf Volksfesten, so war er dauernd auf Wanderschaft, viel zu schnell, als daß ihm die Genossenschaft hätte etwas installieren können. Das muß es sein, er hat der Genossenschaft nie eine Chance gelassen, … denn eine bewegliche Zielscheibe ist kaum zu treffen.«

Bereits die Begrüßung McMurphys lässt in Bromden seine einstige Kraft zurückkehren, er wirkt auf ihn wie eine Frischzellenkur: »Ich erinnere mich, daß die Finger, die sich um meine schlossen, dick und stark waren, und meine Hand begann sich seltsam anzufühlen und schwoll auf einmal an, dort am anderen Ende dieses Steckens, der mein Arm war, so als fließe sein eigenes Blut in meinen Arm. Er wollte bersten vor Blut und Kraft. Er schwoll an, bis er fast so groß war wie seiner, ich erinnere mich ganz genau …«

Im Folgenden nun stellt der Neue die Station auf den Kopf, und wenn Schwester Ratched eins nicht ausstehen kann, dann ist es die Störung des normalen Tagesablaufs. Von Anfang an also sind die beiden Kontrahenten; jeder umschleicht den anderen, um ihm eine Schlappe beizubringen, Ratched mit den Vorschriften, McMurphy mit seinem unflätigen Witz. Mut, Respektlosigkeit und seine einnehmende Fröhlichkeit sorgen bald dafür, dass McMurphy alle Insassen um sich versammelt und die Rolle des Leitwolfs übernimmt. Er streitet für bessere Verhältnisse und einige Freiheiten auf der Station, und nebenbei zockt er sie ein wenig beim Wetten und Pokern ab. Nach einem abenteuerlichen Ausflug – der Stationsarzt fährt mit McMurphys Truppe Hochseefischen – spitzt sich die Situation zu: Um »Schrubbschrubb-George« vor Übergriffen zu schützen, legen sich McMurphy und Bromden mit den Pflegern an und verprügeln sie nach Strich und Faden. Ratched sieht ihre Chance und verordnet Elektroschocks, die den beiden aber nicht viel anhaben können, sondern McMurphy nur noch mehr anstacheln. Die »taten doch nichts weiter, als seine Batterie aufzuladen, und das kostenlos. ›Wenn ich hier rauskomme, wird die erste Frau, die sich mit dem alten Rotschopf McMurphy, dem Zehntausend-Watt-Psychopathen, einläßt, aufleuchten wie ein Spielautomat, sie wird einen Silberdollar nach dem anderen ausspucken! O nein, die können mir mit ihrem Ladegerät keine Angst machen.‹«

Es kommt noch schlimmer. McMurphy besticht einen Wachhabenden und schleust nächtens zwei befreundete Huren ein, um mit ihnen und den anderen eine Sauforgie zu veranstalten – zuvörderst aber, damit Billy Bibbit endlich die Gelegenheit bekommt, seine Unschuld zu verlieren. Das soll eigentlich McMurphys Abschiedsvorstellung werden, kurz vor Schichtwechsel will er mit den beiden Mädchen über die Grenze verschwinden. Aber in ihrem Suff verschlafen sie die Zeit und werden vom überraschten Tagespersonal geweckt. Schwester Ratched ist außer sich. Als sie dann auch noch Bibbit mit seinem Mädchen erwischt, macht sie ihm lange Vorhaltungen und droht, alles seiner Mutter zu erzählen. Bibbit dreht durch, weiß sich in seiner Not nicht mehr zu helfen und schneidet sich in einem unbeaufsichtigten Moment die Kehle durch. Als die »Große Schwester« diesen Selbstmord McMurphy in die Schuhe schieben will, geht der auf sie los, zerreißt ihre Klamotten, entblößt sie vor allen anderen und erwürgt sie beinahe, bevor die herbeigeeilten Ärzte ihn endlich überwältigen können. McMurphy wird als gemeingefährlich eingestuft – und lobotomiert. Schwester Ratched hat also doch gewonnen ... Nein, sie hat verloren. Auf ganzer Linie. Alle »Akuten«, also jene Patienten, die sich freiwillig im Hospital aufhalten, ersuchen um ihre Entlassung. Nicht die Medizin – dieser harte, ungebildete, großmäulige Rüpel, dieser weichherzige, mitleidsvolle Mensch hat sie geheilt, weil er ihnen Selbstvertrauen und Stolz zurückgegeben hat.

Leise melancholisch, aber dennoch optimistisch ist der Schluss. Der verstümmelte McMurphy kehrt zurück auf die Station, angepasst, stumpf, leer. Das soll McMurphy sein? Die übrig gebliebenen Freunde tun diese »Schaufensterpuppe« als Attrappe ab, die sie nur täuschen soll. Aber erste Zweifel stellen sich ein. Jetzt kommt Bromdens große Stunde: »Ich beobachtete das alles und überlegte mir, was er an meiner Stelle tun würde. Nur eins stand für mich fest: Er hätte so was nicht im Tagesraum stehenlassen, mit seinem Namen dran, zwanzig, dreißig Jahre, nur damit es die Große Schwester als Beispiel dafür benützen konnte, was einem passieren konnte, wenn man sich gegen das System stellte. Da war ich mir ganz sicher.«

Also beschließt er zu handeln: »Im Fenster stand ein kalter Mond und schüttete Licht in den Schlafsaal wie Magermilch. Ich setzte mich im Bett auf, und mein Schatten fiel über diesen Körper, schien ihn zwischen der Hüfte und den Schultern zu halbieren, und nur ein schwarzer Zwischenraum trennte die Hälften.«

Das ist übrigens ganz grandios, wie Kesey hier McMurphys Versehrtheit ins mitternächtliche Bild setzt. Aber weiter: »Die Schwellungen um die Augen waren so weit zurückgegangen, daß sie offen waren; sie starrten in das volle Licht des Mondes, offen, nicht träumend, ganz glasig, weil sie schon so lange ohne Zwinkern offen waren, bis sie wie durchgebrannte Sicherungen aussahen. Ich machte eine Bewegung, als ich das Kopfkissen in die Hände nahm, und die Augen konzentrierten sich auf diese Bewegung und folgten mir, als ich aufstand und die paar Schritte zwischen den Betten zurücklegte.

Der große harte Körper hing zäh an seinem Leben. Er wehrte sich lange dagegen, daß ihm dieses Leben weggenommen wurde, strampelte und sträubte sich so sehr, daß ich mich schließlich in meiner ganzen Länge drauflegen mußte, um die zappelnden Beine in die Schere zu nehmen, während ich das Kissen auf das Gesicht drückte. So lag ich auf diesem Körper, tagelang, wie mir schien. Bis das Zappeln aufhörte. Bis es eine Weile ruhig war und einmal zusammenzuckte und dann wieder ruhig war. Dann wälzte ich mich herunter. Ich hob das Kissen hoch, und im Mondschein sah ich, daß sich an dem leeren, ausweglosen Gesichtsausdruck nicht das geringste geändert hatte, auch nicht, als ihm die Luft wegblieb. Ich drückte mit meinen Daumen die Augenlider herunter und hielt sie so, bis sie von selber unten blieben. Dann legte ich mich wieder auf mein Bett.«

Wer solche lakonischen, demutsvollen und barmherzigen, nachgerade zärtlichen Todesszenen schreiben kann, der kann kein schlechter Autor sein. Aber dieser ganz wunderbare Roman endet ja immer noch nicht. Bromden reißt einen gewaltigen Schaltkasten aus seiner Verankerung, schmeißt ihn durch die Anstaltsgitter, wie McMurphy es ihm einmal gesagt hat, und bricht aus. Er will zurück zu seinen Leuten, den letzten Indianern: »Ich bin lange fort gewesen.«

Dewotschkas, Droogs und die Ultrabrutale

A Clockwork Orange von Anthony Burgess (1962)

Dass Anthony Burgess' moralphilosophisches Traktat im Gewande einer Anti-Utopie zu einem Kultbuch der 70er Jahre wird, liegt nicht zuletzt an der Verfilmung durch Stanley Kubrick im Jahre 1971. Kubrick stutzt die Romanvorlage zwar für seine Belange zurecht, überspitzt und verkürzt vielfach (beispielsweise unterschlägt er ganz einfach das harmonisierende letzte Kapitel), alles in allem gelingt es ihm aber, die Story in grell-suggestive, immer noch gültige Bilder zu überführen. Burgess' provokative Auseinandersetzung mit dem Themenkomplex Gewalt und Moral und seine anarchische – für die Freiheit des Individuums sowie der Kunst optierende – Haltung gegenüber dem Staat sind weitere Ursachen für den baldigen Erfolg des Buchs. Für einige Furore sorgte freilich auch die Sprache von *Clockwork Orange.* Burgess entwickelt – wie schon Joyce in *Finnegans Wake*, wenngleich nicht ganz so forciert wie das große Vorbild – eine eigene Kunstsprache, das »Nadsat«. Und in diesem fiktiven, mit Slawismen, zigeunersprachlichen und altenglischen Slangvokabeln kontaminierten Teenager-Argot der Zukunft lässt er den Protagonisten Alex, Anführer einer kriminellen Jugendgang, seine Geschichte erzählen.

Die einzige Freizeitbeschäftigung, der Alex und seine »Droogs« nachgehen, ist »krasten, tollschocken, Leute mit der Britwa schlitzen und das Reinraus mit Petiezen« – kurzum: »die Ultrabrutale«. Nur so merken sie, dass sie am Leben sind, »echt horrorschow« mithin. Einmal allerdings hat Alex Pech. Bei einem Einbruch erschlägt er eine alte Frau und wird von der Polizei gefasst, weil seine meuternden Mannen ihn verraten. Er kommt für eine Weile ins Gefängnis, lässt sich aber als

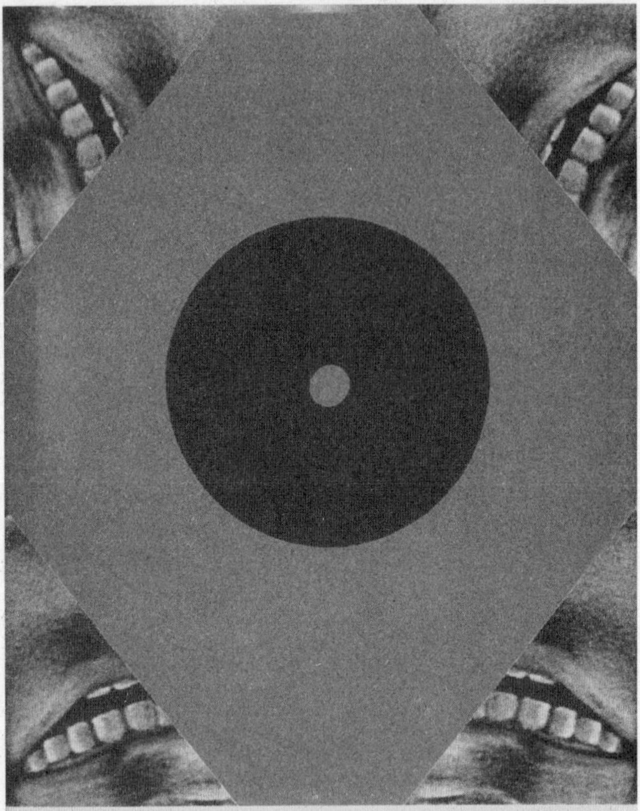
ANTHONY BURGESS
DIE UHRWERK-
ORANGE
ROMAN
KLETT-COTTA

Versuchsperson für eine neuartige Resozialisations-, die »Ludovico-Methode«, gewinnen, die ihn mittels einer Gehirnwäsche auf das Gute konditioniert, das heißt, jeden kriminellen Impuls vollständig ausmerzt. Die Ärzte entlassen Alex, vom Bösen geheilt, aber seelisch so kaputt, dass er sich in der brutalen Gesellschaft nicht mehr zurechtfindet und schließlich sogar von seinen ehemaligen Kombattanten durch den Wolf gedreht wird.

Er gerät an die politische Opposition, die den repressiv-totalitären Kern der »Rückgewinnungs-Behandlung« längst erkannt hat und mithilfe des ersten Opfers Alex die Regierung zu stürzen versucht. Er soll zum Selbstmord getrieben werden, um die Inhumanität der Methode zu beweisen. Alex stürzt sich aus dem Fenster, überlebt aber. Der Innenminister, dem Druck der mittlerweile mobilisierten Öffentlichkeit nachgebend, räumt seinen Fehler ein; die »Ludovico-Methode« wird aufgegeben, Alex wiederhergestellt und mit einem guten Job abgefunden. Im letzten Kapitel zieht Alex mit neuen Droogs herum – die alte Leier, krasten, tollschocken, Leute mit der Britwa schlitzen … –, macht aber nur noch halbherzig mit. Er wird langsam zu alt für diese Späße. Als er einen alten Kumpan wiedertrifft, der inzwischen geheiratet hat, ein harmloser Bürger geworden und augenscheinlich glücklich dabei ist, beschließt auch er, sich eine »Dewotschka« zu suchen und mit ihr eine Familie zu gründen.

So weit der Inhalt. Worum es thematisch geht, erklärt uns Burgess' Alter Ego, ein von Alex brutal misshandelter Schriftsteller, aber dennoch Gegner der »Ludovico-Methode«, in seinem sinnigerweise ebenfalls *Uhrwerk-Orange* betitelten Buch im Buch (ich folge hier wie überhaupt der neueren Übersetzung von Wolfgang Krege bei Klett-Cotta, die der alten von Walter Brumm im Heyne Verlag unbedingt vorzuziehen ist, aber unbedingt!): »Der Versuch, dem Menschen, einem natürlich wachsenden Geschöpf ... Gesetze und Bedingungen aufzuzwingen, die einer mechanischen Schöpfung gemäß wären, gegen diesen Versuch führe ich Krieg mit der Feder«. So erklärt sich auch der paradoxe Titel. Nach der gelungenen Konditionierung fragt Alex seine Peiniger: »Bin ich denn eine aufgezogene Orange?«

Mit einem Wort, der Mensch hat ein Anrecht auf Unantastbarkeit seiner Individualität – ob er sich nun auf der Seite der Guten oder Bösen befindet, spielt keine Rolle. Andernfalls nämlich sei man sehr schnell bei einem »Totalitarismus mit allen Schikanen«: »Wird nicht die Regierung bald allein entscheiden, was ein Verbrechen ist und was nicht, und all denen, die der Regierung nicht genehm sind, Willen, Mut und Energie abzapfen?«

Hinzu kommt, dass sich gut und böse nicht so einfach voneinander trennen lassen. Selbst die Apologeten der »Ludovico-Methode« müssen einräumen: »Die Abgrenzung ist immer schwierig. Die Welt ist aus einem Stück, das Leben auch. Die schönsten und himmlischsten Dinge haben in gewissem Maß an der Gewalt Anteil – der Geschlechtsakt zum Beispiel, die Musik ebenso.« Das eine ist ohne das andere nicht zu haben. Ein Eingriff, der das Böse im Menschen beseitigt, zieht notwendig jene Bereiche in Mitleidenschaft, die das Leben erst lebenswert machen. Burgess besteht deshalb auf freie Wahl – anstelle des Zwangs: »Das Gute ist etwas, das man wählen muß. Wenn ein Mensch nicht wählen kann, ist er doch kein Mensch mehr.« Sondern ein Uhrwerk.

Burgess' Plädoyer für Wahlfreiheit setzt freilich noch etwas anderes voraus: Den Glauben an die Perfektibilität des Menschen, an die Fähigkeit, sich moralisch-intellektuell zu vervollkommnen und folglich dem Bösen aus Einsicht abzuschwören. Dafür steht Alex' Sozialisation im letzten Kapitel. Kubrick hatte gute Gründe, auf diesen Schluss zu verzichten. Ihm geht es nur um die Verteidigung der Individualität, vor allem der Gewalt, des Bösen als natürliches Ingrediens des Menschen. Da stört ein zum Bürger geläuterter Droog nur die anarchische Intention.

Burgess dagegen interessiert auch die Überwindung des Bösen, die für ihn freilich nur das Ergebnis eines individuellen Reifungsprozesses sein kann – und sein darf. Die einmal erlangte ethische Reife lässt sich nicht tradieren; sie muss von jedem Einzelnen in einer je individuellen Genese, also immer wieder neu erworben werden. Hier offenbart sich einmal in schöner Evidenz Burgess' im Grunde zutiefst konservatives Weltbild: Er redet einer steten Wiederkehr des Immergleichen das Wort – das tut die Bibel auch.

Am Ende der Geschichte überlegt der erwachsene Alex, wie er seinen Sohn vor den eigenen Fehlern bewahren könne, um dann resigniert festzustellen, »daß er es nicht verstehen würde oder nicht würde verstehen wollen und daß er alle Wetschen machen würde, die ich auch gemacht habe, ja, und vielleicht sogar eine arme alte Forelle ... totschlagen, und ich würde gar nichts tun können. Und so ginge das immer weiter bis ans Ende der Welt, als ob so ein bolschiger Riese ... in seinen riesigen Rucken eine faule, kraschnige Orange hält und sie immerfort dreht und dreht und dreht.« Wie ein Uhrwerk.

DIE KLEINE REIHE
BÜCHERGILDE GUTENBERG
HAROLD BRODKEY
UNSCHULD
SPIEL
ZWEI ERZÄHLUNGEN

Oh … Oh … Oh …

Unschuld von Harold Brodkey (1963)

Eigentlich ja auch nur ein halbes Kultbuch, eine je nach Satzgröße fünfzig- bis siebzigseitige Erzählung, die dem Autor einen gewissen Ruf einbrachte – als Schweinchen Dick der literarischen Szene. Orra ist die Kommilitonin von Wiley, dem Ich-Erzähler, und das begehrenswerteste Mädchen auf dem Campus: »Sah man sie im Sonnenlicht, sah man den Marxismus sterben.« Was das konkret heißen soll, wird nicht weiter erläutert, aber Brodkey will wohl sagen, dass wir uns hier eine absolute Ausnahmeschönheit vorstellen sollen. Ein Naturereignis gleichsam. Es gibt noch mehr so merkwürdige Sätze: »An ihr wurde jeder Begriff, den ich von psychologischer Normalität oder von Gerechtigkeit hatte, zuschanden, weil die Normalität nicht so bewunderns- oder begehrenswert war wie Orra; oder vielmehr war sie die Normalität selbst, und alles andere fiel dagegen ab, war Abweichung, Ausnahme; und Gerechtigkeit war unvorstellbar, wenn sie oder jemand ihresgleichen, sofern es überhaupt noch ihresgleichen geben konnte, wenn man sie einmal gesehen hatte, nicht mit einem schlafen wollte.« Wie jetzt?

Wir merken schon, Wiley ist verliebt. Und Verliebte reden nun einmal dummes Zeug. Deshalb sollten sie auch keine Geschichten erzählen, sondern Gedichte schreiben und diese Gedichte nach dem wollüstigen Verlesen in den Gemächern ihrer Herzdame während einer lauen Sommernacht, in der die Nachtigall eine alte betörende Notenfolge flötet, als akustisches Unterpfand dieser nachgerade unirdischen Leidenschaft – danach also sollten jene das Gedichtete auf ewig in der Schreibtischschublade verschließen, falls aus nostalgischen Rücksichten ein profanes Verbrennen nicht drin ist.

Aber Wiley will nun mal erzählen. Denn das Schicksal meint es wirklich gut mit ihm. Er lernt das Fabelwesen mit dem durchaus etwas anzüglichen Namen kennen, sie verlieben sich ineinander – und knattern. Jetzt fangen die Probleme an, Orra kann nämlich nicht kommen, Wiley indessen, ein Mann mit Prinzipien, will sich damit keineswegs so einfach abfinden. In der zweiten Hälfte der Erzählung rackert er also, was sein Geschlecht hergibt, versucht alle Tricks, Kniffe, Bisse – und, denkt nur! schließlich ist ihm Amor hold und wirklich einmal ein Wunder geschehen. Orra kommt. Und wie sie kommt: *»Wiley, ich komme!«* Dafür spendiert Brodkey sogar eine Kursivierung.

Hätte vielleicht was werden können, diese Geschichte – der Plot geht ja in Ordnung! Dummerweise ist der Erzähler verliebt, wie gesagt, und findet folglich keine adäquate Sprache für dieses außergewöhnliche Ereignis; er schwankt zwischen küchenpsychologischem Traktat und lauwarmer Pennälerpoesie, die, wenn sie auf höchster Flamme köchelt, einen albern-manierierten, amorphen Sprachschaum absondert: »Sie wehrte sich, kaum spürbar, einen unendlich kleinen Teil einer Sekunde lang, und dann begann ihr Körper zu beben; er zitterte, als wären in ihm die Saiten eines Musikinstruments verborgen, die man zum Schwingen gebracht hatte. Sie sagte – etwas dumm, aber so lieb: ›Wie peinlich, Wiley, das ist mir so peinlich … Bitte hör auf … Nein … Nein … Nein …Oh … Oh … Oh … Ich bin sehr sinnlich, ich bin viel zu sinnlich, um einen Orgasmus zu haben, Wiley, bitte, hör auf … Oh … Oh … Oh …‹ Und dann durchlief sie ein stärkeres Beben; sie keuchte; es trat eine Stille ein; dann keuchte sie wieder; sie rief mit einer außergewöhnlichen Stimme: ›ICH SPÜRE ETWAS!‹ Die Haare auf meinem Hinterkopf richteten sich auf; ich konnte nicht aufhören … Ich fragte mich, ob sie ein plötzliches Strömen in ihren Nerven verspürte, eine warme

Überzeugung, daß sexuelle Lust eine Realität ist. Sie hob und senkte sich wie ein Wal – nein, nicht so stark. Aber es war, als strömte ein halber Ozean von ihren jungen Flanken; irgendein Element der Finsternis floh aus dem Raum; irgendeine leichte Tönung körperlicher Erfülltheit legte sich über ihren Körper und den dünnen Schweißfilm; ich spürte, wie es mich durchpulste; sie trieb auf einem hellblauen, einem rosigen und blauen Meer; sie war dunkel und glänzend und riesig und naß. Und warm. Sie rief: *›Wiley, ich spüre so viel!‹*

Mein Gott, war sie glücklich.

Ich sagte: ›Warum auch nicht?‹ Ich wollte die Dramatik herausnehmen; ich hielt dieses Übermaß an Dramatik für falsch und glaubte, daß es sie zu sehr belasten würde. Aber ich wollte auch, daß sie sich mir unterwarf, ich wollte jetzt die Befehlsgewalt über ihren Körper, ich wollte sie dazu bringen, einen Orgasmus zu haben.«

Wie gesagt, ein Mann mit Prinzipien, der Wiley. Und haben Sie gemerkt, wie geschickt Brodkey einmal mehr die Kursivierung eingesetzt hat? Je nun, Hans Wollschläger, der damals, 1974, die Erzählung für den Diogenes Verlag ins Deutsche übertragen sollte, gab nach der Hälfte entnervt auf, also noch bevor Wiley zu seinem Teufelsritt ansetzt (den hat dann ein frischer Mann, Dirk van Gunsteren, übersetzt). Zur Entschuldigung und auch Erläuterung schrieb Wollschläger dem damaligen Cheflektor Gerd Haffmans einen ausführlichen Brief, der seinen literaturkritischen Scharfsinn unter Beweis stellt und den Kasus Brodkey geradezu abschließend behandelt: »Ach ja, Brodkey ... ich hab ihn getragen zwanzig Seiten und kann ihn nicht tragen mehr ... Unmöglich, davon hundert, dreihundert oder gar fünfhundert Seiten zu übersetzen; meine Ruh wäre hin, mein Herz wäre schwer; es ist ein allzu großer (ach, wie ziehe ich nicht bewundernd mein Mützchen auch vor dergleichen) Bockmist. Die Armseligkeit des

Textes, der von nichts lebt, als daß auf jeder Seite zwanzigmal das Wort ›sexuell‹ vorkommt, der ohne Kulissen ist und doch voller Schwulst wie eine Bayreuther Walküre in Los Angeles, wäre nicht das Schlimmste; auch nicht, daß der Autor, je näher man ihn kennenlernt, immer stärker würstchenhafte Züge annimmt: ein Mensch, der seiner pubertären Gemütslage einen derartigen Bierernst aufgeschminkt hat, daß man aus dem Staunen nicht herauskäme, würde nicht zugleich die Forderung erhoben, daß man das für Literatur halten soll. Ach nein, das Schlimmste ist die Sprache … Was macht man nur mit so einem Text? Für die St. Pauli-Nachrichten ist er zu langweilig; als Essays geht's auch nicht, weil dem Essayisten beim Denken sein Schwanz zu sehr im Wege ist; für einen Roman spräche allenfalls die gelungene psychologische Wirklichkeitsferne (Ficktion), die den Mangel an Staffage und handelnden Personen ausgleicht … aber genug.« Aber genau.

Frühlingserwachen

Die Reifeprüfung von Charles Webb (1963)

Ob es tatsächlich so dringlich war und man deshalb gleich so aus dem Häuschen sein muss wie der Heyne-Klappentextschreiber, der den »Klassiker jetzt endlich in Neuübersetzung!« annonciert, kann ich nicht sagen, weil ich bisher immer dachte, *Die Reifeprüfung* müsse nicht unbedingt gelesen haben, wer die Verfilmung von Mike Nichols kennt – aber ich muss mich zumindest darin korrigieren: Wer den Film schon kennt, der muss das Buch trotzdem lesen, weil es eine dieser bestechenden, ja betörenden Werke ist, bei denen es auf den Plot, der ja in der Wiederholung zuallererst an Suggestivität verliert, gar nicht ankommt, jedenfalls nicht so sehr und nur insofern, als die Handlung genügend Möglichkeiten und Freiräume bietet, diese wunderbar luftige, optimistische, gelassene, auch tolerante Sixties-Atmosphäre und -Stimmung entstehen zu lassen. Die trägt den für so etwas sensibilisierten Leser durch das ganze Buch, und sie ist sogar dann noch präsent und wattiert das Gelesene, wenn es gerade mal ganz und gar nicht tolerant und optimistisch und luftig zugeht: Etwa wenn Benjamin Braddock, der preisgekrönte, aber gänzlich desillusionierte Studienabgänger, der mit Mrs. Robinson, der Frau des wichtigsten Geschäftspartners seines Vaters, aus purer Langeweile und weil er endlich lernen will, was eigentlich das Leben ist, eine Affäre anfängt, sich schließlich in deren Tochter verliebt, sie zu heiraten beschließt und von den eigentlich so gut wie geschiedenen, aber hier doch noch einmal vereint agierenden Robinsons mit allen Mitteln daran gehindert werden soll. Aber der eben noch so lethargische, in dumpfer Apathie den ewigen kalifornischen Sommer verdämmernde Nihilist hat plötzlich wieder ein Ziel, und das hört auf

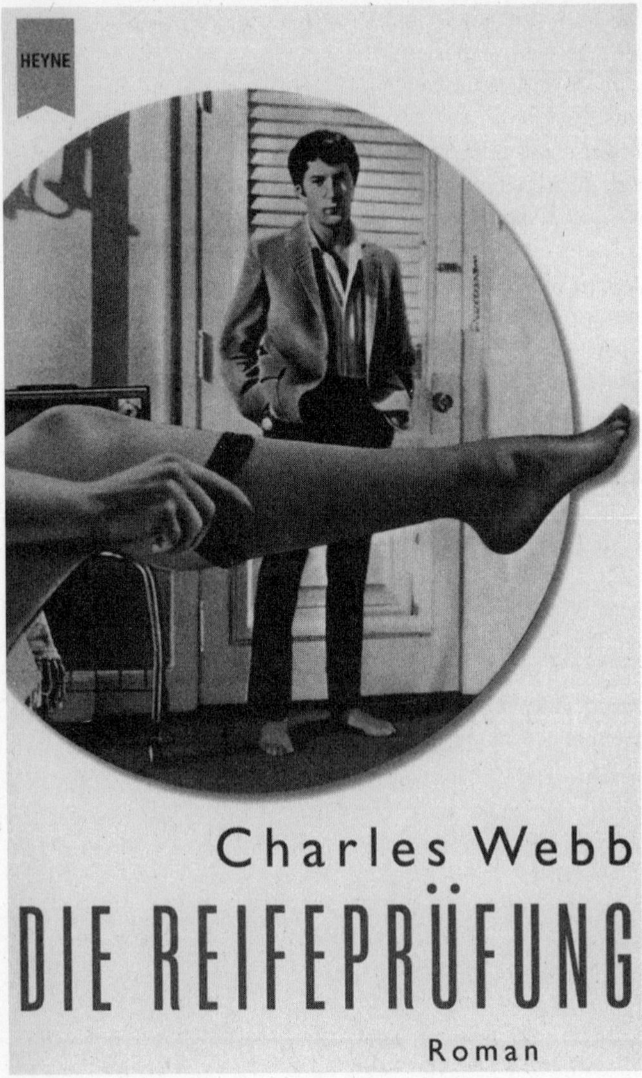
HEYNE
Charles Webb
DIE REIFEPRÜFUNG
Roman

den Namen Elaine. Und wenn ein junger amerikanischer Akademiker schon mal ein Ziel hat …

Aber wir befinden uns in den ganz frühen 60ern, also schon noch ein paar Jahre vor den Studentenprotesten, und da hat die Renitenz noch keine rechte Heimstatt in der bürgerlichen Familie, da wird gehorcht, jedenfalls bei Töchtern aus gutem Haus. Elaine soll den Fehler ihrer Eltern wiederholen und eine solide Zweckehe eingehen mit einem pragmatischen Idioten, und fast gönnt man es ihr, so wankelmütig und indifferent agiert sie und so willfährig fügt sie sich dem Ratschluss ihrer Eltern, als die ihre Absichten spitzkriegen. Aber der gute Ben hat ja Entschlossenheit für zwei! Und Charles Webb, das sieht man hier, ist eben doch ein Kind des Zweiten Weltkriegs, das von Frauenemanzipation nicht viel gehört hat, die klassische Rollenverteilung lieber unangetastet lässt – und selbstbewusstes bzw. -bestimmtes Handeln bei Frauen eher mit Argwohn betrachtet, dies folglich auch nur einer eiskalten, amoralischen, sehr dubiosen, eben einer Femme fatale wie Mrs. Robinson zubilligt. So weit war man im alten Rom auch schon!

Aber Webb hat eben auch das Gespür, das den echten Literaten auszeichnet: Er fängt dieses intellektuelle Frühlingserwachen, diesen neuerlichen Vormärz, der schon ahnen lässt, dass sich hier bald was ändert, glaubhaft und authentisch ein und schafft eine Spannung, die einen weiterlesen lässt, weil man immerfort diesen liberalen Geist atmen will, der hier durch die Seiten weht.

Stellt sich nur die Frage, wie er das schafft! Natürlich auch durch den Plot, denn Ben lehnt sich ja auf gegen den starren und vor allem scheinheiligen Moralkodex des Bürgertums und kommt damit sogar durch. Webb schärft uns ein, dass sich Ungehorsam, der Aufstand gegen die Tradition tatsächlich lohnt und in gewisser Weise unumgänglich ist, weil sich die Vorstellung von Moral und moralischem Handeln nicht für alle Zeiten in haltbare Maximen einwecken lässt, sondern immer wieder neu zur Disposition steht. Das ist eine schöne Tendenz dieses Romans, aus der vermutlich auch seine nachmalige Beliebtheit im Schulunterricht resultiert.

Aber diese 60er-Jahre-Anmutung entsteht wohl auch durch die dezent aufgerufene Ding- und Warenwelt und den fröhlichen Konsumismus, der hier praktiziert wird und der danach ja niemals wieder so unbeschwert war. Und vor allem lässt Webb seine Protagonisten ausgiebig selbst zu Wort kommen. Dieser Roman ist derartig dialogreich, dass die Drehbuchschreiber Calder Willingham und Buck Henry eigentlich wenig Arbeit gehabt haben müssen. Und es scheint tatsächlich so zu sein, als hätte sich der Sound des Buches in den Film hinübergerettet: Webbs Benjamin redet genauso klugscheißerisch, linkisch, sanft und stets höflich wie der für diese Rolle geborene Dustin Hoffman – folglich hat man beim Lesen immer dessen deutsche Synchronstimme im Ohr.

Das Besondere aber an diesen Dialogen ist, und mir scheint, als sei dies der Schlüssel zur Authentizität, zur seismographischen Qualität des Romans: Sie lassen sich ganz ein auf den Alltag. Webb legt seinen Figuren keine geschliffenen, aufgebrezelten, mit Aperçus versetzten, zwanghaft pointierten Rhetorikkunststückchen in den Mund, wie man sie immer häufiger, vermutlich durch amerikanische Soaps vermittelt, in populärer Literatur findet, sie sprechen die schlichte, gelegentlich stereotype, redundante, bisweilen auch besinnungslose, also zutiefst realistische Sprache des Lebens. Gerade weil diese Dialoge nicht brillieren, nicht besonders sein wollen, bilden sie das Gewöhnliche ab. Und diese ruhige, gemächliche, gelassene, ja irgendwie kalifornisch coole Art des Miteinanderredens, als habe man alle Zeit der

Welt, und als sei diese Welt auch erst wirklich im Gespräch, scheint mir mit der liberalistischen Intention des Romans zu koinzidieren, ja im Grunde richtig hübsch zu verschmelzen. Und wenn Form und Gehalt so zur Deckung gelangen, dann darf man ja wohl ohne Übertreibung von Kunst sprechen, oder etwa nicht?

TARANTEL
Bob
Dylan
Zweitausendeins

Das jaulende F

Tarantula von Bob Dylan (1966)

Die Veröffentlichungsgeschichte von *Tarantula* ist ähnlich verkorkst wie die der legendären »Basement Tapes« – und nicht zuletzt deshalb auch genauso mythenselig und geschichtenumrankt. Auch hier müssen erst sechs Jahre ins Land ziehen, bis der Text schließlich veröffentlicht wird (bei den Kelleraufnahmen aus dem »Big Pink« waren es neun). Und so wie dort längst Bootlegs kursieren und reißenden Absatz finden, bevor die Tapes offiziell erscheinen, gibt es hier zunächst nur einen Raubdruck, der die Korrekturbögen zur Grundlage hat – jene auch an ein paar Zeitungen und Zeitschriften verschickten Fahnenabzüge, die Dylan nicht bearbeiten konnte, weil ihn ein Motorradunfall, *der* berühmte Motorradunfall, außer Gefecht setzte, oder nicht mehr bearbeiten wollte, weil er sich von dem Text in der Zwischenzeit schon zu weit entfernt hatte und ihn jetzt als »Unsinn« abtat. Nicht zu Unrecht übrigens, denn das ist er ja wirklich, Unsinn, und zwar durchaus mit poetologischem Kalkül.

Niedergeschrieben wurde *Tarantula* von Januar bis September 1965, in einer Zeit also, in der Dylan auch in seinen Lyrics (der Alben »Bringing It All Back Home« und »Highway 61 Revisited«) gegen die längst ritualisierte und also wohlfeile Protestattitüde der Folkies aufbegehrt und sich in eine surrealistische Bilderwelt flüchtet, sich mithin durch literarische Uneindeutigkeit vor einer schnellen politischen Vereinnahmung sperrt.

Tarantula geht noch einen Schritt weiter. Der Text ist ein Experiment mit dem totalen Sinnentzug und lässt zunächst an die surrealistische Praxis der *écriture automatique* denken, an das bereits von Rimbaud, Lautréamont und Apollinaire vorweggenommene und von Breton dann nachdrücklich empfohlene delirante, trancehafte Schreiben, das der Konditionierung und Domestizierung, wie sie Logik und gesellschaftliche Normen nun einmal zeitigen, durch bloße Schnelligkeit oder aber chemische Hilfsmittel zu entkommen trachtet. Und was Joan Baez von der Zeit der Niederschrift zu berichten weiß, scheint dies zu unterstützen: Er habe gearbeitet wie »ein Fernschreiber. Er stand da und wackelte mit den Knien. Er stand, rauchte den ganzen Tag und trank Wein. Und ich konnte ihn nur zum Essen bringen, wenn ich hinging und vor seinen Augen aß. Und sofort langte er nach allem, was ich in der Hand hatte.«

Auch wenn nichts davon stimmt, ist die Beschreibung aufschlussreich, weil sie zeigt, was Dylan prätendiert, in welche Tradition er sich stellt – in die des triebhaften, ekstatischen Schreibens der Beatliteraten nämlich, vor allem der großen Drei, Allen Ginsberg, mit dem er gut befreundet war, William S. Burroughs und nicht zuletzt Jack Kerouac. Die schöne Legende um die Abfassung von *On The Road* (siehe weiter oben S. 143) zeigt denn auch große Ähnlichkeit mit der Baez'schen Geschichte.

Und manche Parts des Buches offenbaren durchaus eine gewisse stilistische Affinität zu den Genannten – der folgende etwa, der so ähnlich in *Naked Lunch* oder *Nova Express* stehen könnte: »das jaulende F aus dem neon dobro & ein erhebendes gefühl nach enttäuschenden liedertexten auf der outlaw matratze am ende der straße während du trophäen abfummelst die zu besuch sind & dem tramp mit dem eisbeutel auf dem kopf im bett ein kissen in den rücken stopfst und die nächsten verwandten stehn am nackten paravent – ein herz voll tratsch & ein wolf mit silbrigen speichelfäden, drohend und unumgänglich, ein schoß der sich öffnet wie ein abgrundtiefer rostiger tümpel, ein jähes erwachen & dann gefriert alles in träumen von einem nebulösen geburtstag …«

Aber die Inkohärenz dieses Textes geht letztlich doch weit über das hinaus, was uns die Beats zumuten. Bisweilen sieht es so aus, als hätte Dylan alle avantgardistischen Schreibweisen inkorporiert, derer er habhaft werden konnte: dadaistische Montage, Cut-up-Verfahren, drogeninduziertes Bewusstseinsprotokoll, religiöse Exaltationen in der Nachfolge von William Blake etc. Er verschmilzt das alles zu einer gewaltigen Kakophonie, die manchmal nach einem monumentalen Medienmix klingt, so als würden alle Rundfunk- und Fernsehsender des Landes für einen kurzen Moment übereinander geblendet. Ein unlesbares, weil undurchschaubares Stimmengewirr also, das ein bisschen an *Finnegans Wake* erinnert, weil man auch hier nicht herausbekommt, worum es eigentlich geht, und an die manieristischen Satzmäander in Fischarts *Geschichtklitterung*.

Dieses dicke Prosa-Müsli wird immer wieder vermengt mit leichter goutierbaren versartigen Passagen, die nicht mit dem Bewusstseinsstrom, oder was immer das ist, sondern eher untereinander korrespondieren. Sie sind stringenter, bisweilen geradezu herkömmlich erzählt, oft in der Form eines Briefes, vor allem aber albern, anscheinend parodistisch und meistens komisch:

»lieber tom hab ich dir schon mal gesagt daß ich finde du solltest eigentlich bill heißen. ist natürlich nicht so wichtig, aber weißt du, ich habs gern leger wenn ich mit jemand zusammen bin. wie gehts margy? oder martha oder wie zum teufel heißt sie eigentlich? paß auf: wenn du ankommst & du hörst daß einer ›willy‹ brüllt, dann bin das ich, ja? … also komm. ein wagen & eine party werden dich erwarten. ich werde sehr leicht zu finden sein, also sag hinterher nicht du hättest nicht gewußt daß ich da war

dein dankbarer
truman peyote«

Nun, alles in allem bekommen wir es hier also wieder mit einem dieser Texte zu tun, die man eigentlich nicht lesen kann, über die sich nur schreiben lässt. Aber nicht mal das ist passiert. Außerhalb der Dylanologie wurde kaum etwas zu diesem Buch veröffentlicht, wenn man mal von zeitgenössischen Kritiken absieht, und dortselbst behandelt man es auch nur am Rande.

Dass *Tarantula* gleich nach seinem offiziellen Erscheinen 1971 zum Bestseller avancierte und auf Platz sieben der *Time*-Charts vorrückte, lag also mehr an seiner geheimnisvollen Aura, die – wenn die verspätete Publikation nicht doch vom Verlag gesteuert war – kein Werbestratege besser hätte zum Strahlen bringen können. Und nicht zuletzt an der Popularität seines Autors. So einem frisst man ja bekanntlich aus der Hand, auch wenn er nur Kraut und Rüben zu bieten hat.

Damit der Wind das nicht alles wegweht

Forellenfischen in Amerika von Richard Brautigan (1967)

»Es ist nichts als der Ausdruck eines menschlichen Bedürfnisses, daß ich schon immer ein Buch schreiben wollte, das mit dem Wort Mayonnaise aufhört.«

Über seine Kindheit hat Brautigan nicht sehr gern gesprochen. Vielleicht, weil man nicht so gern darüber spricht, wenn einen die Mutter mit neun Jahren – und mit der noch jüngeren Schwester – in einem schäbigen Hotel in Great Falls, Montana, sitzen lässt; wenn man eine Weile vom Hotelkoch durchgefüttert werden muss, bis sie sich dann doch an ihre Pflichten erinnert und einen wieder aufliest wie heruntergefallenes Geschirr. Irgendwas hat er da wohl verloren in diesem schäbigen Hotelzimmer in Great Falls, Montana. Wenn er das nicht schon vorher verloren hatte. Mit sechs oder sieben Jahren trifft Brautigan einen fremden Mann auf der Straße, der seine Börse zückt und ihm fünf Dollar in die Hand drückt: »Das ist alles, was du je von mir kriegen wirst.« Familie Brautigan.

Zwei Jahre, bevor er sich, von seiner zweiten Frau verlassen, vom Literaturbetrieb separiert, vereinsamt, depressiv, mit neunundvierzig Jahren eine Kugel in den Kopf schießt, schreibt er seinen letzten Roman. In *So The Wind Won't Blow It All Away*, dessen deutscher Titel *Ende einer Kindheit* etwas zu lektüreleitend-plakativ daherkommt, erzählt er noch eine andere Geschichte aus einer Kindheit, die vielleicht seine eigene war. Der adoleszente Ich-Erzähler muss sich entscheiden, ob er sich von seinem letzten Geld ein paar Patronen oder einen Hamburger kauft. Er nimmt die Patronen und erschießt kurze Zeit später versehentlich seinen Spielkameraden. Diese letzte

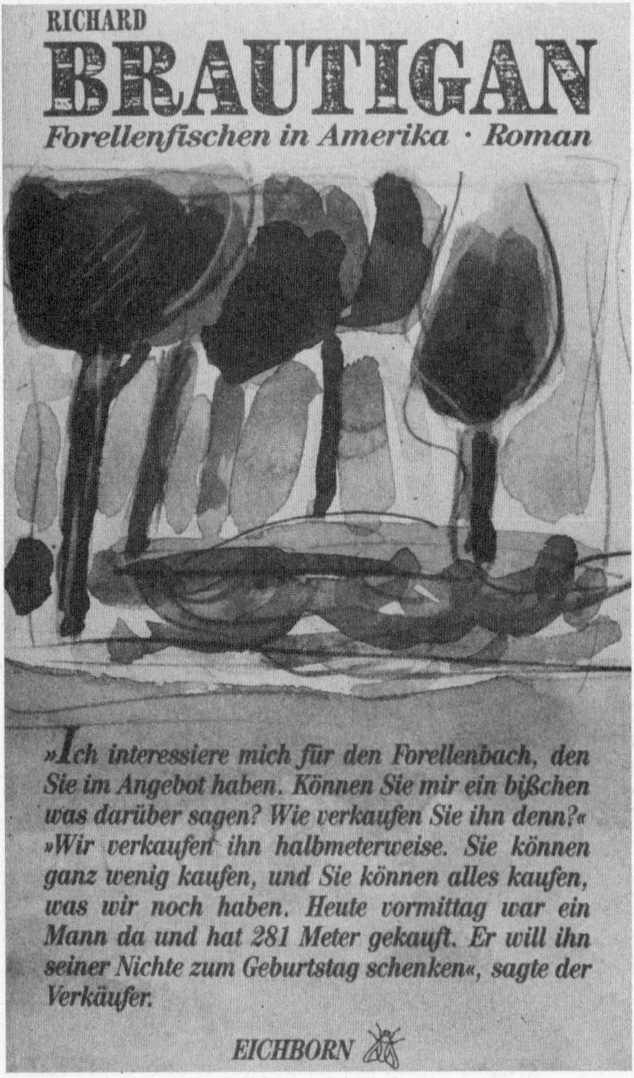
RICHARD
BRAUTIGAN
Forellenfischen in Amerika · Roman
»Ich interessiere mich für den Forellenbach, den Sie im Angebot haben. Können Sie mir ein bißchen was darüber sagen? Wie verkaufen Sie ihn denn?«
»Wir verkaufen ihn halbmeterweise. Sie können ganz wenig kaufen, und Sie können alles kaufen, was wir noch haben. Heute vormittag war ein Mann da und hat 281 Meter gekauft. Er will ihn seiner Nichte zum Geburtstag schenken«, sagte der Verkäufer.
EICHBORN

Erzählung stieß auf nicht allzu viel Resonanz, selbst bei den wenigen noch verbliebenen Brautigan-Verehrern (sein Freund Keith Abbott will hier »zum erstenmal in seiner Prosa unbeholfene, schlecht geschriebene Sätze« gefunden haben). Mag immer sein, dass Brautigan schon nicht mehr auf der Höhe seiner Kunst schreibt, aber ehrlich anrührend ist es schon, wie sich der unschuldig schuldige Erzähler zwingt, diesen schweren, traurigen Blues ganz bis zum bitteren Ende zu singen. Immer mal wieder unterbrochen von einem mahnenden, aber auch den Rücken stärkenden Chorus: »Damit der Wind das nicht alles wegweht / Staub … amerikanischer … Staub«.

Ob eine solche Kindheit etwas mit der Literatur zu tun hat, die Brautigan schrieb? Sicher. Nur inwiefern? Eben jener Keith Abbott berichtet: »Jede neue Veröffentlichung wurde an einem Ehrenplatz vor seinen alten Einmachgläsern und den abgenutzten Andenken an seine trostlose Kindheit im Nordwesten aufgebaut – fast als wolle er den Geistern, vor denen er geflohen war, ein Opfer bringen.« Na und? Dennoch wird man seine warme, sensible, durchaus auch sentimentale, elegische, nicht selten absurde bzw. surreale und immer auch etwas weltflüchtige Prosa nicht so einfach aus dem negativen Reflex erklären können, seine Kindheit wegzuschreiben, sie gleichsam vergessen zu machen. Obschon man sich andererseits den billigen Biographismus auch nie recht verkneifen kann, so etwas wie ein großes Harmonie- und Liebesbedürfnis in seine Literatur hineinzulesen.

1967, im Summer of Love, haben Brautigans erzählerischer Rousseauismus bzw. Thoreauismus, seine Aufmerksamkeit für das Einfache, Natürliche, scheinbar, aber eben nur scheinbar Unwesentliche und seine kauzig-komische Wirklichkeitsvergessenheit plötzlich Konjunktur. Sein Stil korrespondiert aufs Schönste mit der Flower-Power-Ideologie, ist gewissermaßen ihre literarische Entsprechung, und so avanciert der Einzelgänger, der die Beatpoeten kennt, aber nicht zu ihnen gehört und mit den Hippies eigentlich auch nichts anfangen kann (na, das mit der freien Liebe wird ihm schon gefallen haben!), innerhalb kürzester Zeit zur Ikone und zum Chronisten der Bewegung. Auslöser dieser Begeisterung ist das – just 1967 – beim kleinen Four-Seasons-Verlag erschienene Buch *Forellenfischen in Amerika*, das sofort reißenden Absatz findet (und sich bis heute über zwei Millionen Mal verkauft hat, zur Zeit sogar gerade mal wieder lieferbar ist, beim kleinen, feinen Kartaus Verlag!).

Eine Sammlung von Textfragmenten, zusammengehalten durch einen ziemlich wackligen Rahmen: Der Ich-Erzähler reist mit Frau und Kind (genau wie der Autor zuvor selber) durch den Nordwesten der USA, durch Idaho, Montana, Oregon und durchs nördliche Kalifornien, auf der Suche nach den dicksten Forellen, den reichsten Fischgründen, im Grunde aber nach dem alten, wahren Amerika. Das aber ist schwer zu finden, weil wir nun einmal in diesen modernen, kapitalistisch vermurksten Zeiten leben, vor allem aber, weil man einen Mythos einfach nicht finden kann. Seine Suche endet auf einem Schrottplatz in San Francisco, dort wird die Natur nur mehr als Abfall, scheibchenweise, feilgeboten. Darunter auch Forellenbäche. Der Erzähler kapituliert: »Mir reicht es. Ich gehe jetzt seit sieben Jahren fischen und habe keine einzige Forelle gefangen. Ich habe jede Forelle verloren, die ich am Haken hatte. Bei allem Mißerfolg war es aber wohl doch ein interessantes Experiment mit den Phänomenen Totalverlust und totales Scheitern. Aber nächstes Jahr muß jemand anders Forellenfischen gehen. Jemand anders muß da draußen bestehen.«

Die Suche also »muß« weitergehen. Nur durch sie bleibt der Mythos präsent. Nein, sie ist der Mythos, denn: »Amerika ist oft nur im Bewußtsein lokalisiert.«

Nun, das ist ja nichts Neues. Aber die Form dieser Prosa! Der plane Reisebericht wird ständig unterbrochen von Kindheitserinnerungen (etwa an das verkrüppelte, bettelarme Landarbeiterkind, das süchtig nach Brausepulver ist), von Parodien, Collagen und Anekdoten. Brautigan knüpft ein assoziativspielerisches Erzählgeflecht, voller skurriler Ideen, witziger Sprachspielereien, absurder Metaphern. So beginnt die Chiffre vom *Forellenfischen in Amerika* bald wie eine Schuppe zu changieren und wird – in realitätskrümmender Absicht – für die verschiedensten Dinge, Personen und Ereignisse eingesetzt, als Spruchband bei einer Demo, als Hotelname, goldene Schreibfeder, sogar als Lord Byron oder Jack The Ripper: »Er war verkleidet als Forellenfischen in Amerika. Er trug Berge auf den Ellenbogen und Eichelhäher auf dem Kragen seines Hemdes. Ein Stierfrosch quakte unaufhörlich in seiner Uhrentasche, und die Luft war erfüllt vom süßen Geruch reifer Brombeerbüsche. Er trug Forellenfischen in Amerika als Kostüm, um sich vor der Welt zu verstecken, während er seine Mordtaten in der Nacht vollbrachte.«

Kurzum, das Leben besteht auch nur aus verschiedenen Spielarten des Forellenfischens. Dass Brautigans Kulturkritik und die im Text schablonenhaft vorgeführte Substitution so ziemlich aller Bereiche des Lebens durch den einfachen, natürlichen Vorgang des Fischens – ein mit den Mitteln des Dada suggeriertes »Zurück zur Natur« gleichsam – den Hippies gefallen haben dürfte, kann man sich vorstellen.

Sie haben ihm die Blumenkrone aufgesetzt – und da ist sie dann verwelkt. Eine neue hat ihm keiner mehr geflochten, denn wie hätte das ausgesehen, wo man doch gerade diesen lukrativen und krisensicheren Job im Staatsdienst … und die Kinder … besser haben … viel zu große Verantwortung … außerdem das Haus abbezahlen? Aus Flower-Power wurde bald eine nostalgische Reminiszenz, die zwar immer noch den

Blick verklärte, aber allen auch ein bisschen peinlich war. Und so las man in den desillusionierten 70ern eher ein Commodore-Handbuch als Brautigans Geschichten und Gedichte.

Einer, der so identifiziert wird mit einer Zeit, geht mit ihr unter. So ist das, aber Brautigan leidet unter dieser Zurückweisung, umso mehr als sich seine frühere Schüchternheit und Sensibilität mit dem Erfolg in eine maßlose Eitelkeit verwandelt hat. Er säuft wie ein Loch, verprellt immer mehr Freunde, nervt die noch verbliebenen mit nächtlichen Anrufen, verfällt einer unansehnlichen Egomanie. Dass er irgendwann nicht mehr zurückruft, fällt keinem weiter auf. Fünf Wochen liegt er bereits tot in seinem Haus in Bolinas, Kalifornien, bevor man ihn schließlich findet. Man wurde stutzig, als nicht mal mehr der Anrufbeantworter ranging. Die Batterien waren leer.

Lausi stöhnt nicht

Die Palette von Hubert Fichte (1968)

Was die Literaturkritik damals wohl zuvörderst faszinierte, denn erstaunlich wohlwollend besprochen hat sie den Roman, war der Stoff: die unverblümte, reportageartige Dokumentation des wilden, exzessiven, kriminellen und bisweilen brutalen Treibens im so genannten Rotlichtmilieu, nicht zuletzt auch Fichtes empirisch gut fundierte Zeichnung der Homosexuellenszene jener Jahre, die literarisch ja noch kaum beackert war. Hier wurde den ätherischen Feingeistern ein unbekanntes Terrain vorgeführt, eine Gegenwelt, an der sie teilhaben und an deren exotischen Reiz sie sich delektieren konnten, ohne die Nachtmütze absetzen und den pfeifenrauchumwallten Lesesessel verlassen, mithin: ohne sich realiter die Hände schmutzig machen zu müssen. »Gammler, Gauner, Ganoven« hieß denn auch die pläsierliche Überschrift einer Besprechung von Marcel Reich-Ranicki, die vor allem eins bezeugt – die alliterierende Nichtkenntnis des Autors. Von »Gaunern« oder »Ganoven« spricht das bürgerliche Feuilleton, aber nicht der Gauner oder Ganove.

Je nun, der Roman ist benannt nach dem Szenelokal, in dem sich Jakob, den sie Jäcki nennen, und all seine Freunde beinahe täglich treffen und von dem aus sie losziehen zu ihren Orgien, Sauftouren, Überlandfahrten und kleinkriminellen Dummheiten. Die Palette gibt dann allerdings auch noch die narrative Struktur vor. Denn die einzelnen Kneipenbesuche von Jäcki and friends sind mehr oder weniger identisch mit den einzelnen Episoden der »Fabel« (die eigentlich keine ist, denn eine Geschichte wird hier ja nicht erzählt) und demzufolge auch mit der Kapitelaufteilung. Das freilich ist dann schon der einzige Fixpunkt – neben dem vielfältigen, aber immerhin relativ konstanten Personal – in dieser schier ausufernden Präsens-Suada.

HUBERT FICHTE
ROMAN
rororo

Keine Frage, worum es Fichte geht: Er will das alles dokumentieren. Wer dokumentiert, stilisiert nicht, sondern schreibt einfach mit, was die Wirklichkeit so hergibt. Seine Sprache macht sich folglich ganz klein, um noch in die letzte Ecke der Realität zu kriechen, sich in den kleinsten Haarriss zu zwängen, ist dann aber leider auch oft genug belanglos. Der Text mutet zwar durchaus authentisch an – nichts wird verklärt, nichts harmonisiert, die Disparatheit dieser Wirklichkeit nachgerade gespiegelt –, die gänzliche Poesielosigkeit und syntaktische Armut der Fichte-Prosa allerdings ermüdet auf Dauer sehr, ja, lässt einen schon bald ganz trübsinnig werden:

»Plötzlich hat Grischa Lausi und sich selbst die Hose runtergezogen.

Lausi stöhnt nicht.

Grischa zieht Jäcki über seinen Rücken.

Jäcki geniert sich vor Jürgen.

Jürgen fummelt auch mit rum.

Dazu aus dem Schlitzplattenspieler Cliffey und von oben herunter durch die Kellerdecke Buxtehude und Telemann in Neugraben, Landkreis Harburg.

Schusch macht sich an Jäcki ran und Jäcki weiß:

– Das ist einer von den einundzwanzig Uhr Schwulen à la Familienvater, der sich am Baumwall einmal die Woche verholen läßt ...

Knutscht sich an Jäcki ran, leckt ihm das Gesicht ab, stöhnt, drückt Jäcki einen nassen Sittendezernatskuß auf die Backe. Tropft wirklich Speichel auf Jäckis Mund?

Hat er offene Wunden am Mund?

Jäcki hat keine offenen Wunden am Mund.

Vivaldi.

Grischa hat einer von denen, die auf ihm liegen, wehgetan. Er schüttelt sie ab. Dann faßt er aber Jürgen an den Schlitz.

Lausi kratzt sich, bleibt liegen, bis sie alle von ihr runter sind.«

So geht das immerfort, seitenlang. Ein lapidares, teilnahmsloses, wenn nicht indolentes Stenogramm. Mehr nicht. Fichte hat gut recherchiert und hochkarätiges Material gesammelt, aber formt daraus nichts, sondern lässt es einfach wie Sand zwischen den Fingern durchrinnen. *Die Palette* ist eine historische, soziologische und linguistische Quelle ersten Ranges, als Roman freilich scheitert der Text an seinem allzu wichtig genommenen dokumentarischen Anspruch. Und Fichte scheint das selbst gesehen zu haben. Schon sehr früh gibt er zu bedenken, »daß vielleicht jeder Chronist an der Palette scheitern muß«: »Eine Analyse der verschiedenen Schichten Wirklichkeit würde sich ins Uferlose verlieren. Jede bekannte Form schriftstellerischer Synthese klammerte aber eben gerade all das Inkohärente, Doppelzüngige, Alberne, Vielbewußte und die gleichzeitigen eingeschränkten Bewußtheiten aus. Die Schreibmaschine oder der Kugelschreiber ... wären gezwungen, eine kleingehackte, den Ereignissen und Personen nachhetzende Prosa zu erzeugen, die in dem Geschriebenen nicht den Eindruck der Vielfalt hervorrufen könnte, sondern auf die Dauer nur den Eindruck der Langeweile.« Leider ja.

Kurz bevor das Buch erschien, las Fichte daraus im legendären Hamburger Star-Club, und sein »beat und prosa«-Vortrag war so fulminant und sorgte für so viel Aufsehen, dass man den Live-Mitschnitt anschließend gleich auf Schallplatte presste. Vielleicht sollte man sich das Album mal besorgen (das geht jetzt übrigens wieder ohne Schwierigkeiten, der supposé Verlag hat es jüngst wiederaufgelegt). Oder seinen eigenen Soundtrack dazu laufen lassen: Bisschen Cream, bisschen Hendrix, Led Zep nicht zu vergessen, und dazu Fichtes harte Palettenprosa. Das könnte klappen ...

Scheiß drauf

Notes – From A Dirty Old Man von Charles Bukowski (1969)

Jaaa, Bukowski! Das muss man mal durchgemacht haben, so zwischen vierzehn und achtzehn, als Mann jedenfalls. Wer ihn danach noch braucht, der hat entweder seine *hard-boiled*-Adoleszenzvorstellungen von der Liebe, vom Whisky und einer guten Keilerei für den langen Törn durchs Leben eingefroren und damit haltbar gemacht – oder er ist wirklich literarisch interessiert. Unser prototypischer Vierzehn- bis Achtzehnjähriger, um hier nicht dauernd von mir zu sprechen, liest seinen Kram jedenfalls noch ganz identifikatorisch, mit dieser Mischung aus Sentimentalität und Welthass, aber ein bisschen auch Genugtuung, denn in Bukowskis Geschichten gibt es immer ein armes Schwein, das es noch schlimmer erwischt hat als ihn – im heimischen Ledersessel schmökernd, die Füße hochgelegt und die Katjeskinder in Reichweite. Und anschließend geht er hoch in sein Jugendzimmer, denn das kann er auch, schon lange, und rotzt eine *short story* hin, die etwa so beginnt: »Es war Mittag, und ich befand mich in einem Zustand ziemlich übler Konfusion. Ich denke, ihr versteht das. Wenn sich alle gegen einen verschworen haben: Frauen, Freunde, der Kerl von der Arbeitsvermittlung, das Wetter und die Hunde. Am Ende fühlt man sich wie ein Wurm, der von einem Angler aus der Büchse genommen wird und gleich am Haken zappelt. Man hockt da und wartet, als würde man an der Bushaltestelle auf der Bank sitzen – und den nächsten Bus steuert der grimme Schnitter.«

Nun, unnötig zu sagen, dass Bukowski dieses anarchische, formal undomestizierte Erzählen besser drauf hat. Er kann Anfänge schreiben, die so unverstellt geradeaus und von einer La-

Charles Bukowski
Aufzeichnungen
eines Außenseiters
Lindner

konie sind, dass der Leser auf die teilweise vernichtenden Urteile der Großkritik gerne pfeift, das sowieso, und sich dann überlegt, ob das nicht doch auch ziemlich gekonnt ist: »Der Tod von Henrys Mutter machte keine Komplikationen. Nettes katholisches Begräbnis, wie es sich gehörte. Der Sarg blieb zu. Der Priester schwenkte ein paarmal sein Rauchfaß, und damit hatte es sich. Henry ging von der Beerdigung aus direkt zum Rennplatz, erwischte einen guten Lauf und bandelte schließlich mit einer Chinesin an, die ihn mit auf ihr Zimmer nahm. Sie machte Steaks, und dann stiegen sie ins Bett.«

Als säße er einem gegenüber und erzählte so nebenher eine Geschichte, die er gerade erlebt hat, nichts Großes, Weltbewegendes, einfach eine Geschichte, die er auch jederzeit abzubrechen bereit wäre, wenn etwa das Bier zur Neige geht und er dran ist, runter zum Kiosk zu laufen. Diese Zurücknahme des Literarischen zugunsten einer größeren Authentizität ist natürlich Berechnung. Das soll wahr oder doch zumindest wahrhaftig sein, was Bukowski erzählt. Auch wenn schon mal ein Mann am Morgen aufwacht, ein später Nachfahre Gregor Samsas, mit goldener Farbe überzogen und zusätzlichen roten Sprenkeln übersät, und dann Amok läuft, als er bemerkt, dass sich diese Färbung nicht abwaschen oder wegtherapieren lässt. Oder auch wenn ein Engel auftaucht, der eine heruntergekommene Baseballmannschaft vor dem Abstieg bewahrt, sie sogar bis zur Meisterschaft bringt, indem er jedes Spiel dank seiner Schnelligkeit und Flügelkraft nach Hause holt. Diese Geschichte hat nun eine schöne Passage, die Bukowskis Poetik anscheinend auf den Punkt bringt. Kurz vor dem entscheidenden Meisterschaftsspiel, auf das der Ich-Erzähler, der Manager der »Blues«, eine hohe Summe gesetzt hat, werden dem Engel die Flügel abgesägt. Ohne seine Hilfe ist die Mannschaft ja alles andere als ein Meisterschaftsaspirant, gerät dann auch wie erwartet sogleich hoffnungslos in Rückstand. Der Ich-Erzähler nun kennt den Verantwortlichen dieser Tat und bringt ihn um. »Das Spiel wurde für eine Stunde unterbrochen, während sie uns da rausschafften – den toten Bugsy, seine kreischende, hysterische Alte und mich. Und dann spielten sie die restlichen *innings*. Am nächsten Tag in meiner Zelle kriegte ich vom Schließer die Zeitung:

Blues entscheiden das Spiel im 14. Inning, gewinnen die Meisterschaft mit 12:11.

Ich ging zum Fenster meiner Zelle im 8. Stock. Ich knüllte die Zeitung zusammen, ich ballerte sie in die Gitterstäbe und boxte sie durch und sah ihr nach, wie sie durch die Luft fiel, und es sah aus, als hätte sie Flügel, naja, scheiß drauf, sie flatterte runter wie jedes andere Stück Papier, runter ins Meer, diese weißen und blauen Wellen da unten …«

Bukowski fällt sich selbst ins Wort und nimmt die falsche Poetisierung der Situation wieder zurück, weil sie sich von der Realität entfernt, die Unmittelbarkeit preisgibt. »Scheiß drauf« – auf die Kunst nämlich. Hier geht es einzig und allein um die harte Realität und ihre aufrichtige Beschreibung. Insofern haben die vielen (hauptsächlich universitären) Gegner Bukowskis schon auch Recht, wenn sie das Unliterarische seiner Texte hervorheben, nur muss man damit ja nicht unbedingt gleich ein Verdammungsurteil verbinden, denn auch zu einem forcierten Naturalismus gehört ja doch ein gewisses Ingenium.

Wie auch immer, das Höchste, was Bukowski sich und seinen Texten an literarischer Brechung zumutet, ist Sarkasmus und Ironie. Die hat er allerdings ganz gut im Griff: »Ich glaube, es war einer von Freuds Lieblingsschülern« – fürwahr, er meint Wilhelm Reich – »der gesagt hat, Glücksspiel sei eine Form von Masturbation. Es muß schön sein, Köpfchen zu haben und solche Weisheiten von sich zu geben. Und vermutlich steckt in jeder derartigen Binsenweisheit ein Körnchen

Wahrheit. Wenn ich so ein gescheites Haus wäre, würde ich wahrscheinlich ähnliche Sprüche auf die Menschheit loslassen. ›Sich die Fingernägel mit einer dreckigen Nagelfeile putzen ist eine Form von Masturbation.‹ Und ich würde vielleicht ein Stipendium kriegen oder zum Ritter geschlagen werden und noch 14 scharfe Nümmerchen als Dreingabe erhalten.«

Notes Of A Dirty Old Man – 1970 im Melzer Verlag als *Aufzeichnungen eines Außenseiters* erstmals auf Deutsch erschienen, von Carl Weissner übersetzt – ist eine Auswahlsammlung von Kolumnen, die Bukowski für die unabhängige Zeitung *Open City*, »den mutigsten Fetzen Zeitung, schätze ich, den wir in den USA heute haben«, einmal wöchentlich und das über vierzehn Monate lang schrieb. Diese offene Kolumnenform kommt seinem antiliterarischen und also auch -elitären Impetus entgegen, befreit ihn von jeglichen Gattungsvorgaben, die er andererseits auch nie wirklich ernst genommen hat, und lässt ihn ganz zu sich kommen. Er zwängt sich hinein in die Zeitungsspalten. Er springt hin und her zwischen räsonierenden und erzählerischen Passagen, polemisiert und betrauert auch schon mal, wie es ihm gefällt. Der programmatische Titel dieser Sammlung ist somit durchaus zutreffend. Unverstellter tritt uns der dreckige alte Mann wohl nirgendwo entgegen: »Bei den ›Notes‹ setz ich mich mit einem kalten Bier an einem Freitag oder Samstag oder Sonntag hin und fang an, die Sache in die Maschine zu hacken, und bis Mittwoch hat die ganze Stadt ein Exemplar auf dem Tisch.«

Das, was man an Bukowski liebt (oder hasst), findet man hier in Reinkultur: eine bisweilen etwas arg degoutante Misogynie, kruden Zynismus, Koprophilie – aber auch eine bittere Poesie, eine schrundige Zärtlichkeit und Humanität. Ich zitiere hier mal das Ende seines Artikels über die Begegnung mit Neal Cassady, der Beatlegende. Eine Grabrede, ein Epitaph: »All diese Autofahrten, all diese vielen Seiten von Kerouac, all die Jahre im Knast, um schließlich allein unter einem eisigen mexikanischen Mond zu krepieren, ALLEIN, versteht ihr? Könnt ihr die mickrigen, verschrumpelten Kaktusdinger sehn? Mexiko. Miese Gegend. Spürt ihr nicht den unsteten Blick der Tiere in dieser trostlosen Wüste? Die Ochsenfrösche, glatt, unauffällig, Schlangen wie Schlitze im Hirn, wie sie angekrochen kommen, verhalten, wartend, all das stumpfe Viehzeug unter dem stumpfen mexikanischen Mond. Reptilien, blitzschnelle flickernde Dinger, blinzeln herüber zu dieser Stelle im Sand, wo dieser Kerl im weißen T-Shirt liegt.

Neal, er fand seinen Rhythmus, und niemand geschah etwas dabei. Und jetzt hatte er Schluß gemacht, an einer Eisenbahnlinie in Mexiko.«

Keine Kunst, was? So seht ihr aus!

Die klare Geistesverfassung

Acid. Neue amerikanische Szene hg. von Rolf Dieter Brinkmann und Ralf-Rainer Rygulla (1969)

Was diese Kompilation von den nur kurz zuvor bzw. gleichzeitig erschienenen Anthologien *Fuck You* (hg. v. R.-R. Rygulla, Darmstadt 1968) und *Silverscreen* (hg. von R. D. Brinkmann, Köln 1969), aber auch von den früheren Sammlungen *Junge amerikanische Lyrik* (hg. von Gregory Corso und Walter Höllerer, München 1961) und *Beat* (hg. von Karl O. Paetel, Reinbek bei Hamburg 1962) unterscheidet, ist zunächst einmal ihre immense Materialfülle, zugleich aber auch ihr offeneres Konzept. Während jene sich auf die amerikanische Underground-Belletristik – meistenteils sogar nur auf die lyrische Produktion dieser Szene – beschränken, geht es hier darum, »ein Gesamtklima vorzustellen, das sich seit dem Auftreten der Beat Generation Mitte der 50er Jahre andeutete und von der nachfolgenden jüngeren Generation aufgegriffen, modifiziert und weiterentwickelt worden ist«. Mit anderen Worten, neben Lyrik und Kurzprosa dokumentiert *Acid* auch Interviews, Zeichnungen, Collagen, Comics, Fotos und sogar ganz unpoetische Essays, heterogenes Material also, das vor allem symptomatischen Prinzipien gerecht werden, mithin den Geist dieser Zeit (und nicht den »Zeitgeist«!) einfangen soll – und dies auch tut. Dass die Herausgeber dabei neben Brillantem, auch von teilweise schon damals populären Künstlern wie Donald Barthelme, Ted Berrigan, Joe Brainard, Charles Bukowski, William S. Burroughs, Leslie A. Fiedler, Marshall McLuhan, den Fugs, Frank O'Hara, Andy Warhol, Frank Zappa etc., auch ein Haufen obskures Zeug zusammengestoppelt haben, ist daher verständlich. Das macht auch nichts, weil sich im Übertriebenen, in der extremen Übererfüllung des weltanschaulichen

ACID
Neue amerikanische Szene
herausgegeben von
R.D. Brinkmann und R.R. Rygulla
MÄRZ bei

Solls dieses selbst eben noch immer am offensichtlichsten zeigt. Und witzig ist es allemal.

Etwa, wenn Peter Stafford in seinem Aufsatz »Rausch, Rock und Revolution« einen denkwürdigen Vorschlag zur Kostenersparnis unterbreitet. Stafford berichtet von folgendem Begebnis: »Eine bedeutende Universität legte vor einiger Zeit eine sorgfältige (mit einem Kostenaufwand von annähernd 100.000 Dollar erstellte) Studie über das Badezimmer in Amerika vor. Fast alle Befunde waren absolut einleuchtend. Zum Beispiel der, daß ein Badezimmer einen Spritzschlauch enthalten soll, mit dem man übriggebliebenen Seifenschaum vom Körper spülen kann, ehe man aus der Wanne steigt. Wer das aus dieser Studie entstandene Buch (›The Bathroom‹) oder eine der popularisierten Fassungen (z. B. aus ›Life‹) davon kennt, wird feststellen, daß alles eigentlich schon lange auf der Hand liegt; es muß nur ausgesprochen werden. Das ist die Natur der meisten Erfindungen; sie sind völlig selbstverständlich, und jedermann sieht sie gleich ein, sobald sie jemand erklärt.«

Nun, Stafford ist ja ein Hippie und schmeißt folglich gern mal ein paar Trips ein. Da hat man dann so seine Erleuchtungen. Etwa diese hier: »Stellen wir uns nun einen Badewannenfabrikanten vor, der LSD nimmt. Wir haben guten Grund zur Annahme, daß er zu ähnlichen Schlüssen über das Badezimmer in Amerika kommt wie die Studie – nur schneller und kostenlos. Denn die recht intensive Aufnahmefähigkeit und Sensibilität, welche die Droge erregt, können nahezu allem und jedem zugewendet werden; wie nicht anders zu erwarten, wenden die meisten Drogenbenutzer sie ihren Angelegenheiten zu ... Wenn also der Badewannenfabrikant die Droge nimmt, können wir mit einiger Gewißheit zwei wichtige Ergebnisse voraussagen. Erstens ist es nahezu sicher, daß er – ohne daß man ihn erst darauf aufmerksam machen muß – einige der vielen

Unbequemlichkeiten entdeckt, die den heute fabrizierten Badewannen anhaften; denn infolge der klaren Geistesverfassung, in die LSD normalerweise den Benutzer versetzt, wird sein Empfinden für solche Unbequemlichkeiten stark aktiviert. Zweitens ist es wahrscheinlich, daß ihm ein ganzer Schwarm neuer Ideen über attraktiveres Design und hübschere Ausstattung seiner Wanne kommt«.

Stafford hat sich wirklich Gedanken gemacht. Sein Text ist der schöne Beweis für die klare Geistesverfassung, in die LSD normalerweise den Benutzer versetzt.

Schön ist auch zu sehen, wie die Herausgeber Hand in Hand arbeiten. In seinem Nachwort »Der Film in Worten«, zugleich ein Aufriss seiner eigenen Poetik, fordert Brinkmann vor allem eine »erweiterte Sinnlichkeit«, eine neue Sensibilität anstatt der herrschenden »Lustfeindlichkeit« und des »total blinden Begriffsfetischismus«. Und in den anschließenden biographischen Anmerkungen zu den Beiträgern setzt sein Kombattant Rygulla das Gelernte dann auch gleich in die Tat um: »ANNE WALDMANN hat langes weiches Haar und ein Gesicht wie Sarah Miles. Sie sieht sehr freundlich aus. Sie ist wahrscheinlich der jüngste Autor dieser Anthologie ...« (Heute würde man wohl eher »Autorin« schreiben.) Oder: »TOM CLARK sieht, was für einen bereits arrivierten jungen Lyriker ungewöhnlich ist, aus wie ein schöner Hippie ...« Oder: »LEONORE KANDEL ist nicht mehr länger eine professionelle Bauchtänzerin ...« Wunderbar *strange* dann allerdings auch der folgende Eintrag: »TED BERRIGAN wurde am 15. 11. 1934 in Providence, R. I., geboren. Das macht ihn 32 Jahre alt.«

Nun war Berrigan 1969, als Rygulla seine Kurzbiogramme schrieb, schon fünfunddreißig Jahre alt! Das sind die Acid-Fakten.

Fickt euch frei!

Sex Front von Günter Amendt (1970)

Das Jahrzehnt ist noch ganz grün hinter den Ohren, wie seine studentenbewegte Jugend, die gerade eben ihre ersten politisch-revolutionären und sexuellen Gehversuche gewagt hat, da gibt einer dieser antiautoritären Purschen, Günter Amendt, seinen jüngeren, noch pubertierenden Genossen eine signalgelbe Fibel an die Hand, die beide Fliegen mit einer Klappe – oder vielmehr: die eine Fliege mit der anderen zu schlagen versprach. *Sex Front.* Die Message – damals hat man wohl Theorem gesagt – war einfach zu schön, um unwahr zu sein: Sexuelle Befreiung sei selbst ein revolutionärer Akt, weil sie dem politischen Umsturz Vorschub leiste, mit einem wohl nicht ganz zeitgenössischen, aber allemal treffenden Klospruch gesagt: »Fickt euch frei!«

Der intellektuelle Samenspender dieser gut gebauten, nichts weniger als hohlwangigen Theorie war freilich nicht Amendt. Bereits 1936 nämlich ließ Wilhelm Reich im dänischen Exil ein Buch mit dem Titel *Die sexuelle Revolution* erscheinen (s.u. S. 67), das die gleiche These vertrat. Diese am ehesten wohl psychoanalytische Studie erlebte mehrere Auflagen und sorgte nach Reichs Emigration in die USA zunächst dort für Furore, bis sie schließlich, gut eine Dekade nach dessen Tod im Jahr 1957, auch im vorrevolutionären Deutschland wahrgenommen wurde und eine veritable Reich-Renaissance einläutete. Kurzum: Amendt bediente sich Reichlich. Allerdings geht es ihm vielmehr um die praktische Nutzanwendung der Reich'schen Thesen. Den politisch-theoretischen Hintergrund lässt er so ziemlich außen vor, stattdessen orientiert er sich an den realen Phänomenen und Problemen im Geschlechtsleben der Teenies, betreibt er wirklich ganz praktische Aufklärungsarbeit. Da werden die bürgerlichen Anstandsregeln aufs Korn ge-

READER SEXUALITÄT
GÜNTER AMENDT
SEXFRONT
GUNTER SCHMIDT
DAS GROSSE
DER DIE DAS
MÄRZ

nommen und einer Revision unterzogen, die Gräuelmärchen und Schutzbehauptungen decouvriert, wirklich einmal detailgenaue Handlungsanweisungen geboten – und alle handelsüblichen Aufklärungsbroschüren der Lächerlichkeit preisgegeben. Meist braucht es dazu gar nicht viel, oft reicht das einfache Zitat, das schon durch seine klinische oder noch öfter bange, bocksteife Diktion einen schönen entlarvenden Kontrast ergibt zum jugendsprachlich-forcierten Idiom Amendts, der nicht die derbe Zote scheut und schon gar nicht die Pointe, und der noch dazu, didaktisch geschickt, mit witzigen Fotogeschichten, Cartoons, Grafiken und Werbeplakatparodien eine entspannte bis satirische Atmosphäre schafft. Der Aufklärungskrampf anderer Publikationen gewinnt in diesem Kontext durchaus humoristische Qualitäten – beispielsweise jener kleine Besinnungsartikel über »Die zwei großen Fragen vor jeder Bekanntschaft« in der katholischen Zeitschrift *Der Dom*: »Im D-Zug. Zwei junge Leute sind schon einige Stunden miteinander gefahren. Sie haben sich gut unterhalten und einander verstanden. Beide haben die gleiche Lebensauffassung. Die ersten Lichter des Bahnhofs Hannover werden sichtbar. Er schickt sich an, das Abteil zu verlassen. ›Darf ich Ihnen einmal schreiben, Fräulein?‹ ›Sind Sie katholisch?‹ lautet die Gegenfrage. Er sieht sie verwundert an. ›Ja‹, kam es dann mit aller Entschiedenheit heraus. Doch das Mädchen war noch nicht zufrieden. ›Sind Sie ledig?‹ Auch darauf konnte er ein klares ›Ja‹ geben. ›Gut, dann würde ich mich freuen‹, war die verantwortungsbewußte Antwort des Mädchens.« Amendt wiederholt diese Geschichte, die das Leben schrieb, in einer zweiseitigen Foto-Love-Story. Die gleiche Situation, derselbe Text, nur entblößt das »Fräulein« bei den Worten »Gut, dann würde ich mich freuen« keck ihre straffe, üppige, sehr, sehr ansehnliche linke Brust. Denn schließlich befinden wir uns im Jahr 1970! Und nicht im 18. Jahrhundert.

Arno
Schmidt
Zettels
Traum

Herr der Wort=Weltn

Zettels Traum von Arno Schmidt (1970)

Ort: Die Bibliothek des germanistischen Seminars einer niedersächsischen Universität.

Sprecher:

A: Alter, schon etwas weißhaariger Ordinarius, freilich mit zwei Dekaden jüngerer Freundin, hat viel gelesen in seinem Leben und ist in seiner Funktion als Dozent für Literaturwissenschaft, mithin ständig umgeben von Leuten mit weniger Lektüreerfahrung, zu einem Besserwisser ersten Grades mutiert; sonst nicht eben unsympathisch.

B: Typ Streber, Assistent, halbwegs pfiffig, mit etwas Widerspruchsgeist gesegnet, aber auch nicht zu viel, schließlich will er seinen Chef nicht verprellen.

C: Ein Chamäleon, dessen Persönlichkeit ganz aufgeht in den längeren Zitaten, die er zu verlesen hat.

1. Akt

A: Na, was amüsiert Sie denn so? Darf ich fragen?

B: … Muss Sie enttäuschen, kein Klassiker, sondern einer aus diesem Jahrhundert: Arno Schmidt. *Seelandschaft mit Pocahontas.*

A (*überrascht-zufrieden*): Aaaah. Ich weiß nicht, kennen Sie meine Aufsätze zu Schmidt? Ein paar Mal habe ich auch schon über ihn gearbeitet … Er gehört ja zu den sprachgewaltigsten Erzählern dieses Jahrhunderts, jedenfalls zu den wenigen, die ich schätze. Und da bin ich, Gott sei Dank, nicht mehr der Einzige.

B: Ach? Und ich dachte immer, Schmidt wäre kontrovers?

A: Das war auch sicher einmal so. Aber mittlerweile ist man nun selbst in der deutschen Literaturwissenschaft und -kritik dazu übergegangen, ihn als kanonisch zu betrachten. Hat lange genug gedauert. Nach seinem Tode – 3. Juni 1979, nach einem Schlaganfall – entwickelte sich ein regelrechter Arno-Schmidt-Kult mit allen dazugehörigen, positiven wie negativen, Ingredienzien, die bei einer Heiligenverehrung eben nicht fehlen dürfen. Nur eine Marginalie: Für seinen Erstling *Leviathan*, der 1949 bei Rowohlt erschien und damals wohlfeile 4,80 DM kostete, überdies als nahezu unverkäuflich galt, musste man 1991 beim Buch- und Kunstantiquariat Venator & Hanstein bereits stolze 900 DM hinblättern. Tendenz eher steigend.

B: Ein literarischer Nobody war er also doch zumindest in der Nachkriegszeit?!

A: Kann man so dezidiert auch wieder nicht sagen. Er setzte kaum Bücher ab, das ist schon wahr, und im Vergleich zu den – von ihm nicht gelesenen – Kollegen Böll oder später Grass, Enzensberger usw. war seine Medienpräsenz eher gering, aber über mangelnde publizistische Resonanz brauchte er sich nun auch nicht zu beklagen – was er dessen ungeachtet häufiger tat. Ich erinnere mich, dass er einmal an Werner Steinberger schrieb, er komme sich vor wie in einer »Taubstummenanstalt«. Aber wie bei so vielen Dingen verstellt ihm auch hier seine ungeheure Maßlosigkeit den Blick. Eine Reaktion der Öffentlichkeit auf sein Werk gab es durchaus. Und die war nicht immer nur negativ, ganz im Gegenteil.

B: Wollen Sie etwa sagen, dass man bereits in den muffigen 50er Jahren das Innovative der Schmidtschen Prosa erkannte und goutieren konnte? Glaube ich nicht.

A: Aber es gab in dieser Zeit durchaus schon Stimmen, die Arno Schmidt als Deutschlands bedeutendsten Prosaautor der mittleren Generation oder sogar als bedeutendsten deutschen Prosaschriftsteller unserer Zeit bezeichneten. Und neben den Kritikern waren es besonders Schmidts Kollegen Helmut Heißenbüttel, Martin Walser, Heinrich Böll und Wolfgang Weyrauch, die seine Arbeit zu würdigen wussten. In besonderer Weise tat das ja auch Alfred Andersch: der Entdecker und langjährige Förderer Schmidts. In einem Brief an Schmidt noch am Anfang ihrer Arbeitsfreundschaft – Schmidt hatte ja nur Arbeitsfreundschaften, weil er nichts anderes tat als arbeiten – macht er ihm ein großes Kompliment: »Sie sind unser größter Autor«, lässt er sich da vernehmen, »so groß, daß ich es ohne jeglichen Neid sagen kann.« Aber warten Sie, wir haben ja den Briefwechsel mit Andersch angeschafft; da kann ich ihnen die ganze Stelle zitieren.

C: »Ginge es auf dieser Erde mit rechten Dingen zu, so müßten Sie das donnernde Haupt einer deutschen Akademie sein. Aber es geht immer mit unrechten Dingen zu, und so bleibt uns nur die Freiheit unserer Zellen, deren freieste Sie bewohnen ...«

A: Und so weiter. Diese Zeilen schrieb Andersch, kurz nachdem er von Arno Schmidt einen Radioessay über Herder erhalten hatte.

B: Ach, wohl für den Süddeutschen Rundfunk? Wenn ich nicht irre, war Andersch damals als Redaktionsleiter für so ein literarisches Nachtprogramm zuständig.

A: Ja, genau. Weil er um die finanziellen Schwierigkeiten Schmidts wusste – der hatte in dieser Zeit enorme Probleme, einen neuen Verlag zu finden –, brachte er ihn auf die Idee, es doch einmal mit Funkessays zu probieren. Das zweite Manuskript – über Barthold Hinrich Brockes – wurde dann auch gesendet, den ersten Versuch über Massenbach lehnte Andersch noch ab und schlug vor, diesen Text lieber beim Schulfunk einzureichen.

B: Im Ernst?

A: Ja, und mit Recht. Seine späteren Rundfunkarbeiten sind dann freilich Rundumschläge mit dem Karamba-Hammer. Etwa die zu Wezel, Moritz, auch zu Joyce. Und Andersch wird spätestens da gewusst haben, was für einen fulminanten Essayisten er beschäftigte.

B: Fulminant ist ja fast alles von ihm.

A: Sehr richtig. Was er zeit seines Lebens als Schriftsteller auf die Beine stellte, war ästhetischer Nonkonformismus *par excellence*. Im Formalen, aber auch was seine Sujets angeht. Mit kritisch-aufklärerischem Gestus nahm er sich der Gegenwart und jüngsten Vergangenheit an, als kaum noch einer etwas vom verlorenen Krieg wissen wollte, als sich die Adenauer-Deutschen fast ausnahmslos am reich gedeckten Nierentisch niederließen. Glaube hatte wieder Konjunktur, und die herrschende Politikverdrossenheit wird der jetzigen wohl in nichts nachgestanden haben; Literaten, die ihre Bücher loswerden wollen, flüchten sich in Privatheit und Hermetismus; Naturlyrik steht hoch im Kurs. Allenthalben will man nur gut essen und trinken und nebenbei vielleicht noch etwas herumästhetisieren: bloß nicht erinnert werden an die bereits so glücklich verdrängte Vergangenheit, geschweige denn Stellung nehmen zu den unmittelbaren Problemen der Zeit.

B: Einspruch, ein paar Kollegen mit engagiertem, realistischem Literaturprogramm gab es ja doch noch. Was ist mit Koeppen, Martin Walser oder den schon genannten Böll und Grass?

A: Langsam, junger Freund! Walser und Grass fangen erst gegen Ende der 50er Jahre an, Maßgebliches zu publizieren! Die *Blechtrommel* erscheint 1959, vorher hat er ein paar unbeachtete Dramen publiziert und den pläsierlichen Gedichtband *Die Vorzüge der Windhühner*.

B: Ach je.

A: Eben. Eher verspielt wirkt das – war es auch. Und Walser reüssiert eigentlich erst 1957 mit *Ehen in Phillipsburg*. Na ja, zu dem hat Schmidt dann selbst das Nötige gesagt: »Gott hat ihn für Kritik und Literaturgeschichte prädestiniert. Weniger für eigene Produktion.« – Und auch Koeppen prägt die 50er nicht eigentlich: Er schreibt zwar seine drei Romane *Tauben im Gras*, *Der Tod in Rom* und *Das Treibhaus*, veröffentlicht aber ab 1954 nur noch magere Reiseberichte. Und Böll ist sowieso ein Sonderfall, man muss nicht Henscheid heißen, um das zu bemerken: Er partizipiert mit seinem christlichen Moralismus noch an der allgemeinen Glaubenskonjunktur der Zeit, wo er sie kritisiert. Schmidts gesellschaftskritische Stoßkraft hat da eine ganz andere Qualität.

B: Das kann man wohl sagen. Hier, etwa in der *Seelandschaft*.

C: »Der ›Herr‹, ohne dessen Willen kein Sperling vom Dach fällt oder 10 Millionen im KZ vergast werden: das müßte schon ne merkwürdige Type sein – wenn's ihn jetzt gäbe!«

B: Das ist schon ziemlich starker Tobak für die 50er. Kann man sich aus Bölls Katholenfeder, pardon, kaum vorstellen.

A: Noch stärkeren Stoff bietet dann allerdings das berühmte, beinahe achtseitige grausam-skrupulöse Stenogramm eines Bombenangriffs in *Aus dem Leben eines Fauns*.

C: »Der Himmel erhielt die Gestalt einer Säge, die Erde ein roter lebhafter Teich. Und schwarze zappelnde Menschenfische: ein Mädchen mit nacktem Oberkörper sprengte keckernd heran, und die Haut hing ihr um die verschrumpften Brüste als Spitzenkrausen; aus den Achseln wehten ihr dic Armc hinterher wie zwei weiße Leinenbänder. Die roten Wischlappen am Himmel schrubbten polternd Blut. Ein langer Plattenwagen voll gekochter und gebackener Menschen schwebte auf Gummirädern lautlos vorbei. Immer wieder erfaßten uns luftige Riesenhände, hoben uns an und warfen uns. Unsichtbare rempelten uns aneinander, bis wir vor Schweiß und Ermattung zitterten (mein schönes schwitzendes Stinkmädchen: komm doch weg!).«

A: Und weiter unten dann.

C: »Eine glühende Leiche fiel schmachtend vor mir auf die Kniee, und brachte ihr qualmendes Ständchen; ein Arm flackerte noch und schmorte keck: mitten aus der Luft war sie gekommen, ›Vom Himmel hoch‹, die Marienerscheinung. (Die Welt war überhaupt voll davon: wenn wieder ein Dach hochklappte, schossen sie von den Simsen wie Taucher, gehelmt oder mit nacktem Haar, flogen ein bißchen, und platzten unten wie Tüten. In Gottes Bubenhand!).«

B: Puha. Da merkt man aber deutlich den Einfluss des Expressionismus.

A: August Stramms vor allem. Ja, aber Schmidts Staccatoschreibweise geht noch darüber hinaus, ermüdet nicht so schnell wie die von Stramm, ist reicher. Er macht gewissermaßen da weiter, wo August Stramm aufgehört hat, weil er »zu wenig begabt oder zu dumm war«, wie Werner Riegel einst trefflich konstatierte. Diese Prosa ist ganz und gar darauf aus – bis in die Tektonik der Sprache hinein –, die Zerstörung durch den Krieg abzubilden. In der deutschen Literatur gibt es nicht sehr viel Vergleichbares.

B: Wo wir schon vom Inkommensurablen reden …

A (nickt): *Zettels Traum*, die literarische Sensation von 1970.

B: Schmidts *opus magnum* …

A: Das mit seinen 1330 Seiten vom Format DIN A 3 nicht nur recht gewichtig daherkommt, sondern als monumentale Melange aus Epos, Dichterpsychogramm und literaturtheoretischem Essay auch beinahe unanständig prätentiös.

B: Unlesbar, meinen Sie!

A: Vielleicht auch das, ja. Für viele sicher. Aber um noch ein letztes Mal darauf zurückzukommen: Man muss ab und an hinweisen auf die Güte gerade der frühen expressionistischen Prosa Arno Schmidts: ihre wortwütige Eloquenz, Originalität und nicht zuletzt ihre Leistungsfähigkeit angesichts der von ihm selbst geforderten möglichst »konformen Abbildung« der Wirklichkeit. Und nicht zuletzt auf den welthaltigen, politisch aufmüpfigen, weniger hermetischen Arno Schmidt, den »guten linken Mann« der 40er/50er Jahre, den manch einer gern aus den Augen verliert, weil er zu sehr mit dem Dechiffrieren des Spätwerks beschäftigt ist. So!

(*Gong*)

2. Akt

A: Fangen wir mal an beim Offensichtlichen.

B: *Zettels Traum* als dickes Buch? So hat ja Helmut Heißenbüttel einen Essay dazu überschrieben.

A: Wahrhaftig ein dickes Buch. Schließlich beträgt seine schiere Textmasse mehr als die Summe all dessen, was Schmidt bis dahin produziert hatte.

B: Und das in nur fünf Jahren! Gigantische Arbeitsleistung, die natürlich teuer erkauft war. Alle seine Brieffreundschaften – etwa mit Alfred Andersch, Hans Wollschläger, Wilhelm Michels, dem Maler Eberhard Schlotter – versiegen mehr oder weniger. Und das Zusammenleben mit ihm muss kein Spaß gewesen sein.

A: Kaum. Alice Schmidt, die botmäßige Schriftstellergattin und Tippse, klagte sehr bald dem Verleger und Impresario Ernst Krawehl ihr Leid.

C: »Keine Spaziergänge mehr – kein Sitzen im Garten – kein Sonntag – kaum die Möglichkeit eines Gespräches: auf Fragen nur abwesend nervöse Antworten: bestenfalls. – Im ständigen Gemurmel, wortprobierend, bewegten sich seine Lippen.«

B: Geradezu gespenstisch.

A (*nachdenklich*): Soll bei Kleist ja auch so gewesen sein … Schmidt selbst hat in einem Interview mal seinen Arbeitstag in diesen Jahren beschrieben – dagegen kommt mir meine Arbeitsüberlastung an der Uni richtiggehend …

B: Mörderisch.

A: Wie bitte?

B: Dieser Stress …, meine ich.

A: Machen Sie sich lustig über mich? Na, gegen Schmidt jedenfalls kann selbst ich nicht anstinken.

C: »Während der Jahre der Niederschrift bin ich jede Nacht um zwei oder ein Uhr aufgestanden, dann habe ich bis morgens um sieben oder acht gearbeitet, mich drei Stunden hingelegt und dann weitergemacht, allerdings mit den leichteren Arbeiten – dem Ordnen der Zettel, dem Zusammentragen des Materials, dem Verifizieren von Zitaten, dem Nachschlagen von Werken. So habe ich jeden Tag 14 bis 16 Stunden gearbeitet.«

B: Das nenn ich mal preuß'sche Pflichtauffassung.

A (*noch etwas verschnupft wegen eben*): Und mit derselben sollten wir nun fortfahren, das Buch zu beschreiben.

B: Gut, vielleicht zunächst ein etwas gerafftes Inhaltsreferat. Die Handlung spielt an einem einzigen Julitag des Jahres 1968 in dem Heidedörfchen Ödingen. Hier wohnt der etwas in die Jahre gekommene Universalgelehrte, Schriftsteller und Übersetzer Daniel Pagenstecher, Schmidts Alter Ego, der Besuch bekommen hat von dem befreundeten Übersetzerehepaar Paul und Wilma Jacobi nebst ihrer sechzehnjährigen Tochter Franziska.

A: Paul und Wilma sitzen an einer Übersetzung der Werke E. A. Poes, kommen nicht recht voran damit und erhoffen sich nun vom Ich-Erzähler Pagenstecher Aufschluss über dieses und jenes Problem. Ob die vier also durch die Heide wandern, sich im Garten sonnen, in der Bibliothek sitzen oder das Essen machen – immer kommen sie zurück auf ihr großes Thema Poe. Schließlich liefert ihnen Pagenstecher eine psychoanalytische Deutung der Person, die sie zunächst bestreiten, von der sie sich dann aber überzeugen lassen müssen …

B: Und ewig lockt die Kindfrau. Poes Verhältnis zur dreizehnjährigen Virginia Klemm, die er dann auch heiratet, hat eine Entsprechung in dem latent amourösen Verhältnis zwischen Pagenstecher und Franziska, die ihre ganze zart knospende Weiblichkeit aufbietet, sich richtig ins Zeug legt, um den alten Einspänner Daniel auf Trab zu bringen. Der ist nicht mal unempfänglich für ihre Halbwüchsigenreize, dann aber doch auch klug genug zu entsagen, wenn auch schweren Herzens.

A: Ihm wird die Offerte gemacht, Franziska bei sich aufzunehmen – da sich die Jacobis in einer finanziellen Notlage befinden –, er aber schlägt aus und schenkt der Familie stattdessen eine nicht unbeträchtliche Geldsumme, um Franziska Abitur und Studium zu ermöglichen, knüpft daran aber eine Bedingung: Franziska darf ihn nie wiedersehen … (*überlegt*) – – – Das sollte wohl reichen!

B: In Ordnung. Auffällig ist ja sofort, dass sich der Text auf drei Spalten verteilt. Die breite mittlere Spalte enthält vornehmlich die Handlung, auf der rechten schmaleren Spalte stehen Assoziationen, Einfälle, Gedankenspiele Pagenstechers, und auf der linken ebenfalls schmaleren Spalte werden die Poe-Stellen wiedergegeben, die bei den Personen gerade in Rede stehen.

A: Wobei der mittlere Haupterzählstrang auch nach rechts oder links wandern kann, je nachdem, was gerade das Interesse beherrscht.

B: Und dann müsste man wohl noch die kuriose, wortspielerisch-phonetische Orthographie nennen, die das Lesen so erschwert, streckenweise sogar verhindert.

A: Ja, hier müssen wir nun etwas weiter ausholen, die expressive Sprache wird nämlich im Text selbst theoretisch fundiert und damit legitimiert, und dieses theoretische Fundament ist dann gleichzeitig auch die Grundlage für Dän Pagenstechers Poe-Exegese.

B: Die Etym-Theorie.

A (*zustimmend*): Die Etym-Theorie. Die muss man intus haben, sonst versteht man gar nichts. Das soll nun aber nicht heißen, dass man *Zettels Traum* versteht, wenn man sie kennt ... (*Er macht eine kurze Pause, sammelt sich*) Es ist dies zunächst mal eine Methode der Decodierung unbewusster Sprachschichten, mit überwiegend sexuellen Implikationen, durch Fehlschreibung, Schmidt nennt das »Verschreibung«, also durch eine kalkuliert eingesetzte, flexible Lautschrift, mit der die unbewussten Sprachanteile sichtbar gemacht werden können.

B: Uups, ich glaube, das ist jetzt ein bisschen viel auf einmal. Fangen wir lieber von vorn an.

A: Also gut. Die Sprache – übrigens kompiliert Schmidt hier Ideen aus Freuds *Traumdeutung*, der *Psychopathologie des Alltagslebens* und James Joyces *Finnegans Wake* – besteht seiner Ansicht nach aus zwei Schichten, einer unbewussten und einer rational kontrollierten. Beide Bedeutungsebenen sind der Sprache inhärent. Das heißt, wenn die Ratio spricht, spricht gleichzeitig das Unterbewusstsein mit.

B: Ach ja, jetzt weiß ich's wieder. Diese un- bzw. unterbewussten Echos in der Sprache bezeichnet er als Etyms.

A: Genau. Und diese Echos kann man hörbar machen. Die Etyms lassen sich nämlich durch Analogien mit anderen Wörtern systematisch ableiten. Das heißt durch Veränderungen in der Schreibweise (also Trennung, Weglassung, orthographische Deformation, Ergänzung), die dann Assoziationen zum Sexuellen hervorrufen, entsteht der gewünschte Beleg für ein verdrängtes Sexualanliegen. Das mittlerweile klassische Beispiel ist der Titel des vierten Buches von *Zettels Traum*: *Die Geste des großen Pun*. Das könnte nun »Die Gäste des großen Pan« heißen oder »The jests of the great pun« (also »Die Witze des großen Wortspielers«) oder »Die Gesten des großen Herrn Penis«, womit wir wohl Arno Schmidts Vorstellung vom Unterbewusstsein noch am nächsten wären. Andere Beispiele sind etwa »Die Welt als WillLust & Vèrstellung« oder »cunnyglich« – also »königlich« –, na ja, und dann noch die andere Bedeutung …

B: Dieses Verfahren, die Wörter durch veränderte Orthographie mit zusätzlichen Bedeutungen aufzuladen, nutzt er, wenn auch rudimentär, schon in den 50er Jahren, zum Beispiel in seinem Lewis-Carrol-Essay »Sylvie & Bruno«. Unter Stammtischbrüdern, schreibt er da beispielsweise, ist man »inn-team« (Wirtshausmannschaft), die Dame Kriemhild ist möglicherweise »cream-hilled« und so weiter. Hier sollen diese »polyvalenten Gesellen« aber noch vor allem einer »Bereicherung der Sprache« dienen, sind sie also noch eher ästhetisch legitimiert.

A: Sie haben Recht. Obwohl er Carrol auch bereits psychoanalytisch interpretiert, dessen Lolita-Komplex also sprachlich dingfest zu machen versucht. Da findet man schon erste Ansätze seines etymistischen Analyseverfahrens, das er dann in großem Stil an Karl May ausprobiert, in dem Buch *Sitara und der Weg dorthin*, und dann eben, noch opulenter, in *Zettels Traum*, wo Pagenstecher E. A. Poe zu Leibe, vielmehr zu Werke, rückt und beweisen zu können glaubt, dass der Autor ein impotenter Voyeur und Syphilitiker war, zudem mit Macht zur Koprophilie inklinierte.

B: Das ist doch wohl Nonsens! Oder?

A: Glaube ich auch. Schmidt selbst lässt es ja etwas in der Schwebe: Möglicherweise ist das alles auch nur Projektion, und die beiden Herren, selber fast impotent und ziemlich voyeuristisch gestimmt, erkennen in Poe nur, was sie selber durchmachen.

B: Gut, so weit. Aber Schmidt schreibt ja selber Etyms. Die Theorie taugt also nicht nur zur Analyse, wenn sie denn dazu taugt, sondern ist durchaus produktiv, ein weiteres Mittel zur Sprachverfeinerung mithin.

A: Ja, aber damit hat es nun wieder eine eigene Bewandtnis.

B: Also schon wieder graue Theorie!

A: Jawoll. Die Voraussetzung für die Etym-Beherrschung ist nämlich, abgesehen von einer seltenen formalen Begabung …

B: Also gut, die konzedieren wir mal.

A: … eine Art Altersweisheit, der Künstler muss zu einem Stadium reiner Intellektualität und lichter Geistigkeit vorgedrungen sein, in dem der Einfluss der Sexualität abnimmt bzw. schließlich gar keine Rolle mehr spielt: »infolge der immerabnehmendn HormonIntoxication«, erklärt Pagenstecher/Schmidt an einer Stelle, »krickt mann wieder n klareren Kopp«.

B: Und dieser asexuelle Zustand ist dann also die geheimnisvolle und vielbeschworene »vierte Instanz«?!

A: Ja, Schmidt sattelt den von Freud behaupteten drei Persönlichkeitsinstanzen Ich, Es und Über-Ich noch eine weitere drauf. Und wer die erreicht hat, wie Pagenstecher und vor ihm schon Laurence Sterne und James Joyce, der schwingt sich endlich auf zum »Herr der Wort=Weltn«.

B: Das Gefühl hat man dann ja beim alten Schmidt tatsächlich, dass seine Welt nur mehr aus Worten besteht, aus Literatur vielmehr, und dass die Realität nicht mehr so recht vordringt in das von Büchern zugestellte Bargfelder Holzhäuschen.

A: Das erklärt wohl vor allem seine im Alter noch zunehmende Kauzigkeit und Skurrilität, die sich auch in den völlig unreflektierten, bisweilen nachgerade reaktionären Ressentiments äußert – gegen die Bauern, Hippies, Arbeiter, Studenten etc. Schmidt wird weltfremd.

B: Na, andererseits könnte man ja auch fragen: Wenn einer über zehn Bücher lang die »Nessel Wirklichkeit« angepackt hat, warum soll er dann nicht, in seinem Alterswerk eben, noch mal in Ruhe mit der Sprache spielen und seine Marotten pflegen dürfen? Das kommt mir allemal ehrlicher vor, als wenn einer am Ende seines Lebens immer noch den alten jugendlichen Furor kultivieren zu müssen glaubt.

A: Soll er ruhig, da haben Sie natürlich Recht, aber er darf dann eben auch nicht verlangen, dass alle seine Leser diesen Schritt mittun und an seiner Egomanie teilhaben.

B: Hat er doch gar nicht. Er rechnete mit höchstens 400 Lesern, die dieses Buch nach vielen Mühen verstehen könnten.

A: Ich gehöre leider nicht dazu. Mir geht's so wie dem träumenden Weber namens Zettel in Shakespeares *Sommernachtstraum*, auf den der Titel ja auch anspielt – und den Schmidt im Eingangsmotto zitiert: »Ich hatt' nen Traum – 's geht über Menschenwitz, zu sagen, was es für ein Traum war.«

HUNTER S. THOMPSON ANGST UND SCHRECKEN IN LAS VEGAS / Eine wilde Reise in das Herz des Amerikanischen Traumes
Fear and Loathing in Las Vegas
Zweitausendeins

Die entscheidende Geschichte unserer Generation

Angst und Schrecken in Las Vegas von Hunter S. Thompson (1971)

»Journalismus ist weder Beruf noch Handwerk. Er ist nichts als ein billiges Asyl für Arschlöcher und Mißratene – eine blinde Gasse zur Kehrseite des Lebens, ein dreckiges, nach Pisse stinkendes kleines Loch, auf Anordnung eines Bauamt-Inspektors zugenagelt, aber gerade noch groß genug für einen Wermutbruder, sich in einer Nische am Gehsteig zu verkriechen und sich einen runterzuholen wie ein Schimpanse im Zoo-Käfig.«

Der das schreibt, Raoul Duke, alias Dr. Hunter S. Thompson, ist natürlich selber Journalist, »Gonzo-Journalist«, um genau zu sein, was so viel heißt wie: immer hart dran am Leben, aber bis obenhin zugeknallt mit jeder Droge, »die der zivilisierten Menschheit seit 1544 vor Christi Geburt bekannt war«. Und wenn man seine Reportage aus Las Vegas gelesen hat, ähm, tja, dann geht einem so etwas Ähnliches durchaus im Kopf herum, auch wenn man es vielleicht nicht so schön hätte formulieren können.

Ein »schniekes« Sportmagazin beauftragt Duke, vom legendären »Mint 400« zu berichten, jenem »höchstdotierten Querfeldeinrennen für Motorräder und Dünen-Buggies in der Geschichte des organisierten Sports«, das am Rand der Wüste, bei Las Vegas, ausgetragen wird. Er lädt seinen Freund, den Anwalt Dr. Gonzo, ein und kauft zunächst einmal ordentlich Reiseproviant – alles in allem »zwei Beutel Gras, fünfundsiebzig Kügelchen Meskalin, fünf Löschblattbögen extrastarkes Acid, einen Salzstreuer halbvoll mit Kokain und ein ganzes Spektrum vielfarbiger Upper, Downer, Heuler, Lacher …

sowie eine Flasche Tequila, eine Flasche Rum, einen Karton Budweiser, einen halben Liter unverdünnten Äther und zwei Dutzend Knick-und-Riech«. Das reicht. Dann geht es los, ganz nebenbei will Duke auch den »amerikanischen Traum« finden und »die entscheidende Geschichte unserer Generation« schreiben – und in gewisser Weise gelingt ihm das dann auch tatsächlich. Es wird die Geschichte der desillusionierten 70er Jahre, die eigentlich schon im Eimer waren, als sie begannen, aber davon gleich noch.

Duke und Gonzo steigen in ihren »Großen Roten Hai«, schmeißen ein, was da ist, und werden schon während der Fahrt von grandiosen Acid-Halluzinationen heimgesucht. Damit beginnt der Roman. Ein fulminanter Anfang: »Wir waren irgendwo bei Barstow am Rande der Wüste, als die Drogen zu wirken begannen. Ich weiß noch, daß ich so was sagte wie: ›Mir hebt sich die Schädeldecke; vielleicht solltest *du* fahren ...‹ Und plötzlich war ein schreckliches Getöse um uns herum, und der Himmel war voller Viecher, die aussahen wie riesige Fledermäuse, und sie alle stürzten herab auf uns, kreischend, wie ein Kamikaze-Angriff auf den Wagen, der mit hundert Meilen Geschwindigkeit und heruntergelassenem Verdeck nach Las Vegas fuhr. Und eine Stimme schrie: ›Heiliger Jesus! Was sind das für gottverdammte Biester?‹«

So geht es fort und fort. Meine Lieblingsvision ist die von der Großmutter Dukes, die mit einem Messer zwischen den Zähnen an seinem Bein hochkrabbelt. Ein junger Anhalter wird auch noch aufgegabelt und nach einer hübsch absurden und nicht wenig komischen Dialogstrecke verschüchtert wieder in seine etwas weniger surreale Welt entlassen. Schließlich ist man angekommen. Das Mint 400 erweist sich als wenig stimulierend für die Zuschauer. Schon nach wenigen Minuten ist die Luft so voller Staub, dass keiner mehr etwas sieht. Zeitverschwendung, hier weiter zu verweilen. Man widmet sich lieber ausgiebig dem Mitgebrachten, macht Dummheiten und horrende Schulden: »Wir hatten uns alles aufs Zimmer bestellt, was Menschenkraft hinaufbefördern konnte – einschließlich sechshundert Stück transparenter Neutrogena Seife.«

Als sich die Schuldenschlinge um Dukes Hals immer weiter zuzuschnüren beginnt, ereilt ihn Rettung von der *Rolling Stone*-Redaktion. Ein neuer Auftrag nebst Vorschuss. Und der ist nun wirklich aberwitzig. Er soll über die Bundeskonferenz der Bezirksstaatsanwälte schreiben, die sich just zu einem viertägigen Seminar zum Thema Narkotika und gefährliche Drogen zusammenfinden. Kurzum, hier werden die Böcke zu Gärtnern gemacht, und aus dieser Konstellation bezieht die zweite Hälfte des Romans einen großen Teil ihrer Komik. Ständig manövriert der Rausch die beiden in heikle Situationen, aus denen sie ihre von denselben Drogen enorm befeuerte Phantasie aber auch regelmäßig wieder befreien kann. Kleists Dorfrichter Adam aus dem *Zerbrochenen Krug* ist ein Einfaltspinsel gegen diese genialischen Fabulanten.

Thompson verherrlicht das Delirium und den Stoff, der bei ihm schon fast einen Beigeschmack vom gallischen Zaubertrank bekommt. Und daran ändert auch der Umstand nichts, dass er gelegentlich Zeitungsmeldungen von ebenso verrückten wie tragischen Drogenunfällen zum harten Kontrast einmontiert oder dass er den Taumel der Sinne im Grunde auch karikiert, die Apotheose also mit einer großen Portion verdrehter Komik abfedert. Es bleibt doch immer eine Apotheose.

An einigen Stellen wird er allerdings auch ganz ernst, dann mutiert die Erzählung zum kritischen Besinnungsaufsatz. Etwa wenn er Timothy Learys verantwortungslose Missionarstätigkeit für seine Drogenreligion geißelt und anschließend gleich eine Analyse der missglückten Revolution mitliefert: »Er tobte durch Amerika und verhökerte ›Bewußtseinserweiterung‹, ohne je einen Gedanken an die grimmigen Fleischerhaken-Realitäten zu verschwenden, die auf alle Leute lauerten, die ihn zu ernst nahmen.« Und das Scheitern jener »bemitleidenswert eifrigen Acid-Freaks, die glaubten, für drei Dollar den Kick, Frieden und Verständnis kaufen zu können«, ist symptomatisch – es ist das Scheitern einer Generation: »Was Leary mit sich selbst in den Abgrund riß, war die zentrale Illusion eines ganzen Lebensstils, den er mit geschaffen hatte … eine Generation unheilbarer Krüppel, erfolgloser Sucher, die niemals den grundlegenden altmystischen Trugschluß der Acid-Kultur durchschaut hatten: die verzweifelte hoffnungsvolle Annahme, es gäbe jemanden – oder zumindest irgendeine Kraft – die das Licht am Ende des Tunnels hütet.«

Na, wenn das keine Desillusionierung ist. Die »Love & Peace«-60er – spätestens hier sind sie endgültig vorbei. Damit ist nichts gegen die Droge an sich gesagt, sie bleibt völlig unschuldig und weiterhin durchaus positiv besetzt. Es liegt an den Menschen. In der tief konditionierten Autoritätshörigkeit, zugleich in ihrer Unfähigkeit, mit der absoluten individuellen Freiheit umgehen zu können, liegen seiner Ansicht nach die Ursachen des Scheiterns: »Das ist derselbe grausame und paradoxerweise gleichzeitig wohlmeinende Scheißdreck, der die katholische Kirche so viele Jahrhunderte am Leben erhielt. Es ist überdies auch die Ethik des Militärs … ein blinder Glaube an irgendeine höhere und weisere ›Autorität‹. Der Papst, der General, der Premierminister … bis hinauf zu ›Gott‹.«

Kleiner Treppenwitz, so ganz nebenbei. Die historische Gelenkstelle, der Anfang vom Ende gleichsam, war für ihn »jener Tag, als die Beatles sich mit dem Maharishi einließen. Es war, als hätte Bob Dylan die Wallfahrt zum Vatikan angetreten, um den Ring des Papstes zu küssen.« Auch das ist ja nun mittlerweile passiert –Thompson dürfte schön geflucht haben!

Was ihm – und dank diesem Buch auch uns! – bleibt, sind seine Erinnerungen an diese glorreichen Jahre. Reminiszenzen von der Schönheit eines brennenden Dornenbusches: »Meine zentrale Erinnerung an jene Zeit hängt an einer Nacht – oder vielleicht fünf Nächten oder vierzig – oder frühen Morgenstunden – wenn ich das Fillmore verließ, halb-verrückt, und, statt nach Hause zu fahren, den großen 650 Scheinwerferblitz über die Bay Brücke schickte, bei hundert Meilen die Stunde, L. L. Bean Shorts an den Beinen und eine bunte Hirtenjacke an ... durch den Treasure Island Tunnel donnerte, in Richtung Oakland und Berkeley und Richmond, nicht ganz sicher, welche Abfahrt ich nehmen sollte, wenn ich am anderen Ende ankam (immer den Motor abwürgte am Schalterhaus für die Autobahngebühr, zu weggetreten, um den Leerlauf zu finden, während ich nach Kleingeld fummelte) ... aber mit einer absoluten Gewißheit: wohin ich auch fuhr, ich würde an einen Ort kommen, wo ich Leute traf, die ebenso high und ebenso wild waren wie ich: absolut kein Zweifel daran ...«

Mit solchen Sätzen muss man einen Essay eigentlich beschließen, denn schöner kann es ja nun nicht mehr werden. Aber da wäre ja noch nichts über den »amerikanischen Traum« gesagt, den Duke nach langer Odyssee in den Straßen von Las Vegas und in den tiefen Furchen seines Großhirns schließlich doch auch findet. In einem Spielcasino nämlich, von dessen Besitzer erzählt wird, er habe als Kind schon immer von zu Hause fortlaufen wollen, um zum Zirkus zu gehen. Er ist das klassische Beispiel, ein »Modellfall«. Denn: »Jetzt hat der Hundesohn seinen *eigenen* Zirkus und obendrein eine behördliche Genehmigung zum Diebstahl.« Ein staatlich sanktionierter Beschiss, das ist also der amerikanische Traum. Ein recht profanes Ende, in der Tat.

Wer jenes *easy livin'* der Sixties nostalgisch wieder auferstehen lassen möchte, der lese vor allem das achte Kapitel im ersten Teil von *Fear and Loathing in Las Vegas*, das mit dem todtraurigen »Wellen-Gleichnis« schließt. Oder man schaut sich gleich »Easy Rider« an – immer wieder die Episode bei der Landkommune. Es ist später Nachmittag, die Sonne glüht in psychedelischen Farben. Wyatt und Billy beobachten, wie einige Blumenkinder auf dem heißen kargen Sandboden Saat ausstreuen. Billy schüttelt ungläubig den zugedröhnten Kopf und lacht etwas zu schrill: »Das schaffen die nie, das schaffen die nie.« Langsam geht nun die Sonne unter, und Wyatts Gesicht verklärt sich zu einem Lächeln: »Wird schon, Billy. Wird schon.« Und wer dann immer noch nicht genug hat, hört gleich anschließend »The Weight« von The Band.

Dreck am Flügel

Rock Dreams von Guy Peellaert & Nik Cohn (1972)

»Rock Dreams sind Oldtimer-Träume«, schreibt Michael Herr in seinem Vorwort von 1982, »und das schienen sie auch vor zehn Jahren zu sein«, als diese kommentierte Bildgeschichte des Rock erstmals erschien. Das große Sterben hatte begonnen, und wer überlebte, war fast schlimmer dran, nämlich unansehnlich geworden. Mit dem Rock 'n' Roll ging es eindeutig zu Ende Anfang der 70er Jahre, so sahen es nicht nur Guy Peellaert und Nik Cohn, der belgische Comiczeichner und der namhafte Rockschreiber, die sich zusammentaten, um dem goldenen Zeitalter eine grelle, überdrehte, bonbonbunte, ziemlich Trash-nahe Ikonographie hinterherzuschicken. Alle sind sie dabei, in ihren vom Mythos verbürgten Kontexten: Hank Williams, tot auf der Rückbank seines Wagens, ein angebrochenes Röhrchen mit Pillen vor ihm auf dem Teppich; Brian Wilson in seinem zugemüllten kalifornischen Refugium, übergewichtig, gedankenversunken am Klavier; Dylan als Hobo, unnahbare Diva im Pelzmantel, jüdischer Patriarch auf dem Lande; Hendrix als Kühlerfigur mit einer Neonlampe als Heiligenschein, Jim Morrison als sterbender Heiland in der Badewanne. Und so fort.

Peellaerts Bilder feiern die Ambivalenz des Rock, sie glorifizieren und karikieren, zeigen gleichzeitig Heils- und Krankheitsgeschichte. Und verklärt er doch einmal einen Protagonisten etwas einsinnig zum Engel, schmiert ihm Nik Cohn in seiner Glosse gleich Dreck an die Flügel. Etwa, wenn er sich in öliger Rollenprosa über die handzahme, lauwarme Scheinheiligkeit der Highschool Music, insbesondere über das Fifties-»Traumpaar« Frankie Avalon und Annette Funicello mokiert: »An Wochenenden gehen wir an den Beach, machen ein Bar-

Guy Peellaert & Nik Cohn
ROCK DREAMS
KED BEANS 1,20
BEANS 1,20
TASCHEN

becue, surfen oder sitzen bloß so im Sand und halten uns an den Händen ... Dann kuschelt sich Annette enger an mich, flüstert in mein Ohr und ihre Finger kraulen mein Haar. Das Mondlicht liegt auf dem Wasser, die Wellen brechen sich zu unseren Füßen, während ich sie in meine Arme nehme und sie sich hochschnuckelt für einen langen, endlosen Kuß. Mann, ich kann's einfach nicht mehr abwarten, bis wir verheiratet sind ...«

Peellaert und Cohn haben ihre Botschaft vom traurigen Ende des Rock 'n' Roll hübsch komponiert. Der Band beginnt und schließt mit einem Schwarz-Weiß-Bild von Frank Sinatra. Auf dem ersten fingiert Peellaert ein Zeitungsfoto. Sicherheitskräfte schützen den jungen Star vor seinen weiblichen Fans. Da drüber in fetten Lettern: »Frankie goes Hollywood«. Auf dem letzten Bild der alte Mann, und der heißt nicht umsonst nur noch Sinatra. Während eingangs die Weißanteile überwiegen (Druckerschwärze auf Papieruntergrund), sind hier die Farbverhältnisse genau umgedreht, er wird fast verschluckt von der Nacht. Sein Gesicht ist nur noch ein Schemen, aber die tiefen Gesichtsfalten erkennt man dennoch. Fast körperlos, aus dem schwarzen Nichts heraus ragen seine greisen Hände, die eine hält das Mikrofon, die andere das obligatorische Glas Whiskey. Und wer die düstere Symbolik des Bildes immer noch nicht verstanden hat, für den legt Cohn noch einmal nach: »... Hope I die before I get old.«

JÖRG SCHRÖDER

Ernst Herhaus

SIEGFRIED

MÄRZ

Do hann isch die jepopp

Siegfried – Jörg Schröder erzählt Ernst Herhaus (1972)

Bevor er schrieb, nein, bevor er erzählte, denn aufschreiben müssen's dann andere (hier noch Ernst Herhaus, später dann Barbara Kalender), er assoziiert einfach drauflos, aufs Tonband – bevor Jörg Schröder also zum Erzähler evolvierte, war er bloß ein abgewichster, weitsichtiger, innovativer, bald dann auch legendärer Verleger. Als solcher zeichnet er verantwortlich für nicht wenige Bücher, die in unseren Gegenstandsbereich fallen (und von denen bereits die Rede war respektive noch sein wird): veritable Kultbücher wie Brinkmanns und Rygullas Underground-Anthologie *Acid*, Günter Amendts *Sexfront*, Ken Keseys *Einer flog über das Kuckucksnest* und schließlich Bernward Vespers *Die Reise*. Man könnte noch mehr nennen, die *Geschichte der O* zum Beispiel, ein Buch, das er noch vor seiner Palastrevolution beim Melzer Verlag, aus der dann ja sein eigener März Verlag hervorging, realisierte. Ein erstes Schwappen gegen die Gestade der Dezenz, dem dann eine wahre Springflut an pornographischer Literatur nachfolgen sollte, welche die verdrucksten Sublimatoren Freudscher Provenienz im Sinne Reichs umzuerziehen, mithin sexuell zu befreien suchte. Aber das hatten wir nun schon …

In *Siegfried*, dem ersten Buch seiner *oral history*, macht er bereits das, was er auch später immer tut, wenn »Schröder erzählt«, er spricht von sich. So etwas wie Fiktionalisierung schenkt er sich ganz, er ist, vom streng Poetologischen her gesehen, ganz dem wohlmeinenden Großvater verpflichtet, der seinen Enkeln ein paar tolldreiste Geschichten aus seinem Leben mitteilt, zu Nutz und Frommen gleichsam, nur dass die Schröderschen ganz und gar nicht enkelkompatibel sind und beim Leser Gedanken an ein brennendes Kaminfeuer oder die gut abgestaubte Wohnzimmerschrankwand, Eiche massiv, denn auch nicht so recht aufkommen wollen. Da ist zum Beispiel der imbezile Hansi, den Schröder während seiner vierzehntägigen Haftzeit kennen lernt (die Gründe für den Arrest bleiben merkwürdigerweise im Dunkeln, merkwürdigerweise deshalb, weil sonst nicht viel im Dunkeln bleibt!). Hansi also, ein Koloss von Mensch, ein Penner, der keine Möglichkeit hatte, »irgendwo Fuß zu fassen, denn er konnte nichts erfinden«. Schröder lässt ihn eine seiner verrückten Geschichten erzählen: »Do bin isch ins Heidelbärsch, unn do war isch schunn janz besuffe, unn dann hätt misch ein Amerikanerin jesaaht, isch sull mitkumme … un bin isch esu mitjejange in sunn ä Hottälzimmer. Dunn dat nit erzähle, hätt se zu misch jesaaht. Isch jäv disch hundert Maak, hätt se zu misch jesaaht, wenn isch Scheiße fresse. Unn do hätt die sich hinjehock unn hätt vor dat Bätt jeschisse und hätt misch dat uff su e ne Löffelsche jejowwe unn … isch in minne Suffkopp hann dat jefrässe – baaaahhhhhh!!!! Und do hann isch sunne Wut jekrisch un do hann isch die jepopp, rischtisch jepopp hann isch die!«

Wen dies zu degoutant dünkt, der kommt mit Schröder nicht zu Rande. Damit muss man rechnen. Und er braucht sich auch nicht hinter den Erlebnissen anderer Leute zu verstecken – tut dies auch gar nicht. Schröder lässt die Puppen tanzen. Selbst wenn nur die Hälfte davon stimmt, was er in diesen libertinären studentenbewegten Zeiten angestellt haben will – wir brave Biedermänner wären immer noch beeindruckt. Aber in einem solchen Trash-Ambiente und neben dem forcierten Müllmann-Gehabe leuchtet auch das Reine, Unschuldige, das Schöne noch immer am hellsten: »Ich war sieben. Gegenüber in der Bismarckstraße gab es ein Mädchen. Die Eltern hatten eine Gärtnerei. Das Mädchen hatte braune Augen und schwarze Haare und lief immer nackt rum, sie war auch sieben Jahre. Nackt laufen galt schon als ein bißchen obszön.

Mich hat das angemacht, der Körper des Mädchens war für mich das reine Glück. Es gab einen Sandkasten unsrem Haus gegenüber. Vorher hatte mir das Mädchen mal einen Stein an den Kopf geschmissen, ich habe irrsinnig gebrüllt. Da kam die Gelegenheit, daß ich mit ihr allein auf dem Rand des Sandkastens saß. Sie hatte ein Kleid an. Ich habe Sand genommen und habe ihr den Sand durch den Kleidausschnitt den Rücken runterrieseln lassen. Das Mädchen war verklärt. Sein Verklärtsein hat auch bei mir sofort einen Liebesschock ausgelöst. In diesem Moment haben wir uns ineinander verknallt. Ich habe sie gestreichelt und sie mich. Dann kam noch ein Junge, der wollte mit uns spielen. Wir haben ihm erklärt, daß in Zukunft nur noch sie und ich miteinander spielen würden, er solle verschwinden. Ich weiß noch, wie betroffen der Junge war. Wir streichelten uns weiter. Wir waren glücklich. So glücklich war ich in meiner ganzen Kindheit nie gewesen, vielleicht auch später nie mehr. Dann schrie plötzlich Onkel Siegfried aus dem Fenster: ›Jörg! Komm mal sofort rauf!‹ … Auf dem kurzen Weg, vom Sandkasten bis in unsere Wohnung im ersten Stock, gingen meine Kinderillusionen kaputt.«

Solche Ausflüge ins sexuelle Zwischenreich sollen uns aber nicht darüber hinwegtäuschen, dass es in *Siegfried* eigentlich und vor allem um etwas sehr, sehr Prosaisches geht – den bundesdeutschen Kultur- und Literaturbetrieb der 60er und ganz frühen 70er Jahre nämlich, an dem Schröder teilhatte, in dem er mitwebte, mitintrigierte und den er als ganz und gar dumpfes, verlogenes, geldgeiles Schmierentheater zu beschimpfen nicht aufhört. Und er nennt sie alle beim Namen, Statisten wie Hauptrollen, was nicht ohne Folgen bleiben konnte: »Die Schrägstriche auf den Seiten 216 bis 237 sind durch ein Urteil des Bayerischen Oberlandesgerichtes München, 30 2520/75 LG München II, notwendig geworden.« So steht's in der von mir herangezogenen Taschenbuchausgabe von 1981 (22. Auflage!).

Schröders archaische, anarchische, gegen alle gängigen narrativen Konventionen verstoßende Erzählen ist passioniert und hat Wucht, was seinem polemischen Anliegen ganz gut tut. Nur, und das ist vielleicht nicht mal sein Fehler, sondern autobiographischem Schreiben grundsätzlich als Defizit immanent, bekommt man doch mitunter das Gefühl, als lege er sich die Fakten, um es mal vorsichtig auszudrücken, sehr zu seinen Gunsten aus. Bei aller Liebe und vorgeschützten Aufrichtigkeit, auch gelegentlichen Selbstbezichtigungen, da bleibt so ein dumpfes Gefühl, man nehme hier an einer großangelegten Selbstbeweihräucherung teil. Zumal er seine nicht gerade geringe Eitelkeit kaum verbergen kann. Wenn er wieder einmal furchtlos und wider bessere Vernunft einem Vorgesetzten seine Meinung gegeigt hat (etwa dem alten Verleger-Despoten Witsch, unter dem auch Schröder eine Zeit lang knechtete) und sich dann für seine bedingungslose Aufrichtigkeit, die ja nicht mal in Abrede gestellt werden kann, selbst auf die Schulter klopft, dann, ja dann schlägt man das Buch auch schon mal zu. Aber man setzt sich trotzdem immer wieder ran, denn was Schröder allein an Insiderfakten aus dieser Zeit aufschaufelt, macht das Buch allemal des Lesens wert.

Und zum Schluss nun das Allerschönste. In meinem antiquarisch erstandenen Exemplar lag noch ein alter 2001-Bestellschein vom 8.9.81 als Lesezeichen. Ein gewisser Robert Doerfler, Am Schwarzen Berg 28 A, 3300 Braunschweig, hat damals geordert:

»1 Vian, Tote

1 Vian, Werden fiesen

1 Konkret Sexualit. 2«

Über zwanzig Jahre her. Da wird einem plötzlich ganz barock zumute. Was aus Doerfler wohl geworden ist? Und ob er die Boris-Vian-Bücher und den versauten »Konkret«-Sonderband noch hat? Es ist alles eitel, was dieser heute baut, reißt jener morgen ein!

Langhaarige Revolutionäre

Rock Power von Helmut Salzinger (1972)

»oder / Wie musikalisch ist die Revolution? / Ein Essay über Pop-Musik und Gegenkultur«. Der doppelte Untertitel sagt eigentlich alles. Nun ist »Essay« beinahe schon zu viel (oder auch zu wenig) gesagt. Denn eigentlich montiert und collagiert Salzinger eher, er fügt vornehmlich fremde, aber auch eigene Texte zu einem vielstimmigen Dialog, zu einem Streitgespräch, in dem nicht so sehr die Frage im Vordergrund steht, wie musikalisch die Revolution sei, sondern vielmehr, wie viel revolutionäres Potenzial der Popmusik innewohne. Und Salzinger glaubt: eine ganze Menge!

Es geht also um etwas sehr Profanes in dem Buch, und zunächst mal nicht ums interesselose Wohlgefallen. Mit anderen Worten, die sachlich-argumentativen Passagen überwiegen, aber durch die auf Kontrast angelegte Anordnung der Textsplitter fängt es bisweilen dennoch ganz hübsch poetisch zu changieren an. Und einige Textsplitter sind auch für sich genommen von durchaus literarischem Charakter – etwa jene formidablen Liner Notes der LP »Bravo Rolling Stones«:

»Am Samstag, dem 11. September 1965, mittags um 12 Uhr, begann auf dem Düsseldorfer Flugplatz der Begeisterungstaumel der Beat-Freunde zwischen Hamburg und Wien. THE ROLLING STONES, die ›härteste Band der Welt‹ war angekommen. Im Europa-Jet, von England herüber. Die BRAVO-Tournee wurde zu einem Triumphzug ohnegleichen. Weit über 80.000 junge und junggebliebene Leute besuchten die ausverkauften Vorstellungen und wurden von den fünf ›Steinen‹ überrollt! In Münster, Essen, Hamburg, München, Berlin und Wien überzeugten sich die Beat-Fans: DIE ROLLING STONES ›beaten‹ am meisten. Sie sind weitaus aggressiver als

Helmut Salzinger
Rock Power
oder Wie musikalisch ist die Revolution?

die Beatles, und Englands Teenager kürten die ›Steine‹ zur Spitzen-Gesangsgruppe und zum besten Instrumental-ensemble dieses Jahres.

Wo immer die ROLLING STONES spielten, haben sogar die ärgsten Gegner der Pilzköpfe anerkannt: Hier sind Meister am Werk! Wohin die Beat-Stars aus London kamen, gingen ihnen die übelsten Gerüchte voraus. Der Name ROLLING STONES genügte, um saubere, kurzhaarige und hochgeistige Leute auf die Barrikaden zu bringen und Steine auf die ungewaschenen, langhaarigen und schwachsinnigen ›Stones‹ zu werfen. Berichte erschienen in einigen Zeitungen, die den Eindruck erweckten, Mick Jagger und die Rolling Stones hätten vieles mit Attila und den Hunnen gemein. Bedauerlich, daß nur ganz wenige Gelegenheit haben, Menschen wie die ROLLING STONES aus der Nähe kennenzulernen – sie würden ihre Meinung gründlich revidieren. Denn hinter der eigenwilligen Erscheinung entdeckt man allmählich fünf liebenswürdige, sensible, intelligente und außerordentlich hilfsbereite Jungen. Fünf gute Freunde, die zusammengehören, wie die fünf Finger einer Hand. Und so verschieden sind sie auch …

›Man muß Individualist sein, sonst bleibt man unten hängen‹, sagte Mick einmal. Es ist nicht einfach, Individualist zu sein, denn zu viele messen die neue Zeit mit alten Maßstäben. Und es gehört eine Menge Mut dazu, gegen Vorurteile anzurennen. Mick, Keith, Brian, Bill und Charlie sind fünf Individualisten, die als ROLLING STONES weltberühmt wurden. Die Jugend jubelt ihnen zu, und manchmal gehen in der Begeisterung für sie ein paar Stühle kaputt. Die Welt wird jedenfalls durch Idole wie die ROLLING STONES nicht in Scherben fallen.«

Eine solche Stelle sollte wohl die Aufnahme von *Rock Power* in diesem Vademekum rechtfertigen! Wer dennoch weiterhin Zweifel hat, dem sei gesagt, dass sich als Ultima Ratio immer noch die romantische Kunsttheorie bemühen ließe (cf. Friedrich Schlegels 116. »Athenäum«-Fragment!), derzufolge »Poesie und Prosa, Genialität und Kritik« die ohnehin nicht zu trennenden Bestandteile einer progressiven Universalpoesie darstellen. Als Kritiker hört und bemüht man derlei ja gern!

Salzinger nun ist bemüht, die zeitgenössische Debatte zusammenzufassen und in den wichtigsten Positionen zu dokumentieren: die idiosynkratische Reaktion des bürgerlichen Feuilletons auf diese »Negermusik« ebenso wie seine halbherzigen Assimilationsversuche; den bornierten Standpunkt der orthodoxen, reichlich wassersüchtigen Linken und ihre Polemik gegen die »Yippies«, jene allzu idealistischen Revolutionäre, die – so Jerry Rubin – »die Politik der Neuen Linken mit einer psychedelischen Lebensweise verschmolzen« haben wollten und sich über die Attribute »Acid, lange Haare, verrückte Kleidung, Pot, Rock-Musik, Sex« identifizierten. Ihnen gehört Salzingers ganze Sympathie, wie man sich denken kann, und ihnen traut er einschneidende gesellschaftliche Veränderungen zu: »Die Alternative zwischen ästhetischer und politischer Revolution ist keine. Wenn der Kulturbetrieb mit seinen rosa Feuilletons die Gegenkultur den von ihm verwalteten kulturellen Phänomenen einzugemeinden versucht, dann setzt er sich buchstäblich Läuse in den Pelz. Die Langhaarigen haben welche. Sie sind schmutzig. Sie stinken. Warum auch nicht? Sie haben sich den ihnen von Kindheit an oktroyierten gesellschaftlichen Waschzwängen (›Wie du kommst gegangen, so wirst du empfangen‹) entzogen. Sie brauchen keine Figur zu machen, weil sie aufgehört haben, etwas werden zu wollen, was zu sein mit ihrer Vorstellung von subjektiver und objektiver Freiheit unvereinbar ist. Die nach Ruhe und Ordnung verlangenden Bürger haben also ganz recht. Die Langhaarigen sind, auch wenn sie das selbst noch nicht wissen sollten, Revolutionäre, und ihre Musik, der momentan von den Feuilletonisten sämtlicher politischen Fraktionen als Konsumschund gescholtene Rock 'n' Roll, bezeichnet, wie Jerry Rubin sagt, ›den Beginn der Revolution‹, was immer die Vergnügungsindustrie aus dieser Musik gemacht haben mag.«

Hier haben wir Salzingers Credo – das nun aber keineswegs dogmatisch verteidigt wird. Im Gegenteil, er ist so konziliant, die Argumente aller Positionen vorzustellen und, gelegentlicher Polemik zum Trotz, dem Leser die Freiheit der Entscheidung zu belassen. Das ist Yippietum ins Essayistische gewendet oder auch, wenn man so will, Aufklärung reinsten Wassers: die Erziehung zum Selbstdenken nämlich.

Nach fast drei Jahrzehnten Abstand zum historischen Ort dieses Buches, mit dem es ganz eng verbunden ist, mutet es einigermaßen fremd, beinahe rührend an, mit welchem Ernst und welcher ehrlichen Inbrunst Salzinger et alii diskutieren, ob bei diesem oder jenem Konzert von den Stones, Fugs, Jefferson Airplane, Dylan, Hendrix, Byrds etc. nun ein echter revolutionärer Impetus im Spiel war – oder eben doch nur bloße Attitüde, geboren aus marktwirtschaftlichem Kalkül. Oder sogar beides. Und manchmal ist es auch ein bisschen komisch, mit welchem Furor und bisweilen aberwitzigem theoretischen Bemühen hier die befreiende, dekonditionierende Wirkung des Rauschgifts bewiesen oder negiert wird. Aber so ist das wohl, schauen Sie sich nur mal Ihre Konfirmationsfotos an, dann vergeht Ihnen gleich die Häme!

WENEDIKT
JEROFEJEW DIE REISE
NACH PETUSCHKI
EIN POEM
PIPER

Wo die Vögel nicht aufhören zu singen

Die Reise nach Petuschki von Wenedikt Jerofejew (1973)

Ein Buch über die Magie, die Barbarei und Luzidität, nicht zuletzt die Heillosigkeit des Saufens. Und ein Buch über Russland in schlimmen Zeiten. Jerofejews »Poem«, das 1969 entstand, »bei der Telefonkabelverlegung in Scheremetjewo«, die er als Monteur mitmachte, erschien erst 1988 offiziell im Sowjetland, zuvor kursierte es immerhin anderthalb Jahrzehnte lang im Samisdat und avancierte dort zum beliebtesten Kleinod der literarischen Gegenöffentlichkeit. 1973 wurde das Manuskript außer Landes geschmuggelt, in der israelischen Zeitschrift *Ani* erstmals gedruckt, danach wieder illegal eingeführt und in Schreibmaschinenabschriften verbreitet. Das Buch machte Furore, weil es nichts anderes als furios ist.

Schon die Liste der hier von den Protagonisten, nicht zuletzt vom gleichnamigen Alter Ego des Autors verkosteten Alkoholika – »den Kopf nach hinten geworfen wie Pianisten« – ist respektheischend: Subrowka, Jägerschnaps, Shiguli-Bier, Kubanskaja, Portwein, Korianderschnaps, Alb-de-dessert, Rossijkskaja usw. Noch mehr sind es die einfallsreichen, unvergesslichen, dementsprechend legendären Cocktailrezepte. »Komsomolzenträne«, »Kanaanbalsam«, »Geist von Genf« und »Schweinegekröse« heißen Jerofejews hochspirituelle Shakes, die ohne die abrundende und sublimierende Beigabe von etwa gereinigter Politur, Antifußschweißpuder, Spritlack, Haarshampoo »Nacht auf dem kahlen Berge« oder Bremsflüssigkeit anscheinend nicht recht munden und wirken wollen. Halte man sich aber an die auf den ersten Blick gewöhnungsbedürftigen Rezepturen, sei der Erfolg gewiss: »Bereits nach zwei Gläsern« – nämlich von Jerofejews Favoriten »Schweinegekröse« – »werdet ihr eine solche Vergeistigung an euch feststellen, daß man euch aus anderthalb Meter Entfernung eine halbe Stunde lang in die Fresse spucken könnte, ohne daß euch das tangieren würde.« Mit einem Wort: »Das ist kein Getränk mehr, das ist Sphärenmusik.«

Wenitschka erwacht nach einwöchiger Zechtour in einem fremden Treppenhaus und macht sich auf den Weg zum Kursker Bahnhof. Es ist wieder einmal Freitag. Er braucht schnellstens etwas zu trinken und muss den Zug nach Petuschki bekommen, wo seine dralle, enorm weißbäuchige Geliebte mit einem Zopf bis zum Hintern auf ihn wartet. Und auch noch sein kranker Sohn, aber zuerst will er zur Geliebten ... Schon bald ahnt man, dass Petuschki gar nicht existiert, jedenfalls nicht als dieser arkane, gleichsam mythische Ort, zu dem sich der Erzähler hinträumt, »wo die Vögel nicht aufhören zu singen, weder am Tage noch bei Nacht, wo sommers wie winters der Jasmin nicht verblüht. Die Erbsünde, wenn es sie gegeben hat, tangiert dort niemanden. Sogar die, die wochenlang nicht nüchtern werden, behalten dort ihren klaren unergründlichen Blick ...«

Das Ich träumt offenbar, deliriert im Alk-Abusus. Schon vor der Reise hat er sich mit Engeln unterhalten, später kippt die ganze Zugfahrt aus dem mehr oder weniger realistischen Rahmen, wird zu einem absurden, visionären Höllentrip mit rasenden Erinnyen, Zugentgleisung und noch mehr solchem Zinnober. Schließlich wacht er auf, befindet sich immer noch im kalten, nächtlichen Moskau, wird dann von vier Schlägern durch die Straßen gehetzt und in einem fremden Treppenhaus brutal ermordet: »Ich versuchte, so gut ich konnte, meinen Hals aus der Umklammerung ihrer Hände zu lösen. Doch da geschah das Allerschrecklichste: einer von ihnen, der mit dem grimmigsten und klassischen Profil, zog aus seiner Tasche einen gewaltigen Pfriem mit hölzernem Griff ... Sie bohrten mir ihren Pfriem mitten in den Hals ... Ich hatte nicht gewußt, daß es auf der Welt so einen Schmerz gibt, und krümmte mich zusammen vor Qual. Der tiefrote Buchstabe Q erzitterte und zerfloß vor meinen Augen. Seither habe ich das Bewußtsein nicht mehr erlangt und werde es auch nie mehr erlangen.«

Das Buch rundet sich also, beginnt und endet in einem Moskauer Treppenhaus. Und vielleicht sind die vorangegangenen Ereignisse im Zug nach Petuschki auch nur eine letzte Fluchthalluzination des Sterbenden. Schon zuvor hat man sich gewundert, warum sein kleiner Sohn – Jerofejew erinnert sich an den letzten Besuch an dessen Krankenbett – ausgerechnet den Buchstaben Q kennt. Und schon früher packt ihn auch die Ahnung, dass er bald sterben muss.

Wie auch immer – das grandiose Herzstück des Buches ist die lange, behagliche, einvernehmliche Sauferei mit ein paar anderen Zugreisenden und die dabei sich entspinnende, fulminant witzige Unterhaltung über den Suff im Allgemeinen und den Goethes im Besonderen: »Ein Alkoholiker war er, Ihr Geheimrat, Johann Wolfgang von Goethe, ein Trunkenbold! Dem zitterten nur so die Hände …« Aber das ist hier eigentlich gar kein Verdikt, sondern vielmehr ein Ausweis von Tugendhaftigkeit, denn verzweifelt gesoffen haben sie ja alle, nicht zuletzt die aufrechten Menschen Russlands. »Und warum haben sie so verzweifelt gesoffen? Weil sie aufrecht waren, deswegen nämlich, weil sie das schwere Schicksal ihres Volkes nicht mildern konnten.«

Darum geht es eben auch immer in diesem bei aller humoristischen Attitüde und tatsächlichem Witz so tieftraurigen, so recht russischen Buch: um die bedrückende Situation des »russischen Muschiks«. Und um die Hingeworfenheit des Menschen in das Sein und die Zeit, um seine existenzielle Kläglichkeit, die eben nur zu ertragen ist – in der Kunst, in guter Gesellschaft und vor allem im Suff.

Gleich zu Anfang lässt Jerofejew diesen verzweifelten, an der Welt verzweifelnden Subtext des Buches an die Oberfläche dringen – und Echos davon begleiten die gesamte Lektüre: »Was war das für ein Treppenhaus? Ich habe immer noch keine Ahnung. Aber so muß es eben sein. Alles ist so. Alles auf der Welt muß langsam und verkehrt laufen, damit der Mensch nicht hochmütig werde, damit der Mensch traurig und verwirrt sei.«

Nur gelegentlich gelangt er zu etwas Klarheit – nach dem Genuss von klaren Getränken!

Gerade ist bei Piper eine günstige »Geschenkausgabe« dieses definitiven Kultbuchs erschienen, gebunden und mit Lesebändchen zum Taschenbuchpreis. Da kann man eigentlich nichts falsch machen, obwohl der Verlag einmal mehr die Chance verpasst hat, einen brauchbaren Stellenkommentar anzuhängen, die »Anmerkungen der Übersetzerin« sind nicht mehr als ein erster Versuch. Und anstatt einer zweieinhalbseitigen »Biographischen Notiz« hätte man gern ein zwanzigseitiges Nachwort gelesen, das die Person Jerofejews und ein paar Lesarten dieses großen Buches vorstellt. Von einem kursorischen Forschungsbericht wagt man ja gar nicht zu träumen – oder doch erst nach ein paar Gläsern Shiguli, meinethalben auch Hasseröder.

Erhabenes, Epiphanisches, Erlösendes

Heino Jaegers Hörstücke (1973 ff.)

Das muss ich gestehen, dem Namen nach und von Hans Mentzens in der *Titanic* alle Jahre wiederholten Eloge kannte ich ihn schon: Heino Jaeger, Kabarettist und Satiriker, der in den 70er Jahren einen gewissen Ruf hatte, dann aber bald wieder gründlich vergessen ward, auch weil er die letzten zehn Jahre seines Lebens in der Psychiatrie weilte, wo er 1997 an den Folgen eines Schlaganfalls starb. Aber gehört hatte ich ihn halt noch nicht, und gehört haben muss man ihn. Denn Jaeger ist ein Großmeister des gesprochenen Wortes. Wie dieser Mensch Dialekte, Sprachfehler, verbale Marotten und artikulatorische Eigenheiten imitiert oder oft eben auch einfach aus einer wildwuchernden Lautphantasie heraus generiert, das ist von schier erschreckender Virtuosität und mitunter so witzig, dass man darüber fast den Inhalt vergessen könnte. Das wäre dann aber in der Tat nicht mal der halbe Spaß – was Jaegers Protagonisten zu Protokoll geben, hat nämlich größte Aufmerksamkeit verdient.

Diese einfach nur so monologisierenden oder von einem (ebenfalls von Jaeger gegebenen) Radioreporter befragten Schlafwandler und Deliranten ringen in tapfer-ohnmächtiger Verzweiflung um Ausdruck und Sprache und vor allem einen Sinn, und je mehr sie sich in ihren eigenen Wortknäueln verstricken, desto betörender wird dann tatsächlich ihre Rede, desto nachhaltiger wird sie aus der logischen Umlaufbahn geworfen, auf zu neuen semantischen Galaxien, zu einem eigenen L'art-pour-l'art-Universum.

Dabei sind Jaegers Wiedergänger ja eigentlich angetreten, um als Spezialisten ganz irdisch von ihrer Profession zu berichten, ob als Textil- oder Keksfabrikanten, als politische

Heino Jaeger
Alkoholprobleme in Dänemark

Kommentatoren, Botaniker, Zeitzeugen, Film- oder Literaturkritiker etc. Seinen Stoff holt er sich nämlich in erster Linie bei den Schul-, Kultur- und Bildungsprogrammen – und noch seine Darbietungsformen, das Interview, die Reportage, den Kommentar, bezieht er daher. Der Kontrast aus scheinbar abgewogener, scheinbar sachlicher und in scheinbar wissenschaftlichem Jargon vorgebrachter Information und einem dabei wie zufällig entstehenden, mitunter neologismengesättigten Irr- und Aberwitz macht denn auch einen großen Teil des komischen Mehrwerts dieser Piecen aus.

Man muss das wohl zitieren, sonst wird es kaum verständlich, aber die bloße Transkription bedeutet eben auch schon Reduktion, wie gesagt. Beim folgenden Passus aus »Ein Platz für Tiere« etwa muss man sich immer die warme, onkelhafte, leicht wattige Diktion Grzimeks hinzuimaginieren: »Im Frankfurter Zoo ist inzwischen wieder Nachwuchs angekommen, das … äh … ein Affenbaby … das zwölfjährige Affenbaby Katja. Und hier sehen wir auch, wie es an der Flasche gesäugt wird … Es nimmt auch schon Nüsse auf … Es unterscheidet auch schon mal, und das sollte so'n kleines Affenbaby schon können … Das sollte man auch schon verlangen … Hier wird's nun gerade aufgezogen, nun wird die Wäsche gewechselt … Ist in unserem Film eigentlich auch ganz gut zu sehen, und 's hat eigentlich auch schon 'n paar Härchen auf'm Kopf … Und schaut doch so fröhlich in die Kamera … äh … rein.«

Eckhard Henscheid, der die Auswahl *Alkoholprobleme in Dänemark* (Kein & Aber Records) besorgt und einen empathischen, emphatischen und Jaeger in seiner ganzen Größe gerecht taxierenden Booklettext dazu geschrieben hat, gibt in neidloser Verehrung zu, es sei diesen Stücken »ein manchmal Erhabenes und fast Epiphanisches und beinahe von aller Erdenpein schon hienieden Erlösendes« zu Eigen. Das stimmt.

Vor allem aber sind sie witzig. Und augenscheinlich, das ist tröstlich, fiel Jaeger das alles nicht gerade zu. Auch er war wohl ein harter Arbeiter am Wort, der detailpenibel und mit zünftiger Präzision seine Kunststücke kalfatert hat – »erhaltene Tonband-Varianten im Studio und vor Publikum«, so Henscheid, hätten das gezeigt. Auch das glaubt man ihm gern, denn solcherart schwerelose Artistik, derlei spielerisch-kapriziöses Parlando lässt sich wohl schwerlich durch bloße Improvisation herstellen.

Fett und saftig

Gedichte/Lieder von Wolf Wondratschek (1974 ff.)

Wondratschek kann von der deutschen Literaturkritik nichts mehr erwarten, weil sie bereits alles über ihn ausgekübelt hat, was sie an Häme, Neid und Ressentiment im Mülleimer hatte. Er hat vieles davon herausgefordert mit seiner anachronistischen Machismo-Nummer, mit seinem forcierten Einzel- und Draufgängertum, seinem »Rimbaud-Fimmel«, wie er das selber mal genannt hat, der immer leicht übertriebenen Koketterie mit der Halbwelt und dann natürlich dem ewigen Boxen ... Er hat sie alle besucht, die wirklich großen Faustkämpfer, und anschließend bedichtet: den von ihm sehr geschätzten deutschen Mittelgewichtsweltmeister Eckhard Dagge, den Prinzen von Homburg, Rocky Graziano, selbstverständlich Max Schmeling und, keine Frage, Muhammad Ali, den er vor allem würdigt dafür, dass er nicht nur zuschlug, sondern – ganz untypisch für einen Weltklasseboxer – anfing zu reden: »die schnellen Beine, das gute Auge, der linke Jab, der Shuffle, / all das ist nur die eine Hälfte seiner Strategie, / die andere Hälfte ist Allah und der Rest Poesie«.

Und wenn er nicht an ihren Fäusten den Friedhofsgeruch erschnupperte, dann hing er gern auf St. Pauli herum, vor allem an den ausladenden Brüsten Domenicas – und sang ihr das Hohelied der heiligen Hure: »Ihr Gang wirkte wie die Fortbewegung einer tropischen Schlingpflanze. Sie war fett und saftig. Eine schlafende Schlange. Ein Wildwuchs, der Millionen Jahre überdauert hat. Stellt sie auf eine Muschel – und malt die Fresken neu.«

Nein, er darf sich nicht beklagen, er hat die Rolle des *poète maudit* schon gelegentlich überreizt, würde das aber andererseits auch nie tun, dafür ist er Sportsmann genug. Und er muss

Wondratschek
Gedichte/Lieder

es auch gar nicht, denn zumindest seine vier Songbooks aus den 70ern, also die in einem grandiosen Coup am regulären Buchhandel vorbei, nämlich über den damaligen Underground-Versand 2001 vertriebenen *Gedichte/Lieder* sind ja in den einschlägigen Kreisen wie Gesangbücher aufgenommen worden. Um die zweihunderttausend Exemplare hat er insgesamt wohl verkauft von diesen vier Gedichtbänden – *Chucks Zimmer*, *Das leise Lachen am Ohr eines andern*, *Männer und Frauen* und *Letzte Gedichte* –, mit Lyrik also, die zwar durchaus populär sein wollte, die also ihre Brinkmann-Lektion gelernt hatte, die aber nie nur Prosa in Zeilenbruch war, sondern allemal Poesie. Und die außerdem von der ordentlichen Literaturkritik absolut unbeachtet blieb, was unter anderem daran lag, dass 2001 keine Rezensionsexemplare verschickt hat. Warum auch, sie gingen ja so weg.

Es sind kanonische Texte darunter, etwa die lange Grabrede für Rolf Dieter Brinkmann »Er war too much für Euch, Leute«, die Liebeserklärung »Für meine Mutter« (»Aus Cezannes Äpfel hätte sie Apfelmus gemacht«), das kleine traurige Liebespoem »Endstation« (»Es gibt nichts, was einen Mann einsamer macht / als das leise Lachen am Ohr eines andern«) – und nicht zu vergessen das wunderbare, mittlerweile in kaum einer deutschen Gedichtanthologie fehlende »In den Autos«: »Wir waren ruhig, / hockten in den alten Autos, / drehten am Radio / und suchten die Straße / nach Süden // Einige schrieben uns Postkarten aus der Einsamkeit, / um uns zu endgültigen Entschlüssen aufzufordern. // Einige saßen auf dem Berg, / um die Sonne auch nachts zu sehen« usw.

Das sind nicht nur die Sehnsucht, der Erfahrungshunger und gleichzeitig auch schon die Desillusionierung der Adoleszenz, die hier zur Sprache kommen, sondern des ganzen Jahrzehnts. Wondratscheks Gedichte dieses Dezenniums sind auf eine anrührende Weise sentimental, welthaltig, haben das nötige Gespür für den poetischen Augenblick und die stilistische Potenz, diesen abzukonterfeien – und vor allem haben sie ihre Zeit wie Flüssigharz umschlossen. Die letzten Ausläufer des 68er-Optimismus, die anschließende Depression, die Schwierigkeiten einer linken Positionierung, sofern man weiterhin Frontalopposition zum Staat sein, sich aber auch nicht mit dem Terror identifizieren wollte, schließlich der Deutsche Herbst und immer wieder die popkulturellen Sensationen jener Tage wie beispielsweise der »Thrilla of Manilla« – seine Gedichte schreiben dieses »elende, großzügige Jahrzehnt« mit. Und manchmal sind sie auch erstaunlich hellsichtig, wie in dem Todessehnsuchtsblues »James, Jimi und Janis«, der gewissermaßen die Raving Society vorwegnimmt und deren totale Geschichtsvergessenheit schon mal im Futur ironisch kommentiert: »Ob Gott ihr einen geschenkt hat, einen Mercedes Benz? / Ob Dean noch immer auf die Taylor wartet? / Und Jimi umgestiegen ist / Auf Honig? // Wen interessiert denn das, / werden deine Kinder sagen und / ein paar King-Kong-Pillen schlucken / und sich wohlfühlen wie vierdimensionale / Schildkröten«.

»Die Geschichte begann ja mit tausend Exemplaren, die ich selber habe drucken lassen«, hat Wondratschek in einem Interview dem *Rolling Stone* erzählt, selbst nach all den Jahren noch erstaunt über diesen Erfolg. »Mit ein paar Gedichten, die den Titel trugen ›Chuck's Zimmer‹, für Freunde … Und das Cover hing als Poster in meinem Münchner Zimmer damals. Ich wachte erst aus diesem schönen Traum auf, als die angeliefert wurden, tausend Stück … Ich kann vielleicht fünfzig oder hundert verschenken, aber was mache ich denn mit dem Rest? Und dann habe ich das dem Lutz Kroth, damals noch Reinecke, angeboten, wir kannten uns … Und der sagte: Um Gottes willen, muss das sein, was soll ich denn mit dem Zeug? Und ich sage, nimm die, biete die über deine Merkhefte an. Und er sagt, gut, das mache ich, aber wenn es nicht geht, schicke ich sie dir wieder zurück. Gib mir ein halbes Jahr Zeit, damit da überhaupt etwas passiert … Einen Monat später rief er mich an und sagte: Ich weiß auch nicht, die sind weg! Wunderbar. Da würde ich vorschlagen, sagt er, drucken wir nochmal tausend. Prima. Und der Rest ist Geschichte … Heute findet man vorn drin in den Büchern ja nur eine kryptische Zahlenkombination, die keiner versteht. Bei uns standen die einzelnen Auflagen noch untereinander: 1. Auflage Mai 1974, 2. Auflage Mai 1974. Das war so eine Latte, 29. Auflage … Das macht Eindruck – auf mich!«

Nicht nur auf ihn.

Verena Stefan
Häutungen

wir leben im ausnahmezustand

Häutungen von Verena Stefan (1975)

Die »Bibel« der Frauenbewegung, zugleich der erste literarische Text aus ihren noch jungen, sich gerade formierenden Reihen. Dass *Häutungen*, wie es die Klappe in der Neuausgabe von 1999 will, »ein aktuelles, notwendiges und umstrittenes Buch geblieben« ist, wollen wir mal stark bezweifeln. Aus symptomatischem, also sozialhistorischem Interesse wird man es wohl auch weiterhin lesen, aber was den politisch-emanzipatorischen Gehalt angeht, ist das meiste davon wohl doch überholt, weil entweder selbstverständlich geworden oder aber in seinem Irrwitz längst erkannt. Und literarisch war dieses aus Gedichten, erzählerischen und pamphletistischen Passagen zusammengestoppelte Konvolut nie von Belang. Es ist eben ein Initiationstext mit all seinen Outriert- und Verstiegenheiten, die man heute allzu leicht belächeln kann, noch dazu unerträglich redundant, sprachlich völlig hilflos und intellektuell auch eher banal – vor allem die lyrischen Einlagen taugen heute eigentlich nur noch dazu, das einstmals ehrenwerte Anliegen zu diskreditieren: »Die spielarten des patriarchats sind vielfältig, / Doch überall richten sie sich / Gegen frauen und kinder / Alte und schwache, gegen alle / Die leben wollen, nicht nur überleben. // Schattenhaut / Aber noch haut!! / Durchlöcherte haut / Doch hält uns noch notdürftig zusammen! // Anderen geht es schlechter. Geht es uns deshalb gut? / Andere sind bereits ermordet. / Sind wir am leben? / So viele narben. So wenig schmerzen. / Noch lange keine antwort.«

Solche wahrhaft aufrüttelnden Worte könnten auch direkt einem Allert-Wybranitz-Geschenkversbüchlein entstammen – und wir verstehen nun doch ein wenig die »heutigen Verlegerinnen des Verlags Frauenoffensive«, über die sich die Autorin in ihrem aktuellen Vorwort beschwert, denen *Häutungen* augenscheinlich durchaus peinlich ist: »Zu dilettantisch, sagen sie wie von vielen Büchern der ersten Jahre und blicken verächtlich auf die Anfänge ihrer Verlagsgeschichte zurück. Sie fallen nicht nur einer ihrer Autorinnen in den Rücken, sie schwächen sich mit dieser Art Geringschätzung selbst.« Nun, das kann man auch anders sehen.

Häutungen, immerhin, lebt noch vom anarchischen Elan, von der Aufbruchsstimmung zu Beginn dieser zweiten Revolution (nach '68) und vom zornigen Mut zum Subjektiv-Bekenntnishaften. Das Buch ist zwar schlecht, aber so authentisch schlecht, dass man sich, noch dazu als männlicher Leser, bisweilen wie ein heimlicher Lauscher vorkommt, so als sitze man Mitte der 70er Jahre in einem Café und höre einer Emanze am Nebentisch zu, wie die den linken Paschas gesprächsweise schon mal den Garaus macht. Und Parolen schreit wie: »Sexismus geht tiefer als rassismus und klassenkampf.« Oder: »Ob krieg oder frieden, wir leben im ausnahmezustand.«

Was wird da verhandelt? Verena Stefan – die Autorin und das erzählende Ich fallen in diesen Confessiones in eins – hat einige Beziehungen zu Männern, die Dave und Samuel heißen, fühlt sich von ihnen aber immer nur ausgenutzt, nicht richtig verstanden, auch vernachlässigt. Langsam merkt sie, dass sie nur von Frauen das zurückbekommt, was sie zu geben bereit ist, und dass sie sich nur all die Jahre an Männer gehängt hat, weil sie von der patriarchalischen Gesellschaft so »abgerichtet« worden ist. Jetzt endlich! nimmt sie ihre Dekonditionierung in Angriff, die schließlich in einer erfüllten lesbischen Beziehung endet: »Vor einem jahr nahm die expedition mit Fenna erkennbare formen an, kurz bevor ich nach Amerika fuhr. Wir gerieten in brachliegende gegenden von menschlicher zuneigung. Ohne anfängliche verliebtheit aufgebrochen, bewegten wir uns eckig um einander herum. Über lange zeit waren wir mit nicht viel mehr ausgerüstet als mit dem wissen, daß wir miteinander zu tun haben wollten – doch selbst reden mußten wir lernen. Wir waren gleichzeitig hilflos und dankbar in dem leeren unausgeloteten Raum.« So sieht das aus.

Was die Lektüre über die allgemeine Gefühlssalbaderei und literarische Ohnmacht hinaus so beschwerlich macht, ist die haushohe Prätention der Stefan, die alle paar Dutzend Seiten wieder auf ihre sprachkritischen Absichten zu sprechen kommt und dann lamentieren zu müssen meint, dass die vorhandene Männersprache ja gar nicht ausreiche, um das zu schreiben, was sie schreiben wolle, dass sie folglich eine ganz neue Sprache erfinden müsse. Ja, Kinder, warum tut sie's dann nicht? Gut, »bohren, reinjagen, stechen, verreißen, einen schlag hacken, mit dem dorn pieken usw.« will sie nicht sagen, weil ihr das zu sexistisch dünkt. Das verstehen wir ja! Aber wenn ihr außer dem kleingeschriebenen Koitus kein anderes Substitut einfällt, dann ist es mit der Spracherfinderei auch nicht so weit her. Mag jetzt vielleicht ein wenig nach Chauvi-Argument klingen, aber wer kann schon raus aus seiner Haut – oder, wie es eine ihrer Freundinnen auszudrücken beliebt: »Aber männer sind doch auch nur abgerichtet!« Genau.

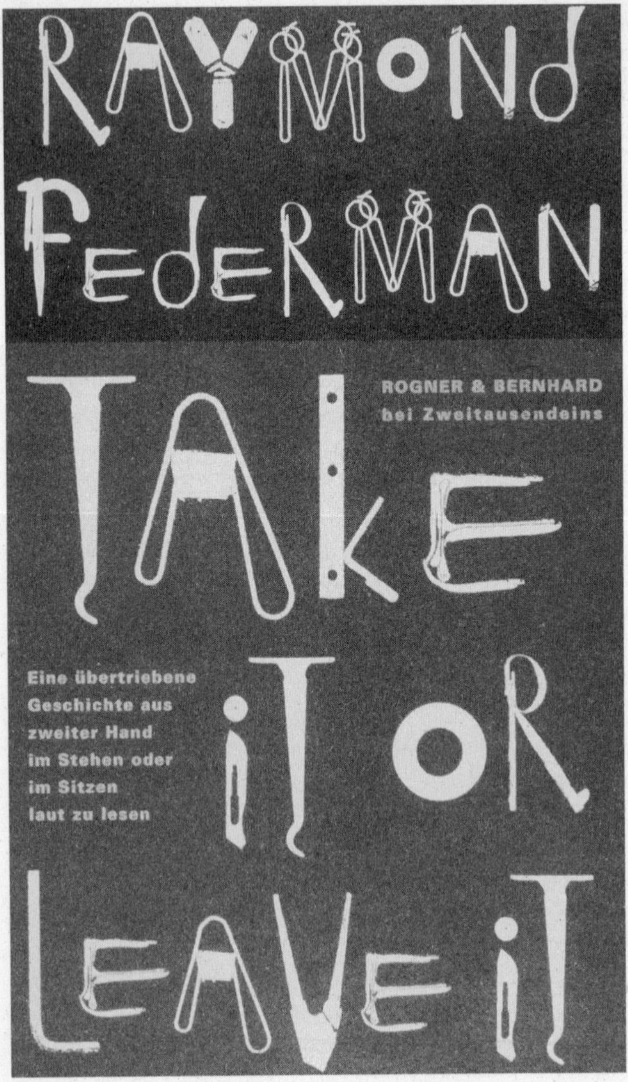
RAYMOND FEDERMAN
ROGNER & BERNHARD
bei Zweitausendeins
TAKE
Eine übertriebene
Geschichte aus
zweiter Hand
im Stehen oder
im Sitzen
laut zu lesen
IT OR
LEAVE IT

Der Schrecken als Leerstelle

Take It Or Leave It von Raymond Federman (1976)

Federman ist Avantgardist. Als solcher erzählt er selbstredend nicht einfach eine Geschichte, sondern schreibt darüber, wie einer von einem erzählt, der eine Geschichte erzählt. Dabei zerstört er spielerisch und mit viel Witz so ziemlich alles, was der traditionellen Romankunst teuer ist: die Kontinuität der Handlung, die bei ihm immer wieder von Digressionen unterbrochen wird und sich erst nach vielen Mäandern rundet (was man so runden nennt!); die Instanz des Erzählers, der sich in verschiedene miteinander konkurrierende Rhapsoden aufspaltet; die Typographie, die nachgerade Amok läuft, sich mitunter zur konkreten Poesie auswächst; die Interpunktion, die häufig gar nicht vorhanden ist; und schließlich das Erzählen selber, das er seitenlang zugunsten essayistischer Einschübe drangibt, in denen er seine poetologischen Vorstellungen umkreist, immer wieder ergänzt und neu formuliert.

»Surfiction« nennt Federman dieses einerseits improvisatorische, bisweilen an die *écriture automatique* der Surrealisten gemahnende, anderseits aber wohl kalkulierte und hoch artifizielle Schreiben. »Surfiction«, das ist die Aufhebung der Realität im Unsinn, die wilde Jonglage mit einer Wirklichkeit, die zu schrecklich ist, als dass der Autor sie einfach so beschreiben könnte. Nur im absurden artifiziellen Spiel, in der ästhetischen Verfremdung kann er sich ihr zumindest nähern.

Wer schon mal einen der Romane Federmans gelesen hat, weiß um den existenziellen Bodensatz dieser Poetik. Er ist Jude und hat den Holocaust überlebt. Sein Vater, ein Pariser Kommunist, seine Mutter und die beiden Schwestern – alle werden von den deutschen Usurpatoren und deren französischen Helfershelfern festgenommen, nach Auschwitz verschleppt und dort ermordet, nur er kann auf einem Bauernhof untertauchen und wandert 1947 in die USA aus. Dieses biographische Schicksal teilen viele seiner Protagonisten mit dem Autor – auch der pikareske Held aus *Take It Or Leave It*, Simon, das erlebende Ich, das nur an einer Stelle des Romans beim Namen genannt wird. Aber diese Vorgeschichte bleibt doch immer ein Schemen, eine Art Schattenriss. Weder Simon noch der eigens dafür eingesetzte »Erzähler zweiter Hand« bringt das Geschehene wirklich zur Sprache: »Ich werde euch nicht mit all den traurigen Geschichten die er mir erzählt hat zu Tränen rühren /o-o/ aber wenn ich euch all den Scheiß erzählen wollte den er mir erzählt hat (die Züge die Lager) wenn ich in allen Einzelheiten und ganz realistisch all das Elend und Leid beschreiben wollte das er erlitten hat (die Lampenschirme die Bauernhöfe die Nudeln) dann würden wir hier nie wegkommen /o-o/ ach ja seine ganze Familie die zu Lampenschirmen verarbeitet wurde (Vater Mutter Schwestern ach ja Onkel Tanten Cousins und Cousinen) ihr würdet es mir nicht glauben (ausgelöscht)!«

Der Erzähler fällt ins Stottern. An anderer Stelle des Buches verschlägt es ihm ganz die Sprache, und nur mehr Chiffren (ein Pentagramm, ein Kreuz und ein Hakenkreuz) stehen dann in vollkommener Abstraktheit für das geschehene Grauen. Der Holocaust ist die große Leerstelle, aber auch das Gravitationszentrum des Romans. Ein schwarzes Loch, über das Federman schreiben muss, aber nicht schreiben kann, und das nur mittelbar Gestalt annimmt, nämlich durch den Erzählstoff, den es an sich reißt und um sich herum anordnet. Solcherart Post-Holocaust-Literatur schließt Komik keineswegs aus, im Gegenteil, das Lachen »hilft einem dabei weiterzumachen zwingt einen ein wenig zu vergessen das ist die einzige Möglichkeit weiterzumachen erfinde dich unter irrem Gekicher neu lach dein Leben in die Worte hinaus nenn es fourire: Lachteratur!«

Entsprechend bemüht sich Federman in seiner postmodernen Adaption des Schelmenromans, sich und seinen Lesern das Lachen nicht vergehen zu lassen. Und das gelingt ihm trotz seiner formalen Mätzchen und narrativen Avanciertheit und dem mitunter auch schon mal ermüdenden Theorieballast durchaus. Nicht zuletzt deshalb, weil er sich gern in ironisch verfremdender Weise populäre Genres anverwandelt: eben den Schelmenroman bzw. dessen moderne cineastische Transformation, den Roadmovie, aber auch die Kolportageliteratur, zumal den Landserroman und den gut gepfefferten Porno-Schinken.

Der französische Emigrant Simon fasst so recht nicht Fuß in der neuen Welt. Nur mit den Frauen und dem Jazz kann er sich sogleich anfreunden. Er hält sich notdürftig durch Gelegenheitsjobs über Wasser, die aber in Zeiten der wirtschaftlichen Rezession immer dünner gesät sind. So meldet er sich, um nicht zu verhungern, zur Army, und landet zufällig bei den Fallschirmjägern, dem notorisch dümmsten Haufen in allen Armeen dieser Welt, wo er als literarisch gebildeter »Frenchy« mit grausigem Akzent sogleich die Rolle des Divisionsclowns spielen muss. Aber seine degenerierten Kameraden erkennen immerhin sein schriftstellerisches Talent. Und so erschreibt er sich bald eine gewisse Machtposition, indem er deren Notgeilheit in Worte kleidet und Liebesbriefe an die daheim wartenden Bräute formuliert. Federman lässt sich denn auch den Spaß nicht entgehen, einen dieser Briefe (mit der Antwort der besungenen Provinzperle) vorzulegen. Das sind schöne Proben seines parodistischen Talents: »Ach! Wenn Du nur wüßtest, mein Goldschatz, wie sehr ich Dich letzte Nacht vermißte, als ich allein, nackt und zitternd unter meiner Militärdecke lag, im einsamsten Augenblick der Nacht North Carolinas die Augen schloß und das Bild Deines süßen und weichen Körpers sah, wie er sich auf meiner Pritsche an mich schmiegte. Oh! Liebes Federhühnchen, bewundernswerter kernloser Pfirsich aus festem Fleisch, glatter und rosiger Körper mit solch lieblichen runden Konturen, samtig wie ein Champignon ohne Stiel, kleine Zuckerschnecke, Landschaft meiner geheimen Träume, wenn ich Dich nur spüren lassen könnte, ja, wie sehr ich mich verzehrte (letzte Nacht, aber auch jede andere Nacht), in Dich zu dringen ... In meinen Träumen sehe ich Deine lüsternen gierigen Hüften und Deine gerade erst gereiften, abenteuerlustigen Schenkel, begierig gespreizt, um dort in Deinen feuchten bepelzten Auen die Ernte meiner nächtlichen Aussaat zu empfangen.«

Trotz dieser ehrenvollen und noch dazu lukrativen Ausgleichsbeschäftigung wird Simon seines Lebens in der 82. Luftlandedivision nicht recht froh. Er meldet sich freiwillig zum Einsatz in den Korea-Krieg, wird einberufen und bekommt vorher noch einen vierwöchigen Sonderurlaub, in dem er nun endlich Amerika, diese »dicke fette Hure«, penetrieren will. Dummerweise passiert ein typischer Armeeirrtum, seine Einheit nimmt den Auszahlungsbescheid für den ebenso nötigen wie fälligen Vorschuss mit nach Camp Drum an die kanadische Grenze, wo sie das Springen bei Schnee trainieren soll. Ohne den geht nichts. Simon fährt also hinterher, um sich dort besolden zu lassen. Zunächst nach New York, wo er ein letztes Mal mit seiner verheirateten Geliebten Marilyn und deren misstrauischem Ehemann zusammentrifft, der dann auch das geplante Schäferstündchen zu verhindern weiß, und dann weiter in den Norden. Er erlebt doch noch einige amouröse Abenteuer, fährt seinen guten alten Buick zu Schrott und kommt schließlich abgerissen und zerschunden bei seiner Kompanie an. Hier hat man den Irrtum natürlich längst bemerkt und den Auszahlungsbescheid zurück nach North Carolina geschickt. Wieder keine Besoldung. Weil »Frenchy« nun aber gerade mal da ist, soll er auch mitspringen. Er bekommt trotz seines Urlaubs den Befehl, springt und bricht sich alle Knochen. Mit Simons unsanfter Landung landet auch die Geschichte wieder an ihrem Ausgangspunkt: Das Selbstmordkommando in Korea, die vorherige Erkundung von Big Mama Amerika – alle seine Zukunftspläne sind vereitelt. Man wird ihn nach North Carolina zurückbringen, zur verhassten 82sten.

Auch diese Zirkelstruktur ist in gewisser Weise existenziell verantwortet. Eingangs heißt es: »Ich möchte ein Buch schreiben wie eine Wolke, die sich verändert, während sie weiterzieht, sagte er.« Das »er« ist Federmans Schriftstellerkollege Ronald Sukenick, und dieses Diktum seinem Roman *Out* entnommen. Federman entgegnet: »Ich möchte eine Geschichte schreiben, die sich selbst auslöscht, während sie weitergeht.« Denn erst indem die Geschichte sich selbst auslöscht, wird sie wirklich unauslöschlich.

Federman versucht dieses Paradox gegen Ende des Romans aufzulösen: »sollte der Sprecher jemals vollkommen deckungsgleich mit dem Gesprochenen sein der Wortmacher … mit den Wörtern, das Schreiben mit dem Geschriebenen«, dann wäre »das Ergebnis der TOD«; »also bleibt als einzige mögliche Strategie, als BESTE MÖGLICHKEIT, alles spontan augenblicklich umgehend auszulöschen, um so einer finalen Auslöschung vorzubeugen«. Mit anderen Worten, nur wenn das Kunstwerk nicht im Leben des Autors aufgeht, wenn es sich vielmehr auf artifizielle Weise von dessen Biographie löst, wenn es sein biologisches Substrat aufhebt, sich mithin zum reinen Geist- und Kunstprodukt sublimiert, nur dann erhebt es sich über das skandalöse Schicksal des Menschen, einmal Freund Hein mit der Hippe ins knöcherne Antlitz blicken zu müssen. Das reine Kunstwerk, in dem der Autor jegliches Leben artistisch transformiert hat, zeugt zwar immer noch von der Geschichte, emanzipiert sich aber gleichzeitig von ihr. Dahinter steht bei Federman der Wunsch, die im Kunstwerk aufgehobene Erinnerung an den Holocaust niemals vergehen zu lassen. Und wie lässt man nun am evidentesten das Kunstwerk dergestalt aus der Zeit fallen? Indem man die lineare Struktur aufbricht, vor- und zurückspringt, abschweift, vor allem aber, indem man das Ende wieder in den Anfang münden lässt, ein Ende auf diese Weise negiert. Die Virtuosität, mit der Federman – hier und auch in anderen Büchern – dieser Zirkelschlag gelingt, hat ihn mit Recht zu einem der bekanntesten Vertreter der literarischen Postmoderne werden lassen …

Der Nachlaß einer Generation

Die Reise von Bernward Vesper (1977)

»Als der deutsche Herbst abgefeiert wurde von den deutschen Intellektuellen – große Betroffenheit herrschte, die Zensur verinnerlicht war, die Diskussion über die Ursachen des Terrorismus einfror –, da kam diese ›Reise‹ dem Feuilleton und den Betroffenheitsanalytikern wie gerufen. Jetzt konnte man am Phänotyp Bernward Vesper alles festmachen, was im politisch-gesellschaftlichen Bereich nicht mehr diskutiert werden durfte, konnte sich an diesem Mann – der zusätzlich die Höflichkeit besessen hatte, sich umzubringen, und sich deshalb selbst nicht äußern konnte – ›Hitlers Kinder‹ erklären und abarbeiten. Natürlich nicht abarbeiten, sondern abseiern.«

Jörg Schröder, Vespers Verleger und Herausgeber des Fragments, hat wohl Recht: *Die Reise* war als kollektive Autobiographie angelegt und wurde denn auch folgerichtig als »Nachlaß einer Generation« (so betitelte Peter Laemmle seine Besprechung in der *Weltwoche*) gelesen. Ob es aber ein gesellschaftliches Tabu – nebst entsprechender Ersatzhandlung – war, wie Schröder annimmt, das für den gewaltigen Erfolg des Buches, von dem innerhalb weniger Jahre über zwanzig Auflagen erschienen, verantwortlich zeichnete? Oder lag es nicht vielmehr am doch nachvollziehbaren Interesse einer breiteren Öffentlichkeit zu verstehen, wie es im Kopf eines (und damit aller?) potenziellen Terroristen aussieht? Eines Terroristen, der Vesper vielleicht nur deshalb nicht wurde, weil er zu individualistisch und literarisch zu ambitioniert war. Nun, wie auch immer, die Öffentlichkeit wurde nicht enttäuscht. Denn obschon es einige Mühe kostet, das Buch von Deckel zu Deckel zu lesen, was wohl auch nur die wenigsten geschafft haben, eines immerhin bietet es schon bei kursorischer Lektüre – eine

VESPER
Die Reise
TRIANGEL
MÄRZ
Ein MÄRZ Buch ar ea im AREA Verlag

Innenansicht jener Generation, aus der sich die bewaffneten Häuserkämpfer rekrutierten.

Bernward Vesper war APO-Aktivist, gehörte zu den Vordenkern der 68er-Generation und hatte maßgeblichen Anteil am Entstehen einer studentischen Protestkultur – er kannte sie alle: die Menschen von der Kommune I, Fritz Teufel, Dieter Kunzelmann, nicht zuletzt die »Selbsthelfer«-Fraktion, Ulrike Meinhof, Andreas Baader und Gudrun Ensslin, mit der er liiert war und ein Kind hatte. Vesper befruchtete und beeinflusste die Meinungsbildung der antiautoritären Bewegung nicht unerheblich – mit der von ihm gegründeten Reihe *Voltaire Flugschriften* und der *Edition Voltaire*, Publikationen, die das theoretische Basiswissen für die Revolte bereitstellten.

Sein Vater war der »Reichsarbeiterdichter«, der Blubo-Literat Will Vesper, dessen völkisch-reaktionäre Propaganda das passende moderig-faulige Milieu bot, auf dem der Giftpils Hitler wachsen konnte – und der auch nach dem Zusammenbruch des Dritten Reichs ein unverbesserlicher Nazi blieb, stramm treudeutsch alle Wege; seine Mutter eine postfeudalistische, ultrakonservative Gutsherrin, die mit harter Hand über ihr Gesinde herrschte – und auch dem Sohn selten Pardon gab. Eine »Kindheitshölle«, der alltägliche Faschismus mithin, dem Vesper nachspürt, den er auch mit soziologischen Kategorien zu analysieren versucht und von dem er ausführlich erzählt – vor allem von seinem Vater Will, den er eigentlich hassen müsste, aber dennoch liebt: »Er nahm den Kindern den Ball weg, wenn man auf dem Hof spielt, können Scheiben kaputtgehen. Im Gras rollt der Ball genausogut, jawohl. Er pfiff die Kinder vom Dach zurück, ein Ziegel könnte zerbrechen, Regen einsickern … Er ruft die Kinder zurück, die quer über die Wiese laufen, statt den Weg zu benutzen … Beim Abendessen wartet jeder, hinter dem Stuhl stehend, bis er sich gesetzt hat. Die Beuge Teller steht vor seinem Platz. Er teilt die Suppe aus. Er tranchiert das Fleisch. Er versucht, alle Wünsche nach einem bestimmten Stück zu erfüllen, aber seine Entscheidungen sind unwiderruflich ... Er schickt den Schwiegersohn fort, der mit kurzen Hosen aus dem Garten zu Tisch kommt. Die Adern an seiner Stirn schwellen an. Er stampft mit den Füßen unter dem Tisch. Dreißig Esser schauen auf ihre Teller. Jemand bricht in Tränen aus und läuft aus der Halle. Er läuft hinterher und verlangt, daß die Tür noch einmal leiser geschlossen werde. Er erklärt auch heute, wer nicht von der Hauptmahlzeit ißt, erhält auch keinen Nachtisch. Es ist verboten, sich in der Küche zu erkundigen, welchen Nachtisch es gibt ... Er stellt fest, welche Früchte im Garten reif zur Ernte sind. Er dringt darauf, jetzt dies einzumachen, das täglich auf den Tisch zu bringen, ehe es alt, holzig, mollicht, überreif wird. Er faßt den Kindern ins Haar und zieht daran. Er fragt die Erwachsenen ab: ›Wo steht das?‹«

Der »autoritäre Zwangscharakter« schlechthin, wie ihn schon früher Wilhelm Reich diagnostiziert hatte. Und alles, wirklich alles in diesem ach so beschaulichen Leben auf dem Triangeler Gut, nahe dem Heidestädtchen Gifhorn, im ehemaligen Reichsgau Ostfalen, ist durchseucht von der braunen Ideologie: »›Katzen‹, sagte mein Vater eines Abends, ›sind eine fremde, unberechenbare Rasse. Sie passen nicht zu uns. Sie stammen aus dem Orient, aus Ägypten. Sie können sich in unserer Natur gar nicht am Leben erhalten, wenn der Mensch sie nicht im Winter durchfütterte und wärmte. Das danken sie uns dann dadurch, daß sie im Frühjahr die Nester ausnehmen. Man kann sie nicht erziehen. Sie ordnen sich in keine Gemeinschaft ein ... Irgendwie sind sie asozial. Die Deutschen lieben die Hunde. Man sieht sie schon auf den Bildern alter Meister ...‹«

Eine solche Sozialisation hinterlässt ihre Spuren. Bernward assimiliert die Gedankenwelt seines Vaters vollständig und löst sich erst in seiner Studentenzeit allmählich davon, tauscht gewissermaßen die alte gegen die neue, linksradikale Weltanschauung, immer ahnend, dass er auch weiterhin mehr von der »ganzen nationalsozialistischen Scheiße« in sich trägt, als ihm lieb sein kann. »Ja, ich wußte genau, daß ich Hitler war, bis zum Gürtel«, lässt er sich im Drogenrausch vernehmen, »daß ich da nicht herauskommen würde, daß es ein Kampf auf Leben und Tod ist, der mein Leben verseucht, seine gottverdammte Existenz sich an meine geklebt hat wie Napalm ..., ich muß versuchen die brennende Flamme zu löschen, aber es ist gar nicht Hitler, ist mein Vater, ist meine Kindheit, meine Erfahrung BIN ICH ...«

So zerrissen, wie es im Kopf dieses, aber eben nicht nur dieses Nazikindes ausgesehen hat, so zerrissen ist schon die vom Autor kalkulierte Struktur dieses »Romanessays«, die noch zusätzlich dadurch aufgebrochen wird, dass das Buch unvollendet geblieben ist: Anfang 1971 nämlich wird Vesper in die psychiatrische Klinik eingeliefert, wo er nach wenigen Monaten, am 15. Mai des Jahres, Selbstmord begeht. Jochen Vogt hat dazu apologetisch, aber schön und durchaus treffend bemerkt, »daß hier ein Stück Literatur, trotz oder auch wegen seiner Unfertigkeit, jenen Ernstfallcharakter gewinnt, der kritische Einwendungen literarischer, moralischer oder politischer Art gewiß nicht widerlegen kann – aber doch zweitrangig werden läßt.« Hier hat einer eben nicht nur sein Alter Ego Werther ins Jenseits befördert.

Aber, wie gesagt, selbst wenn Vesper fertig geworden wäre mit seinem Thema, also mit seinem Leben, wäre ein heterogenes, zerfasertes Konvolut herausgekommen. Das liegt zum einen an seiner Montage- und Collage-Technik. Er kompiliert disparateste Realien: Zeichnungen im Drogenrausch, eine Motelrechnung, Briefe, Abschnitte aus der *Schließform*, der Werkzeitschrift des Georg Westermann Verlages, seines einstigen

Arbeitgebers, Gedichte aus Zeitungsschnipseln usf. Es geht ihm offensichtlich um Authentizität. Mit Arno Schmidts Worten (die Vesper im Vorwort der von ihm herausgegebenen Anthologie *Gegen den Tod. Stimmen deutscher Schriftsteller gegen die Atombombe* zitiert): »Eines aber sollte jeder Dichter einmal leisten: ein Bild der Zeit uns zu hinterlassen, in der er lebte!«

Zum anderen zerfällt die narrative Struktur der *Reise* in drei Erzählebenen: eine Gegenwartsebene, Vespers Bewusstseinsprotokoll zur Zeit der Niederschrift; eine Vergangenheitsebene, auf der er zunächst seine Reise von Dubrovnik über München nach Tübingen und später, in der zweiten Hälfte des Buches, seine Kindheit in der Lüneburger Heide beschreibt (dann unter dem jeweiligen Zwischentitel »Einfacher Bericht«, der zum Ende hin immer mehr Raum gewinnt); schließlich die Darstellung eines LSD-Trips in München (das so genannte »Hofgarten-Erlebnis«), der zwischen den Zeiten hin- und herspringt, Vergangenheit, Gegenwart und Zukunftsschau in visionärer Souveränität eng führt. Diese Ebene der dopegestützten Imagination ist denn auch literarisch die anspruchsvollste; hier herrscht die ungezügelte, mitunter bis zur Unverständlichkeit freie Expression, die durchaus geeignet ist, alle Verdikte von der kunstfernen Studentenbewegung Lügen zu strafen. Ich zitiere mal jene berühmte Sequenz, in der sich ein profaner Bagger vor Vespers Augen in eine riesige Gottesanbeterin verwandelt: »Wir lachten, ich lehnte mich gegen den Bauzaun, betrachtete die Zähne des Greifers, die Kabel, den Hebearm *und sah die Göttin ganz in Gold,* in einem Gewebe aus ziseliertem Golddraht saß sie, eine Kreuzung zwischen Sphinx und thebanischem Löwen, verwittert in den bauchigen Falten, arm- und beinlos, ein mächtiger, quellender Kopfrumpf, auf Krallen schwebend, mit untereinandergeschlagenen Beinen, braungolden leuchtend, mit grünen tiefliegenden Augen, rubinengesäumtem Gewand, Zepter, Krone und Reichsapfel – aber fremd, wie von den großen Flüssen angelandet. Ich war allein mit ihr, sie schwebte, würdigte mich keines Blickes, schaute in eine Zukunft, die keine Rätsel mehr barg, wissend, grausam und doch so, daß sich ihr zu opfern nichts bedeutet hätte, nicht Tod, nicht Verwesung. Sie hätte mich aufgenommen als Asche in die dunklen Höhlungen ihres uralten Metalls. Ich wagte nicht, mich ihr zu nähern, denn ihre Erscheinung, das ahnte ich, war ein Geschenk, eine Gnade, die nicht mir, nicht dieser Stadt galt, sondern die geschah nach sehr weitgreifenden, uns unbekannt bleibenden Gesetzen, nach einem Rhythmus des Auftauchens und Verschwindens. Ich versuchte, ein Wort zu formen, einen Laut aus der Kehle zu lassen, flüsterte ›Die Göttin!‹.«

Solche Passagen sind dann auch der Beweis für die schöne alte These, derzufolge Dope katalytische und entgrenzende Wirkung auf den Schreibprozess zeitige. Überhaupt spielt Rauschgift – gerade in den reflexiven, theoretischen Partien – eine wichtige Rolle in diesem Buch. Vesper macht aus der Droge ein Medikament, mit dem sich die früh angelegte, aus Erziehung und Sozialisation resultierende Konditioniertheit aufbrechen lasse. Das sei zum einen für den Künstler von eminenter Bedeutung, da er nur so seine festen Wahrnehmungsraster durchbrechen und folglich auch nur so zu einer von Stereotypen befreiten, völlig unvoreingenommenen Abschilderung der Wirklichkeit gelangen könne. Einen noch größeren Stellenwert besitze die Droge dann jedoch für die Emanzipation der auch weiterhin komplett faschistischen deutschen Gesellschaft, die durch sie eine reelle Chance habe, ihre unseligen Fixierungen loszuwerden.

Vesper meint das alles ganz ernst, und dieser Ernst ist existenziell, denn er sah an sich selbst sehr genau, wie schwer es war, die anerzogenen Dispositionen wieder loszuwerden. So ist ihm dies trotz seines Drogengenusses auch nicht gelungen, wie Jörg Schröders Auslassungen in der zweiten Folge seiner Reihe *Schröder erzählt* (*Eine Million und fuffzig*) offenbaren. Zwei Jahre nach Erscheinen der *Reise* besucht Schröder Vespers Schwester in Triangel und erhält Einblick in dessen Nachlass. Was er dort findet, sind Briefe »von Gudrun Ensslin an die ›National Zeitung‹, die sie im Auftrag eines Bernhard Michaelsen verfaßte. In einer Zeit, als sie schon ›Gegen den Tod‹, also als junge Linke und Progressive durch die deutschen Lande zogen, tingelten sie als ihre eigenen Undercover-Agenten nicht nur für den Will Vesperschen Nachlaß, sondern auch noch als junge Rechte mit aufrechten Texten von Michaelsen. Wohlgemerkt, ich spreche nicht von Entwicklung, wie Bernward das in der ›Reise‹ darstellte, der junge Nazi, der sein Damaskus-Erlebnis hinter sich hat. Nein, eine lange Zeit war der junge linke Bernward Vesper gleichzeitig auch der rechte Bernhard Michaelsen, der mit dem Scheißdreck vom Lippoldsberger Kreis und dem anderen Schnarchzapfen-Nazimurks korrespondierte und paktierte.«

Der ideologische Bruch Deutschlands geht hier mitten durch eine Person. Auf Dauer war so viel Ambivalenz wohl nicht auszuhalten.

Das allmähliche Überhandnehmen des Grauenhaften

Geht in Ordnung – sowieso – – genau – – – von Eckhard Henscheid (1977)

Es gibt eine Szene in diesem im Wortsinne vielstimmigen, arabesken, in langen, attribut- und metaphernreichen Satzlampions dahinschlängelnden Roman, die dessen Generalthema paradigmatisch verhandelt und symbolisch verdichtet. Moppel, das erzählende Ich, dem wir beim Schreiben seines, eben dieses Romans über die Schulter schauen dürfen, fällt nach zermürbenden und seiner Reputation nicht sehr förderlichen Liebschaften mit Sabine und Susanne, den wilden, promiskuitiven Morlock Sisters, in eine scheinbar »rettungslose Depression«. Jetzt hilft nicht mal mehr die italienische Oper oder eine klassische Symphonie – sonst stets seelenkalmierende Arzneien –, jetzt greift er zum »damals stärksten Gegengift, Kafkas Briefe an Felice Bauer«, aber auch die wirken hier auf einmal nicht mehr. »Ich versuchte eine Zeitlang zäh, dies Gefühl namenloser Nichtigkeit auszukosten, registrierte aber schnell, ich war ihm nicht gewachsen ... Nach mörderischen fünfzehn Minuten bahnte sich die Lösung an. Natürlich! Warum denn nicht gleich! Ich riß die Schallplatte ›Lach doch mal mit Jonny‹ des Volkshumoristen Jonny Buchardt aus dem Plattenständer und legte sie hastig aufs Grammophon. Die Plattenhülle zeigte den Künstler, einen kleinen krüppeligen Mann mit fröhlich glänzendem Gesicht, eingekleidet in einen bläulichen Stangenanzug und ein orangerotes Hemd – marineblau hing aber eine Art Krawatte in der Gegend herum. In der rechten Hand hält Jonny ein Glas, in der linken eine Flasche ›Gordons Dry Gin‹, deren Inhalt dem darüber wohl heftig lachenden Mann bogenförmig ins Gesicht spritzt. Ich be-

Eckhard Henscheid
Die Vollidioten
Geht in Ordnung -
sowieso -- genau ---
Die Mätresse des
Bischofs
Romantrilogie
im Haffmans Verlag

schreibe den Quatsch deshalb so detailliert, weil ich heute davon überzeugt bin, daß mir Jonnys Anblick das Leben rettete. Und ich erinnere mich genau, wie sich bereits bei dieser ersten Betrachtung die Starre meines Gemüts zu einem leisen, lindernden Weinen entkrampfte ...«

Man darf das wohl nicht bloß als ironischen Seitenhieb auf die zeitweilige intellektuelle Niedertracht Moppels verstehen. Nein, hier wird die Oberfläche kurz angekratzt, um zum sehr ernsten, nachgerade heilig ernsten Subtext des Romans durchzustoßen. Es geht um die metaphysische Dimension der Komik, also auch dieses komischen, humoristischen Romans. Denn so volkstümlich, alkoholselig, dumpf-partyhumorig das Komische sich auch immer darstellen mag, ihm eignet – jedenfalls idealiter – immer auch etwas schier Überirdisches, und seine tröstende, die drückende Profanität für Momente aufhebende, schweben machende, eben quasi-religiöse Wirkung ist sogar der hehren Kunst überlegen. Beziehungsweise ist das Komische ja selbst Teil der Kunst und, wie Henscheid auf mehreren hundert Seiten immer wieder unter Beweis stellt, kein geringer.

Dass Alkohol hier in Form einer schier endlosen Reihe von »Sechsämtertropfen«, als kolloquiales Schmiermittel, als Laxativ des Witzes mithin, eine nicht unwesentliche Rolle spielt, wird ebenfalls angedeutet in dem Plattencover. Und so entsagt sein gebeutelter Erzähler Moppel für eine Weile der Frauenwelt und gibt sich dem kalkulierten Suff hin. Tag für Tag besucht dieser »freischaffende Hausbesitzer«, abgebrochene Jura- und Musikstudent, dieser Streuner und Freigeist die Freunde Hans Duschke und Alfred Leobold, die das Personal des lokalen ANO-Teppichladens ausmachen, trinkt mit ihnen – und ein paar assoziierten Kräften – und hört diesen wahnwitzigen, jedoch nicht zuletzt wirklich witzigen Gesprächen zu, die sein Liebesleid, seine Leere, seinen Ennui, diesen ganzen augiashaften psychologischen Scheißdreck einfach fortspülen und das mühsame Existieren für Momente schon beinahe schwerelos erscheinen lassen.

Für den Leser hat es fast den gleichen Effekt. Denn vor allem in der Notation dieses »blitzdummen Gewäschs« zeigt Henscheid seine ganze Kunst. Souverän und virtuos springt er zwischen indirekter Rede, nuancierten Charakterisierungen der Situationen und Sprecher und schließlich dem offenen dialogischen Schlagabtausch hin und her und schöpft so gewaltige Kellen aus der vital brodelnden Ursuppe des provinziellen Wirtshausgeweses. So etwas hatte man zuvor einfach noch nicht gelesen – in Fischarts *Geschichtsklitterung* vielleicht, aber das war lange her.

Hans Duschke zumal, der Donnergreis, der furios wütende Schimpfkanonier, der sich nicht genug darüber ärgern kann, dass er in seinem Alter keine »Büchs«, »Sau«, kein »Pritscherl« mehr abbekommt, läuft hier regelmäßig, »zitternd vor Alltagslust«, zu verbalen Glanzleistungen auf. Er ist der virtuose MC des Tresens, der sein Unglück hinausschreit und es so sublimiert (oder auch nicht). Alfred Leobold gibt den Konterpart. Der nach jahrelanger Sauferei todkranke, von seiner Frau und den Kindern verlassene, tatsächlich leidende Mensch – eine echte Passionsgestalt lässt Henscheid hier den Bach runterrauschen – ist ein Meister der Levitation, der in der trinkenden, bramarbasierenden, sich um Kopf und Kragen redenden Kneipengesellschaft sein partielles Glück findet.

Henscheids Alter Ego ist hingerissen von diesem ruhigen, beinahe stoischen Optimisten und verwendet schließlich seinen Roman dazu, diesem Alltagshelden ein empathisches, humanistisches Denkmal zu setzen. Nicht zuletzt von seiner ganz einmaligen Art, sich zu artikulieren, davon zeugt ja auch der Titel des Romans, lässt sich Moppel mehr und mehr affizieren – und schließlich ahnt er, was all die starken Bejahungen und Affirmationen wohl zu bedeuten haben: »Die Fahrt in Alfred Leobolds L 295 mit Arthur Mogger am Steuer führte durch das wildromantische Gadertal, dessen enge Kurven der Kaufmann so schwungvoll nahm, daß Alfred Leobold aus dem Hintersitz hervor immer wieder ›Arthur, tu halt langsam, tu halt langsam, Arthur!‹ hervorgreinte, und schon zehn Minuten nach Antritt der Tour schlug er jammernd vor, beim nächsten am Weg liegenden ›Sporthotel‹ ein ›Zischerl‹ zu machen. Warum er denn jetzt schon pieseln müsse, tobte überraschend laut der Fahrer Mogger. ›Nein, Arthur, ein Zischerl Bier!‹ jaulte schrecklich schön Leobold, und dann lächelte er gleißend: ›Zuerst ein Zischerl oben rein, dann ein Zischerl unten raus, genau. Addua!‹ In diesem Augenblick schien mir nicht nur Alfred Leobolds Welt wieder ein Stückchen einsichtiger geworden zu sein: um den durchaus heraklitmäßig gedachten Kreislauf des Zischens; endgültig eröffnete sich mir auch der Stellenwert des Wörtchens ›genau‹. Es bedeutete in charmantester Form nicht mehr und nicht weniger als ›grauenhaft‹, seine Massierung aber signalisierte genau das allmähliche Überhandnehmen und Unerträglichwerden des Grauenhaften.«

Und dagegen hilft über kurz oder lang kein »Sechsämter« und auch kein Witz der Welt mehr. Leobold ist dem Tode geweiht und schießt sich schließlich in den Kopf. Leobold muss sterben, damit Moppel endlich wieder anfangen kann zu leben, nicht zuletzt um diesen wunderbaren Roman hier zu schreiben.

Bei der Lektüre der Todesanzeige kommen ihm zwei Gedanken – und sie demonstrieren noch ein letztes Mal Henscheids Methode, dieses irdische Grauen für einen Moment im Witz aufzuheben: »Zum ersten wollte mir scheinen bzw. wuchs sich vorübergehend zur fixen Idee aus, daß es auf dieser Welt zwei Möglichkeiten gibt, mit einigermaßen sensationellen Empfindungen in einen menschlichen Körper einzudringen: den Beischlaf und die Kugel in den eigenen Kopf. Und zweifellos hatte Alfred Leobold, vor dieser theoretischen Alternative einer letzten kleinen Freude, gewandt wie je die interessantere, die spannendere gewählt. Zum zweiten aber verstehe ich trotzdem nicht ganz, warum er nicht wenigstens noch die Fußballweltmeisterschaft abgewartet hatte.«

Das Lebensgefühl des Etagenhundes

Meine Fresse! von Uli Becker (1977)

> *Falls für die Qualität von Literatur auch dies ein Kriterium ist, daß man mit der Lektüre eines Buches nicht mehr aufhören kann, dann ist Uli Becker ein vorzüglicher Schriftsteller. Und das, obwohl er bisher »nur« Gedichte geschrieben hat, Gedichte, deren Inhalte obendrein von einer Alltäglichkeit sind, die traditionelles Literaturverständnis gern aus dem Musentempel verbannt sähe.*
>
> Christian Schultz-Gerstein

Schade, dass ich ihn damals nicht gesehen habe, 1978, als ihn die Edition Nautilus mit eben jenem lyrischen Erstling auf Tour schickte, »Deutschland im Handstreich« zu nehmen. Mit Lyrik, notabene! Das ging damals nämlich noch, beziehungsweise gerade wieder, jedenfalls mit Beckers asphaltharten, seifenschaumzarten, nach schlecht gelüftetem Schlafzimmer müffelnden, riffrockenden, shoutenden, melancholisch-leise summenden und immer sprachgewitzten Gedichten. Und schade auch, dass ich mir *Meine Fresse!* nicht gleich 1977 in dieser unprätentiösen, manche sagen auch hässlichen Nautilus-Edition gekauft habe, denn bald darauf war sie ja vergriffen, und ich musste lange Jahre vorlieb nehmen mit der – vom Dichter allerdings noch einmal ziemlich überarbeiteten, durchaus verbesserten – Haffmans-Neuauflage von 1990. Die hat längst nicht diese anarchische Aura, ist bunt, hochglänzend, poppig-plakativ, kostete aber auch nur zehn Mark und enthält dafür eine schöne »Editorische Notiz«. Fast auch ein Gedicht: »Passiert sind mir diese Gedichte Mitte der 70er Jahre, ›irgendwo ganz spontan‹, mit den Stones auf dem Plattenteller und dem Handbuch der Lebenskunst unterm Kopfkissen; Agitpop-Gedichte, die ausgingen auf eine Einheizfront

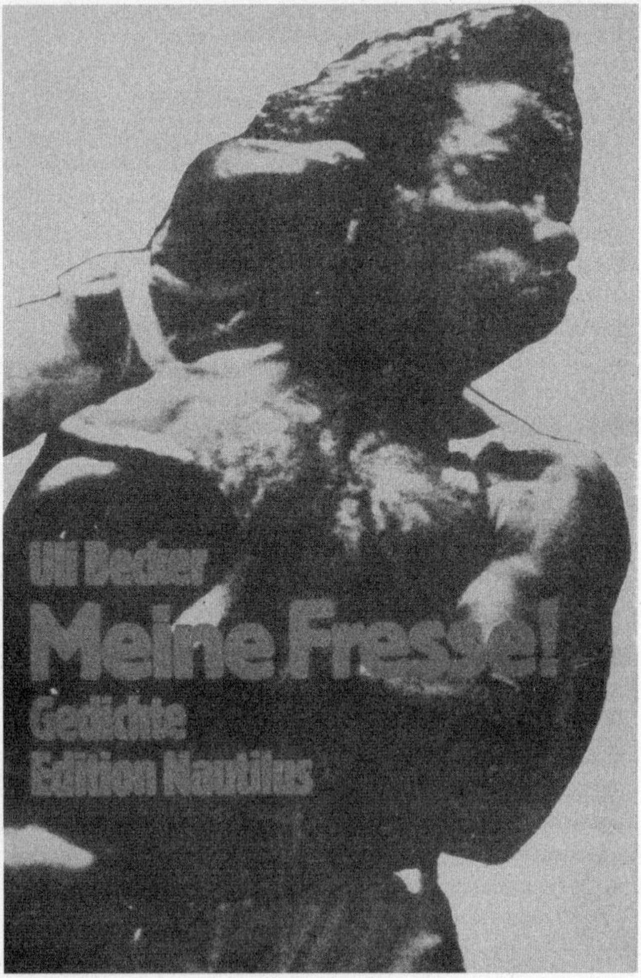
Ulli Becker
Meine Fresse!
Gedichte
Edition Nautilus

von geballter Faust und dito Zunge-in-der-Backe, auf Bewußtseinserheiterung in finsteren Zeiten: ›Meine Fresse!‹ ist herausgekommen in jenem Herbst 1977, als Selbstmord plötzlich ebenso ›machbar‹ war wie der Schulterschluß zwischen Wahn und Wirklichkeit und dieses sprichwörtlich kalte Land einen einsamen Höhepunkt erlebte … kalter Bauer!«

Beckers Lyrik ist »Literatur für Leser«. So hat Volker Hage mal eine Anthologie mit Gedichten aus den 70er Jahren ganz treffend überschrieben, Becker aber findet mit keinem einzigen Wort Erwähnung – dabei hätte Hage, um auf ihn zu kommen, nicht einmal über den Tellerrand des *Zeit*- respektive *Spiegel*-Feuilletons hinausblicken müssen, da ist er durchaus und zustimmend besprochen worden. Man kann über sie schreiben, man kann sie auch interpretieren, aber man braucht zur Lektüre keinen Handapparat aus Wörterbüchern und Enzyklopädien, es ist selten wirkliche Dechiffrierarbeit nötig. Das heißt, die Poesie dieser Verse entsteht nicht aus ihrer Verrätselung (auch schon mal, sicher, aber das macht sie nicht eigentlich aus), es ist die reine, nicht selten krude Wirklichkeit, die da plötzlich so poetisch wird, weil sie nach einer von Beckers gefürchteten rechten Geraden an der Augenbraue zu bluten beginnt.

Becker schreibt Gelegenheitsgedichte im besten Sinne. Texte also, die den Augenblick einfrieren, die aber auch jene günstigen und ungünstigen Gelegenheiten, in denen sie entstanden sind, spiegeln – also die historische, politische und vor allem verbale Wirklichkeit mitstenographieren. Deshalb ist gerade sein erster Gedichtband auch eine Fundgrube für Zeit- und Sprachgeschichtler – und natürlich Nostalgiker. Wer die 70er Jahre verstehen will, muss eben nicht Botho Straußens *Paare, Passanten* lesen, sondern Beckers Gedichtband *Meine Fresse!*. Reicht völlig, und mehr Spaß macht's überdies: »Das Lebensgefühl des Etagenhundes / der sich Lassie in Farbe ansieht / und dann wortlos / seinen Gummiknochen unterm

Teppich / vergräbt / und du fragst: / ›Was hab denn ich damit zu tun?‹ / … / Das Befremden / beim Anblick einer Stulle mit Aldisalami / Du beißt ab, du schlägst die Zeitung auf / und alles was dir dazu einfällt / ist ein lustloser / stummer Furz auf dem Stahlrohrküchenstuhl / … / Ein Lebensgefühl wie Aschermittwoch / wenn die säuerlich riechenden Kotzlachen in der Altstadt rumliegen / und alle aussehen wie Dr. Oetker / Tiefkühlpizzas / und du denkst: / ›Wer weiß, zutrauen würd ich's denen!‹«.

Hier haben wir die Dekade in einer Nuss. All die Phrasen, Slogans und Sprüche, das Lebensgefühl, die Dinge. Den (urbanen) Alltag mit anderen Worten. Und im Alltäglichen spiegelt sich allemal das Politische. Wer sich nicht vorstellen kann, wie wohl linke Desillusionierung im herbstlichen Deutschland ausgesehen haben mag, bekommt nicht nur im langen Stammheim-Gedicht »Rübe ab!« einiges Anschauungsmaterial geboten: »In Berlin fangen die Studenten wieder an / Zu wetten, wie viele von ihnen / Sich in einen Mini reinzwängen lassen / Die Presse kriegt vom Sponsor 'nen Freßkorb / Und schreibt: ›Diese jungen Menschen / Sind der fleischgewordene Beweis / Wie radikal die Tendenz sich gewendet hat! / Weg vom allzu weichen 2 CV / Zurück zum spurtreuen Austin / Mit seiner bewährten harten Federung‹ / Als ich das per Zufall lese / Muß ich lachen, kurz und trocken / Und gefragt, wie ich das finde / Sage ich: ›Zum Schießen!‹ / Wie immer schlagfertig, sogar viel zu fertig / Um es tatsächlich zu tun«.

Seine Poetik des Profanen hat Becker der »American Beat Generation« – und den ihr wie auch immer verwandten und assoziierten Autoren – abgeschaut: Alan Ginsberg, Frank O'Hara, William Carlos Williams, Charles Bukowski und deren deutschen Adepten Rolf Dieter Brinkmann und Jörg Fauser, um nur ein paar Beispiele zu nennen. Ebenso wichtig, als Stichwortgeber und Gewährsmänner, sind ihm freilich die

Dadaisten; auch sie eint das Interesse am Banalen und Trivialen, am Einerlei und Allerlei der Alltagssprache – den Medienmüll immer eingeschlossen –, und bei ihnen hat er wohl auch gelernt, was sich mit dem Wortspiel so alles Witziges anrichten lässt. An erster Stelle muss man hier Walter Serner nennen, von dem auch Beckers Konfirmationsspruch stammt (dem Gedicht »Die Wahrheit über Picassos Periode« vorangestellt): »Jahrhunderte hindurch wurden in alle Dinge Tiefen hineingeheimnist, die sie niemals hatten. Das hat sehr viel Unheil angerichtet. Banalisiere die Dinge und du wirst Erfolg ernten und Chancen säen.«

Die Wahrheit steckt im Detail. In der versauten Suppenreklame »Etwas Warmes braucht der Mensch« ebenso wie in der »kleinen hochgestellten 1 bis 3« hinter der Currywurst, in der protestantischen Aufstehparole »Inneren Schweinehund überwinden« wie im »Frauenkalender (lila Kuli)« – oder in einer Kontaktanzeige: »Spritziger Vollbart, 36, will Zweisamkeit / mit frisch rasierter Asiatin, die ihm mit / Geduld und Spucke die Nudel weichkocht«.

Und doch, wehe, wehe … Hinter dieser Komik und forcierten Laxitüde erkennt man schon sehr bald den tiefen Melancholiker, der alle seine Verse mit der eigenen überlaufenden schwarzen Galle grundiert. Dabei zusehen zu dürfen, wie dieser Rhapsode in Blue Jeans ordentlich Fahrt aufnimmt, um in der Steilkurve nicht abzurutschen, das ist zutiefst anrührend und, wenn das Wort erlaubt ist, uns gemäß.

Die Geschichte dieses Sommers
Findet eben nicht bloß zwischen den Laken statt
Das sind auch die gespenstischen Containertrecks
Die im Schutz der Dunkelheit
Endlos durch die laue Nacht rattern
Und klammheimlich den Atommüll

In die stillgelegten Salzbergwerke schaffen
Wenn die Leute entweder schlafen
Oder besoffen sind
Oder Liebe machen wie wir
Und dabei was anderes im Kopf haben
Als so ‘ne waschechte Apokalypse
Mit radioaktiven Mutanten und allen Schikanen
Und dazu gehören auch, um ein paar Ecken
Daß wir als Jungs immer winkend
Auf der Autobahnbrücke gestanden
Und den Wagen hinterhergesehen haben
Wir warteten auf große Mercedesse
Und schrieben bestenfalls mal ‘ne seltene Nummer auf
Dann fuhren wir mit dem klapprigen Fahrrad
Nach Hause und vergaßen beim Eis zu zehn
Die große Sehnsucht

Schrotti überalli

Rom, Blicke von Rolf Dieter Brinkmann (1979)

Er war too much für euch, Leute
Wolf Wondratschek

1975, kurz bevor Brinkmanns wohl bekanntester Gedichtband *Westwärts 1 & 2* erscheint, kann man in der *Bild*-Zeitung, in literarischen Angelegenheiten immer voll auf der Höhe, eine brandaktuelle Meldung lesen: »dpa. London, 26. 4. Der 35jährige Dichter Rolf Dieter Brinkmann (›Die Umarmung‹) ist in London von einem Auto überfahren worden. Er starb.« Nicht gerade ein Rock 'n' Roll-Tod, schon gar kein Heldentod (obwohl einige Dunkelmänner der Szene etwas von Selbstmord raunten oder, noch abseitiger, eine anonyme Erledigung eines ungeliebten Autors herbeilogen). Aber, wer weiß, wenn ihn damals kein Auto erfasst hätte, dann wäre der Gedichtband vielleicht auch kein Bestseller (jedenfalls für einen Lyrikband) geworden, hätte man ihm keinen Petrarca-Preis verliehen und vermutlich auch nicht den Heiligenschein der Hochliteratur aufgesetzt. Denn bis zu seinem Tod galt er bei einigen literarischen Kennern zwar als Geheimtipp und bei Stipendienvergabekommissionen als durchaus förderungswürdiger Autor, in der breiten Öffentlichkeit aber wurden seine Texte eigentlich nicht wahrgenommen. Mittlerweile geht es ihm wie Arno Schmidt: Eine Fan-Gemeinde schart sich um seine Texte und ergeht sich in tiefsinniger Exegese. Dabei hatte Brinkmann mit teutscher Grübeligkeit nun gar nichts am Hut. Das Profane interessierte ihn vor allem, denn von Frank O'Hara hatte er gelernt, »daß schlechthin alles, was man sieht und womit man sich beschäftigt, wenn man es nur genau genug sieht und direkt genug wiedergibt«, zur Kunst werden kann. Und einfach wollte

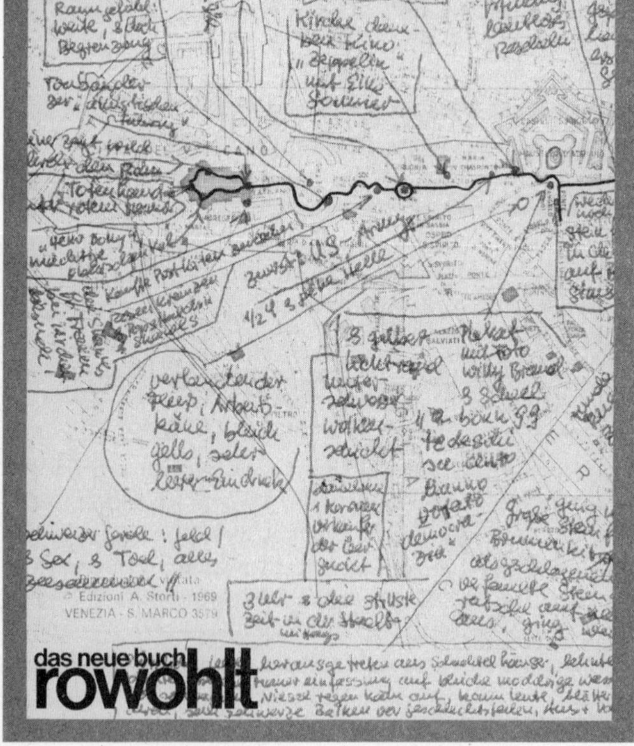
Rolf Dieter Brinkmann
Rom, Blicke
© Edizioni A. Storti - 1969
VENEZIA - S. MARCO 3579
das neue buch
rowohlt

er sein: »Ich hätte gern viele Gedichte so einfach geschrieben wie Songs. Leider kann ich nicht Gitarre spielen, ich kann nur Schreibmaschine schreiben, dazu nur stotternd, mit zwei Fingern. Vielleicht ist mir aber manchmal gelungen, die Gedichte einfach genug zu machen, wie Songs, wie eine Tür aufzumachen, aus der Sprache und den Festlegungen raus«, schreibt er in seiner wahrhaftig etwas stotternden Vorbemerkung zu *Westwärts 1 & 2*. Die Sprache mit ihren Festlegungen sprachlich hinter sich zu lassen, die Einmaligkeit des Augenblicks, der versprachlicht schon wieder einer von vielen ist, trotzdem in Worten festzuhalten, das sind die paradoxen Forderungen an seine, an jede Literatur. »Einübung einer neuen Sensibilität« heißt das Programm; eine Sensibilität, die sich nicht mehr blind auf Worte verlässt, weil sich mit diesen Keksförmchen nur genormte Figuren aus dem großen Teig des Lebens ausstechen lassen. Deshalb ergänzt Brinkmann schon in seinem ersten Gedichtband *Godzilla* (1968) seine Texte mit hübsch authentischem Bildmaterial: drallen Bikinischönheiten aus der Hochglanzpresse.

Die logische Folge ist die Text-Bild-Collage, der er sich seit etwa 1971 widmet; am eindrucksvollsten eben in *Rom, Blicke*, diesem erst postum publizierten Album, das in Fotos, Postkarten, Quittungen, Stadtplänen, Collagen, Briefen an seine Frau Maleen sowie an Freunde und Kollegen, Lektürenotizen und fremden Texten seinen Aufenthalt in der Ewigen Stadt authentisch, möglichst eins zu eins abzubilden versucht. Eine gigantische Hasslatte: »Schrotti überalli«. Kaum etwas hält seinem Exekutorenblick stand: nicht die Mitstipendiaten an der Villa Massimo, nicht die Linksintellektuellen, nicht der Kulturbetrieb, ein paar literarische Solitäre allerhöchstens – und seine Frau, der er seitenlang und beinahe quälend minutiös seine Befindlichkeiten beschreibt, quälend auch deshalb, weil er jegliche Stilisierung fahren lässt, ein amorphes Ad-hoc-Protokoll liefert, das auf den Leser keine Rücksicht nimmt (in dieser Form von Brinkmann aber ja auch nicht zum Druck vorgesehen war).

Rom wird ihm zur Großmetapher für die verwesende Zivilisation, ihren äußeren wie inneren Zerfall, für das zum Untergang verurteilte Abendland. Ein Katastrophismus, den er auch bei Hans Henny Jahnn, Gottfried Benn und Arno Schmidt vorgefunden hatte und sich Anfang der 70er Jahre anverwandelte, in jener Zeit, als er die Hoffnung auf eine Sensibilisierung und damit auch Veränderung der Gesellschaft durch die Pop-Subkultur aufgeben musste. Die revolutionären Zeiten waren vorbei, die ehemaligen Protestler begannen bereits, stramm durch die Institutionen zu marschieren – und erkannten so langsam die klimatischen, kulinarischen und anderen Vorzüge der Toskana.

Durch Brinkmanns rücksichtsloses und nachgerade dokumentarisches Stenogramm bekommen wir allerdings auch einen detailreichen Einblick in die Kulturszene der sich langsam sedierenden Protestgeneration: Kleidungs- und Diskussionsgebaren, Haartrachten, Strategien der Stipendienakquisition und andere Nichtigkeiten des intellektuellen Alltags, die man in keiner Kulturgeschichte findet. Ob es aber als Werk wirklich gelungen ist? Um das zu beurteilen, müsste man es wirklich mal von Deckel zu Deckel lesen. Aber man kommt nicht durch damit. Beeindruckend, doch, das ist es schon, dieses monomanische, alles, das heißt auch sich selbst sezierende Bewusstseinsprotokoll, aber über weite Passagen eben auch von einer prosaischen Nichtigkeit, einer Durchschnittlichkeit, stellenweise sogar von einer Dummheit und dumpfen Spießigkeit, die man diesem Renegaten und Rock 'n' Roller eigentlich gar nicht zugetraut hätte. Wenn er zum Beispiel seine Frau lobt für einen gut geschriebenen Brief, dann hat das etwas so altväterlich Pädagogisches und wird mit einer Präzeptorengeste vorgetragen, dass man sich beinahe an Kleists unselige Brautbriefe erinnert fühlt:

»Es ist für mich auch erstaunlich zu sehen, mit welcher selbstverständlichen Sicherheit Du von Dir geschrieben hast, und wie treffend Du Vorgänge beschrieben hast ... Ich habe seit langem keinen derartig sicheren und sinnlich klaren Brief mehr erhalten ... Das ist mein Eindruck, und es ist eigentlich unnötig, wenn ich dir sage, daß es ein guter Eindruck ist. Ich wiederhole mich nur. – Erstaunlich ist aber auch für mich, warum Du nicht öfter Dich so ausdrückst, denn das ist mir unverständlich, bei der Klarheit und Einstellung zur Genauigkeit und bei dem ruhigen und sicheren Blick. Du solltest das nicht vernachlässigen.

Dein Brief hat in den Beobachtungen und dem Beschreiben Deiner Situation keinerlei Ideologie, das macht ihn angenehm, und die beschriebenen Situationen werden klar, sie sind deutlich.« Und so fort und fort.

Aber gerade, wenn die Lektüre einmal mehr zu enervieren beginnt, dann landet man bei einer dieser kleinen lyrischen Inseln, die dann doch wieder versöhnlich stimmen: »Ich komme aus dem Moor, ich habe schwarze verkohlte Bahnböschungen hinter mir gelassen, früher Rock 'n' Roll darüber geweht, verbranntes Stangenpulver, ein ausgebleichtes Kornfeld im Sommer mit hineingetretenen verwirrenden Gängen, den Geruch von blühender zerriebener Kamille, und ich bin durch Großstädte geschleift, ich bin in Urinlachen geschwommen und habe allerlei dunkle Dinge gesehen und habe einiges kurz davon gekostet – was also solls, was die ›moderne‹ Welt mir zu bieten hat?«

Ein Resümee? Brinkmanns Lyrik ist wohl bedeutender, aber mehr Magisterarbeiten hat eben *Rom, Blicke* gezeugt. Da kann man nichts machen.

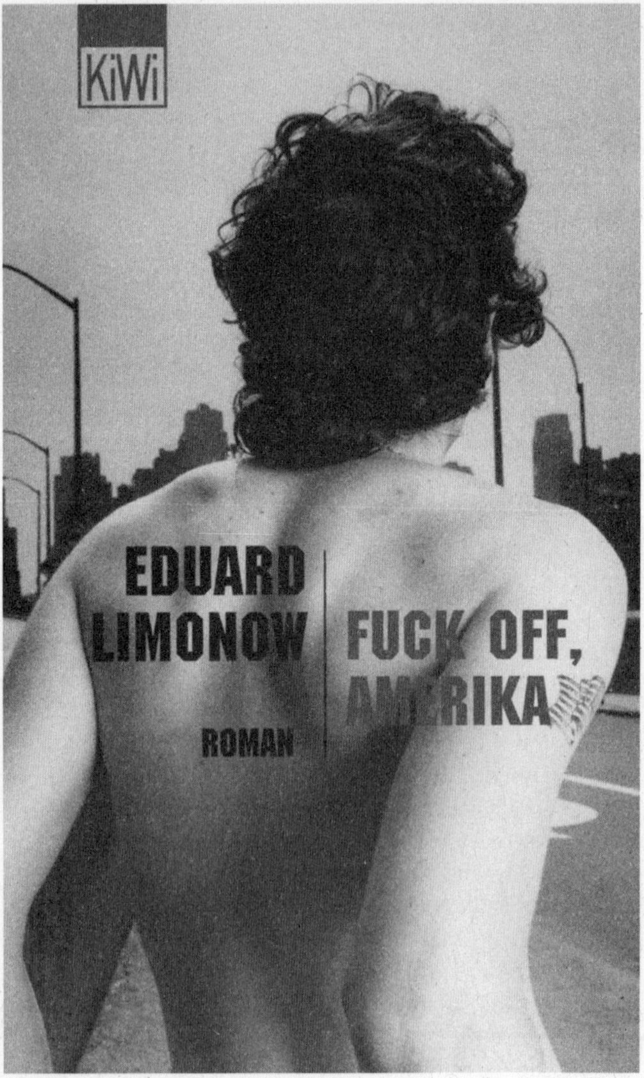
KiWi
EDUARD
LIMONOW
FUCK OFF,
AMERIKA
ROMAN

Ein geniales Monstrum

Fuck off, Amerika von Eduard Limonow (1979)

Das Buch, 1982 erstmals auf Deutsch erschienen, ist der erste, konsequent autobiographische Roman des sowjetischen Samisdat-Lyrikers Eduard Limonow, der in den 70er Jahren dem KGB offenbar zu populär und deshalb zur Emigration gezwungen wurde. Nach einer Zwischenstation in Wien lebte er eine Weile in New York, der Hauptstadt des Klassenfeindes, und von dieser Zeit erzählt sein Romandebüt. Einer Zeit der tiefen Kränkungen, der existenziellen Enttäuschung und Einsamkeit: Er versteht die Sprache nicht, fühlt sich gesellschaftlich ausgestoßen, lebt von ein paar Wohlfahrtsdollars, kommt ziemlich herunter, seine flatterhafte Frau läuft ihm davon, und – für den maßlosen Egozentriker die größte Beleidigung – kein Mensch interessiert sich für das lyrische »Genie«. Und dabei glauben alle russischen Renegaten, und sie werden von den euphemistischen Sonntagsreden der Dissidenten noch in diesem Glauben bestärkt, »die Sowjetunion sei das Paradies der Mittelmäßigkeit, doch in Amerika wisse man Begabung zu schätzen. Welch ein Irrtum! Dort herrscht das ideologische Kalkül, hier das kommerzielle.« Folgerichtig hasst Limonow den vermeintlich so meinungsfreien Westen mit einem Furor, wie er ihn für die UDSSR vermutlich niemals aufgebracht hat. Sein Roman, der sich streckenweise zu einem antikapitalistischen bzw. anarchistischen Pamphlet auswächst, ist also zunächst emotionaler Blitzableiter, zugleich aber auch ein aufrichtiges, sich selbst nie schonendes, die eigene Hybris, Ehrpusseligkeit und Larmoyanz nie beschönigendes Protokoll einer Selbstbehauptung. Limonow, nicht immer frei von Anfechtungen, macht sich gerade, beißt die Zähne zusammen, nimmt noch einen Schluck aus der Wodkaflasche und verweigert jegliche Assimilation – im guten alten Anarchismus findet er dann zumindest ein ideologisches Zuhause: Wenn beide Systeme korrupt sind und nichts taugen, muss eben gleich die ganze Zivilisation über den Jordan gehen … Die Agitprop-Geschütze ballern ziemlich großkalibrig, beeindruckend ist jedoch eher die Genauigkeit, mit der Limonow die unterschiedlichen Milieus beschreibt, auf die so ein Verbannter wie er notwendig trifft: die eitle Künstlerboheme, die wortreiche, aber tatenarme Salonlinke, die illusionslose Emigrantenszene. Nirgendwo fühlt sich Limonow so richtig wohl, nur bei den Pennern, Kriminellen und Schwarzen, den anderen gesellschaftlichen Outcasts mithin, erfährt er Momente der Solidarität, Freundschaft, Zärtlichkeit. Dass er es für eine Weile nur mit Männern treibt, weil seine große Liebe ihn verlassen hat, und recht explizit davon zu berichten weiß, hat bei Erscheinen des Buches für einen Skandal gesorgt. Das war 1979! Seine Wiederauflage 2004 verdankt es wohl eher dem Antiamerikanismus, der gerade mal wieder Konjunktur hatte. Als US-Hass-Klassiker taugt es allerdings nur wenig, denn Limonows Vorwürfe resultieren ja, er weiß das selber nur zu gut, vor allem aus seiner Maßlosigkeit und Egomanie. Sein Schicksal lässt sich nicht verallgemeinern. Er ist eben kein exemplarischer Fall – er ist Limonow, »die unmögliche Person«, »ein geniales Monstrum«, »der Nationalheld«!

Dass er in der jüngeren Vergangenheit mehr durch rechtsradikales Posertum von sich reden gemacht hat als durch eine Literatur, die der Rede wert wäre – so richtig überrascht einen auch das nicht.

Die letzten Bestellungen, bitte

Per Anhalter durch die Galaxis von Douglas Adams (1979)

Just in dem Augenblick, in dem Arthur Dent verhindern will, dass sein Haus abgerissen wird, um einer seit längerem geplanten, aber im Grunde geheim gehaltenen Schnellstraße Platz zu machen, passiert das Gleiche mit der Erde. Sie wird verdampft von der interstellaren Baukolonne der Vogonen, die vom »Galaktischen Hyperraum Planungsrat« den Auftrag bekommen hat, eine »Hyperraum-Expreßroute« quer durch die Milchstraße zu bauen. Die Erde ist im Wege und wird kurzerhand beiseite geräumt.

Einwände der betroffenen Erdlinge werden abgeschmettert mit der Begründung: »Es gibt überhaupt keinen Grund, dermaßen überrascht zu tun. Alle Planungsentwürfe und Zerstörungsanweisungen haben fünfzig ihrer Erdenjahre lang in ihrem zuständigen Planungsamt auf Alpha Centauri ausgelegen. Sie hatten also viel Zeit, formell Beschwerde einzulegen, aber jetzt ist es viel zu spät, so ein Gewese darum zu machen.«

Arthur hat Glück im Unglück, er überlebt. Sein Freund Ford Prefect gibt sich als auf der Erde gestrandeter kosmischer Reisejournalist zu erkennen, der den Auftrag hat, die veritable Universalenzyklopädie *Per Anhalter durch die Galaxis* zu aktualisieren, und nimmt ihn nun mit auf die Reise durch die Universen. Zunächst einmal kommen sie als blinde Passagiere bei der vogonischen Baukolonne unter, werden aber bemerkt und an die Luft gesetzt, und so ergibt sich das nächste absurde Weltraumabenteuer und das nächste und nächste …

Diese Science-Fiction-Groteske gehorcht nur einem einzigen Zweck, möglichst kurios und damit witzig zu sein. Nach Logik darf man hier nicht fragen, übrigens auch nach Erzähllogik nicht, die wird ständig unterlaufen, wie es der frei flottie-

Douglas Adams
Per Anhalter durch die Galaxis
Rogner & Bernhard

renden Phantasie und Adams' Witz gerade in den Kram passen. Man kann dem Autor gewissermaßen beim allmählichen Fortspinnen seiner Geschichte zusehen. Und das ist auf den ersten hundert bis hundertzwanzig Seiten, großzügig geschätzt, streckenweise gut und witzig. Das Buch enthält zwar genügend auch damals bereits wertlose Jux-Fossilien – etwa, wenn die Vogonen ihren Opfern Ford und Arthur, bevor sie jene in den Weltraum expedieren, noch Gedichte vorlesen, um sie zu quälen: Das ist dann wohl nicht mehr als ein Derivat vom alten Asterix-Witz am Ende jedes Heftes –, aber man muss auch lachen. Oft sogar. Ganz wunderbar gelingt Adams zum Beispiel die Pubszene kurz vorm Untergang der Erde – mit Dialogen wie diesem hier: »›Sehen Sie sich das Spiel heute nachmittag an, Sir?‹ Ford drehte sich zu ihm um. ›Nein hat keinen Zweck‹, sagte er, und guckte wieder aus dem Fenster. ›Was denn, ausgemachte Sache für Sie, Sir?‹ fragte der Barmann, ›Arsenal ohne Chance?‹ ›Nein, nein‹, sagte Ford, ›es ist nur, daß die Welt gleich untergeht.‹ ›O ja, Sir, das sagten Sie‹, sagte der Barmann und guckte über seine Brille diesmal zu Arthur rüber. ›Glück für Arsenal, wenn's stimmt.‹« Ein paar Seiten weiter lässt er sich allerdings doch von Fords Ausführungen ein wenig das Herz beschweren: »Der Barmann räusperte sich. Er hörte sich sagen: ›Die letzten Bestellungen, bitte.‹«

Nicht alle Szenen sind so gut, aber es gibt noch ein paar weitere. Auch die eingeschobenen, die Handlung vielleicht einmal zu oft retardierenden Artikel aus dem Handbuch *Per Anhalter durch die Galaxis* lesen sich ganz amüsant. Problematisch, und mit zunehmender Lektüre immer problematischer nimmt sich dann jedoch die forcierte Willkür der Geschichte aus, die absolute Anarchie des Plots, die uns im Verlauf des Romans einigermaßen ennuyiert. Wenn es kaum eine Regel gibt, die nicht auf den nächsten fünf Seiten wieder durchbrochen wird, dann ist der witzige Regelbruch bald keinen müden

Lacher mehr wert. Wenn ohnehin alles egal ist, dann soll uns schließlich auch das egal sein. Und wenn solche fiktionale Anarchie auch noch die Lizenz der Science-Fiction braucht, bei der ja ohnehin sehr vieles egal ist, dann erst recht.

Aber, das muss man konzedieren, Adams' Erfindungen waren immerhin so suggestiv, dass sie sich in das kollektive Gedächtnis der jungen Menschen einstanzten, dass sie, eine Zeit lang wenigstens, zum konventionellen Schulhofgespräch gehörten – und auch späterhin abrufbar blieben: Eddie, der sich um Kopf und Kragen sabbelnde Bordcomputer, der Pangalaktische Donnergurgler, der Babelfisch, der melancholische Roboter Marvin, Trillian, Zaphod Beeblebrox ... – das waren die Tage, meine Freunde!

Der richtige Auftakt

Der Schneemann von Jörg Fauser (1981)

Ein Krimi. Also ist da zunächst einmal die Handlung. Der ziemlich heruntergekommene, auf Malta weilende und dort illegal Pornos im allerkleinsten Stil verhökernde All-Time-Loser Blum – seinen Vornamen verrät er niemandem, nur Mr. Hackensack, der in die Halbwelt abgerutschte Ex-CIA-Agent hat im Finale ein Einsehen mit dem Leser: Siegfried heißt er –, Siegfried Blum also hat Glück im Unglück. Der Koffer mit seinen letzten Pornos wird ihm gestohlen, aber er kommt dabei durch Zufall in den Besitz eines Gepäckscheins, einzulösen am Münchner Hauptbahnhof. Sein Visum läuft ab, und er bemerkt, dass er verfolgt wird. Also verlässt er die Insel, löst in München den Schein ein und gerät an fünf Pfund hohes C – Coco – Koks – Schnee – – Kokain also.

Jetzt weiß er, warum er gesucht wird, aber auch, was nun zu tun ist. Er versucht, den Stoff möglichst unauffällig zu verdealen, um von dem Erlös, gut fünfhunderttausend Mark, auf einer Südseeinsel eine neue Existenz zu gründen. Das allerdings ist für einen blutigen Anfänger wie ihn nicht ganz so einfach. In der Münchner Schickeria wird er eine so große Menge nicht los, also probiert er es in Frankfurt, auch da platzt ein Geschäft, weil nun langsam die Polizei auf die Modedroge Kokain aufmerksam wird und einen anderen Lieferanten schnappt.

Blum lernt Cora kennen, eine Spitzelin, die sich im Auftrag eines Münchner Gauners an seine Fersen geheftet hat, schließlich aber die Seiten wechselt, weil sie sich in ihn verliebt. Blum erfährt durch Zufall von ihrem Doppelspiel und flüchtet nach Amsterdam, auch hier scheitern mehrere Geschäfte. Cora taucht noch einmal auf und verlässt ihn dann für immer, nachdem er sie wieder zurückgewiesen hat. Schließlich wird er von

Jörg Fauser
DER
SCHNEE
MANN

Mr. Hackensack, einem flüchtigen Bekannten aus Malta, den er die ganze Zeit über zu erreichen versucht hat, weil er sich von ihm Hilfe erwartet, ins belgische Ostende bestellt. Finale.

Rossi, der eigentliche Besitzer des Rauschgifts, taucht auf und nimmt Blum den Stoff wieder ab, dann greift Hackensack ein, der eigentliche Drahtzieher des Geschehens. Er hat bereits auf Malta versucht, an die Drogen heranzukommen, ist Blum gefolgt und nimmt nun seinerseits Rossi in die Mangel. Auch Blums Freund Larry steckt mit Hackensack unter einer Decke – alte Vietnambekanntschaft! Gemeinsam wollen sie mit dem Kokain eine Insel kaufen und laden nun Blum ein, bei ihnen einzusteigen, aber der lehnt ab. Im Grunde ist und bleibt er ein Moralist, der zwar aus Pragmatismus das Gesetz schon mal etwas freizügiger auslegt, aber mit den wirklichen Verbrechern nichts zu tun haben will. Am Ende ist er der Verlierer – und vielleicht doch nicht so ganz: »Ihm war ja nichts passiert. Und das, was ihm passiert war, passierte allen jeden Tag. SOS, das war jede Minute an Land … Er steckte sich die letzte Zigarette an. Vielleicht sollte ich sie mit dem letzten Geldschein anmachen, dachte er, aber so frei wurde man doch nie. Man blieb, was man war, man hatte noch Glück dabei, man wurde, was jeder werden wollte, ein Sieger im Kleinen, auf der langen Strecke zwischen Sekt und Selters.« Wer hat was vom Siegen gesagt, Überleben ist alles!

Der Schneemann ist nicht nur ein Krimi, sondern auch ein Schelmenroman – mit Blum als »tumbem Toren«, der durch die Welt reist und sie eigentlich nicht versteht. Nur dass er am Ende nicht sein Glück macht, wie es die Gattung will, sondern der kleine mediokre Einzelgänger bleibt, der Möchtegern-Desperado mit den abgeschmackten Sprüchen, die er aus amerikanischen Kinofilmen geklaut hat. Die episodische Handlung passt da ganz gut zu, ist ja auch genretypisch. Auch wenn man mitunter den Eindruck haben kann, als sei die pikareske Struktur wohl auch aus der erzählerischen Not geboren. Denn Fauser hat die Fabel nicht immer voll im Griff. Da ist nicht jede Volte, die Blum und seine Antagonisten schlagen, wirklich logisch, schon gar nicht motiviert. Da kommt es auch schon mal vor, dass ein Unbekannter aus heiterem Himmel und mitten in Amsterdam auftaucht und Blum einen Zettel mit neuen Handlungsanweisungen zusteckt. Ein alter Kolportagetrick. Wenn etwa die antiken Dramatiker sich nicht mehr zu helfen wussten, weil sie sich im Handlungsknäuel endgültig verheddert hatten, schickten sie den Gott aus der Maschine ins Rennen.

Für dieses unkalkulierte, ein bisschen vielleicht auch anarchische Schreiben Fausers spricht nicht zuletzt der Umstand, dass hier das kriminelle Beziehungsgeflecht, das die Handlung ja eigentlich erst in Gang setzt, seltsam undurchsichtig bleibt und sich selbst am Schluss nicht wirklich entwirrt. Möglicherweise lässt er die kriminellen Strukturen im Background auch durchaus absichtlich im Ungefähren. Das hat einen schönen Effekt. Der Leser tappt gleichsam mit Blum im Dunkeln, die Sphäre der Kriminalität erscheint als eine Grauzone, in der die Konturen verwischen, als undurchdringliches Mysterium – wie es sich für einen Krimi in der amerikanischen Tradition gehört.

Und das ist *Der Schneemann* tatsächlich, ein Krimi in der Nachfolge vor allem Raymond Chandlers, der für Fauser in einem besonderen Maße Vorbildfunktion übernahm. Was er über dessen Romane sagt, skizziert im Grunde bereits die eigene Technik und auch seine Schreibintentionen: »Heute wird in jedem Feuilleton, das auf sich hält, nachgebetet, was André Gide, unter anderen, schon vor 40 Jahren feststellte: daß Chandler und Hammett Spitzenwerke der realistischen Literatur dieses Jahrhunderts geschaffen haben ... Für mich ist Chandler als *Schriftsteller* von immensem Interesse, weil er die Beschreibung dessen beherrscht, was William Burroughs den

Set genannt hat. Dieser aus der Filmsprache stammende Ausdruck ist mit Szene nicht genau übersetzt, der Set nämlich ermöglicht erst eine Szene, diese kann sich nur dort realistisch entwickeln, wo der Set bis ins kleinste Detail stimmt: Atmosphäre, Licht und Schatten, der Hut auf dem Vertiko, der Winkel, den etwa eine Waffe beschreibt, Geräusche von der Straße, vielleicht eine Blume im Haar des blonden Mädchens, der schmal getrimmte Schnurrbart des mexikanischen Messerhelden, jedes Bild muß alles enthalten, was zu seinem Verständnis nötig, und alles verbergen, was für sein Geheimnis unabdingbar ist ... Wenn bei Chandler alles hinhaut, sind seine Szenen von einer knisternden Prägnanz, die ihresgleichen sucht; Bilder, die wie von allein im Hirn abrollen; Kopf-Kino, aus Sprache gezaubert, pure & simple ...«

Wenn bei Fauser alles hinhaut, kann man über ihn das Gleiche sagen. Beim *Schneemann* indessen macht sich der Einfluss des Films noch prägnanter bemerkbar – übrigens auch in seiner literarischen Transformation, der Cut-up-Technik Burroughs', die Fauser schon in seinen ersten Büchern *Aqualunge* (1971) und *Tophane* (1972) für sich adaptiert. Er rafft noch stärker als Chandler, und die Schnitte zwischen den einzelnen Kapiteln sind härter gesetzt.

Bisweilen gelingen ihm grandiose, pointiert-poetische Kapitelschlüsse: »Blum ließ sich die Rechnung bringen. Er hatte das starke Bedürfnis, sich auf dem Klo einzuschließen oder die Notbremse zu ziehen, aber er blieb sitzen, trank noch einen Kaffee und sah zu, wie der Zug in die Chemiezone rollte, wo der Himmel so grün wie eine Wiese war.« Oder: »Etwas platzte in seinem Kopf, der Himmel riß, die Möwen stürzten ins Meer, Cora schrie, schrie, schrie, und Blum kam.«

Das muss man können! Und mit seiner unangestrengten, schlackelosen, lakonisch-körnigen Sprache, die nur selten einmal ins unfreiwillig komische *hard-boiled*-Register Chandler'scher Provenienz abdriftet (und dann spricht auch meistens Blum selbst, der ja die Marlowe-Filme quasi verinnerlicht hat), gibt Fauser ein Stenogramm des Dekadenwechsels. Westdeutschland im Winter. Diese seltsame End-70er-Tristesse und die sich bereits ankündigende überfeinerte Dekadenz und lethargische Gleichgültigkeit der 80er, all das wird hier treffsicher eingefangen. Und die Großmetapher ist das Kokain: »Ein martialischer Herr, der mindestens den Rang eines Stabsfeldwebels bekleidete, verteilte eine Schrift, der Blum entnehmen konnte, daß Bob Dylan, der Protestsänger, zu Gott gefunden habe. Es schien ein passender Abschluß der 70er Jahre, so wie das Kokain in Blums Musterkoffer der richtige Auftakt für die 80er zu werden versprach.«

Irr ist null Kunst, null Revolte

Irre von Rainald Goetz (1983)

Das Buch lässt sich als Komplement zu Ken Keseys *Einer flog über das Kuckucksnest* lesen, denn im Kern dieser dreiteiligen Romancollage beschreibt Goetz den Alltag in einer psychiatrischen Abteilung (der Münchener Universitätsklinik) – allerdings aus der Perspektive des jungen Psychiaters Raspe. Und die ist nun notwendig eine ganz andere als die von Häuptling Bromden, Keseys Ich-Erzähler. Raspe fängt als junger Assistenzarzt in der Psychiatrie an, ist durchdrungen vom Äskulapethos, will helfen, aber die Anstaltsatmosphäre irritiert ihn, desillusioniert ihn auch. Aber nach einer Eingewöhnungsphase passt er sich an, integriert sich in die Gruppe, spielt ihre Rituale mit und träumt von einer wissenschaftlichen Karriere, bis ihn die große Depression packt und er den ganzen Bettel hinschmeißt, um selbst unter die Verrückten zu gehen, um von nun an im Irrenhaus der Kultur als Schriftsteller einzusitzen. (Man sieht schon, Raspe hat doch einiges von der Persönlichkeit des Autors mitbekommen, in ein paar Szenen taucht der dann auch selbst auf, er unterhält sich sogar einmal mit seinem Protagonisten, um am Ende, wenn sich die personale in eine Ich-Erzählung transformiert und schließlich zum zusammenhanglosen Notizbuch degeneriert, mit ihm zu verschmelzen.) Es gibt gute Gründe für Raspes Burn-out. Er muss mitansehen, wie die meisten seiner als geheilt entlassenen Patienten über kurz oder lang wieder zurückkehren, muss die Hilflosigkeit seiner Disziplin angesichts der namenlos vielgestaltigen Geisteskrankheit einsehen und auch, dass die Aufgabe des Psychiaters sich nur mehr auf die Dosierung von Psychopharmaka reduziert, und er muss mit Erschrecken feststellen, dass er sich unaufhaltsam, wie seine Kollegen, zum

Rainald Goetz
Irre
Roman
suhrkamp
taschenbuch

skrupellosen Misanthropen und Zyniker wandelt, in dessen Anschauung alle Patientenindividuen zu einem einzigen gewaltigen Irren verklumpen.

Raspe kritisiert die Psychiatrie *in summa*, weiß aber andererseits um die Komplexität der Wirklichkeit, so dass er auch nicht einfach der marxistisch fundierten Psychiatriekritik, wie sie sein Freund Wolfgang vertritt und beredt vorbringt, zustimmen kann. Ihm zufolge ist die Krankheit nämlich nur eine Reaktion auf die Pervertiertheit dieser Gesellschaft. Der Psychiater helfe ihr gewissermaßen, am Leben zu bleiben, indem er »die Leute, die in ihrer Krankheit angemessen auf die verkehrten Bedingungen ihres Lebens reagieren, zu keinem anderen Zweck« heilt, »als daß sie erneut in ihren alten krankmachenden Bedingungen funktionieren«. Er beseitige somit »nur eines der Symptome gesellschaftlicher Verkehrung«, ohne die Ursachen mitzubedenken oder gar deren Abschaffung zu betreiben. Raspe kann mit solchen Deduktionen angesichts der Klinikrealität nichts anfangen: »Das sichtbare Leid, das Leiden des einzelnen Menschen, sagte er, sei überwältigend, sei eine sinnliche Evidenz, die um Hilfe schreie, und gerade dies, die eigentliche Realität also, komme in Wolfgangs Theorien überhaupt nicht vor.«

Allerhöchstens kann er einräumen, dass es strukturelle Analogien gibt zwischen der psychotischen und künstlerischen Produktivität – die romantische Politisierung des Wahnsinns indessen kommt ihm verlogen vor. Schon zu Beginn des Buches liest man ein nicht näher bezeichnetes Fragment eines Streitgesprächs, das Raspe mit seinem anpolitisierten Freund geführt haben könnte, in dem dezidiert Stellung bezogen wird gegen das Diktum »Wahnsinn ist Revolte, ist Kunst«: »Kunst und Revolte, die interessieren mich null, ist das klar, absolut null. Und wenn du willst, dann kannst du mal mitkommen in die Klinik. Dann zeig ich dir n Irren. Dann zeig ich dir die

Irren. Dann kannst du mal sehen. Die Irren sind nämlich irr. Die sind keine Künstler oder Revolutionäre. Die sind einfach irr ... Und irr ist null Kunst, null Revolte. Arme Teufel sind die Irren, die ärmsten Teufel, die ich kenne, sind die Irren.«

In diesem Pragmatismus steckt eine schöne, wahre, nachgerade aufklärerische Humanität – vor der blutleeren Doktrin kommen bei Raspe immer noch die kranken Menschen.

Zumindest zu zwei Dritteln erscheint die Struktur von *Irre* einleuchtend, der Roman gelungen. Im ersten Teil liefert Goetz eine verwirrend unstrukturierte Cut-up-Collage aus Träumen, Visionen, verschiedenen Bewusstseinsprotokollen, Talkshowszenen, Rauscherfahrungen, Diskussionsfetzen etc. Diese Textsplitter sind völlig chaotisch angeordnet, lassen sich aber beim Lesen des eher straff und traditionell erzählten zweiten Teils mit den dann auftretenden Personen durchaus in eine, wenn auch lose Beziehung setzen. Im Mittelstück ist Goetz auch sprachlich am stärksten; er nähert sich der unterkühlten Diktion eines Krankenberichts, verwendet fast ausschließlich indirekte Rede und ausgiebig medizinischen Jargon, lässt diese Prosa der Sachlichkeit dann aber bisweilen in einen hohen Ton umkippen, dessen Emotionalität in dieser Umgebung geradezu befremdlich, unheilvoll erscheint (und das Grauen in diesem klinischen Pandämonium ganz gut einfängt): »Das Wetter stürzte. Düster schoben die Wolken heran, drohten dem Morgenhimmel, und schon zogen sie, wilde Ströme, tief, wie greifbar, durch die Straßenfluchten. Sie jagten gegen Häuser, gegen Dächer, entließen dann ihr Wasser, Donner krachten, Blitze, und ein Sturm trieb, wasserspeerbewaffnet, die Hitze vor sich her und fort. Dramatisch fiel die Temperatur und fiel, Kälte, Schafkälte im Jahrhundertjuni, ein Nordwestwind herrschte, und pressiert verschwanden die Gewitterwolken. Da schleierte ein Regen nieder, zeitlos, formlos, Aerosol, aus dem betrübt durchnäßten Himmel, so mächtig war das Grau, und nichts mehr schied die Stunden, Tage.«

Das ist doch sehr schön. Leider hat das Buch auch einen dritten Teil, in dem der gewesene Psychiater sich in der Undergroundszene – und in mehr oder weniger abgeschmackten Albernheiten verliert. Der Stil geht gänzlich aus der Form, verliert sich in unerheblicher Infantilalie. Es sieht alles danach aus, als hätte Goetz nur mal eben seine Schreibtischschublade umgedreht. Hingehuschte Reflexionen, unfertige Szenen und ein schwer erträgliches Gekalauere kommen da zum Vorschein, nichts als das unbehauene »Material«. Das mag für 80er-Jahre-Archäologen von Interesse sein, aber die Lektüre macht keinen Spaß mehr, obwohl Goetz sich doch gerade darum bemüht ... Die *Titanic* zu loben macht eben noch keinen witzigen Autor.

Jim Dodge
FUP
Jim Dodge
Harry Rowohlt
Atak
ROGNER & BERNHARD
BEI ZWEITAUSENDEINS

Ungepanschtes Scheißhaus-Glück

Fup von Jim Dodge (1983)

1983 bescherte Jim Dodge einer nichts ahnenden, aber doch sogleich beeindruckten amerikanischen Leserschaft dieses ruhige, anrührende, zutiefst humanitäre und dabei sehr komische Erwachsenenmärchen, das nur die besten narrativen Traditionen fortschreibt: das Archaische, Legendarische eines Sherwood Anderson, die Respektlosigkeit, den Rock 'n' Roll-Grobianismus Hunter S. Thompsons, die Skurrilität des alten humoristischen Erzählens angelsächsischer Provenienz, Laurence Sternes zumal, und die freundliche Milde und Surrealität Richard Brautigans. Nachdem Goldmann *Fup* nur kurze Zeit später ins Deutsche übertragen lassen und abverkauft hatte, war es viel zu lange nicht lieferbar – vor einigen Jahren hat sich Rogner & Bernhard endlich des Buches angenommen und es von Harry Rowohlt noch einmal neu und angemessen übersetzen lassen.

Die Geschichte lebt von ihren drei außergewöhnlichen Charakteren. Da ist zunächst einmal der ebenso kauzige wie weise und trotz seines hohen Alters immer noch ziemlich hitzige Granddaddy Jake, einst ein kartenspielender Glücksritter und Frauenheld, der sich im Alter zu einem wahren Künstler im Destillieren des Unsterblichkeit verheißenden Ol'-Death-Whisper-Whiskeys entwickelt hat. Mit seinem täglichen 0,6-Liter-Quantum hält er sich und sein Leben so ziemlich im Gleichgewicht. Das allerdings wird empfindlich gestört, als man ihn wegen Steuerhinterziehung drankriegen will – natürlich hat einer wie er zeit seines Lebens nichts dergleichen gezahlt –, als dann zu allem Überfluss auch noch seine Tochter ertrinkt und er um die Adoption seines kleinen und späterhin sehr großen Enkels Tiny kämpfen muss, denn natürlich erscheint einer wie er den Behörden nicht sehr vertrauenerweckend. Aber Granddaddy Jake löst das Problem auf seine Weise, »packte einen Koffer mit Kleidung zum Wechseln und neun Krügen Ol' Death Whisper und brach zum Kartenspielen auf. Die Zocker in den Spielzimmern der Nordküste sprechen immer noch im selben Ton davon, in dem sie von der '41er Feuersbrunst sprechen: sein Alter und seine Wildheit waren einschüchternd, aber es war sein schlichtes, schlankes, kahles, gottgewolltes, ungepanschtes Scheißhaus-Glück, welches die Tische leer fegte. In drei Monaten gewann er $ 90.000, und jedesmal, wenn er die Stadt verließ, schickte er einen Barscheck an die Kanzlei Gutt, Cutt & Freese in San Francisco, eine Gruppe schonungslos brillanter Anwälte, die sich auf Vormundschaftsrecht spezialisiert hatte ...«

Kurzum, Tiny darf zu ihm auf die Ranch ziehen, wird größer und entwickelt eine veritable Passion, die Onkel Tobys Spleen für Befestigungsanlagen (im *Tristram Shandy*) abgeguckt zu sein scheint: Er baut Zäune! Und er hat einen Gegner, Lockjaw, das gerissene, perfide Wildschwein, das seine Gatter immer wieder niederreißt, möglicherweise, weil in ihm ein indianischer Medizinmann mit einer gewissen Antipathie gegen derartige Umgrenzungen wiedergeboren wurde (jedenfalls vermutet das Granddaddy Jake). Bei den ständig anfallenden Reparaturarbeiten rettet Tiny einem Küken das Leben, das bald zu einer maßlos verfressenen, riesenhaften, die normale Größe dieser Spezies um das Vielfache übersteigenden Stockente heranwächst. Jake tauft sie »Fup Duck«, weil er das für ein schönes Wortspiel mit »fucked up« hält, was es zweifelsohne auch ist.

Mit der Ente kommt, ironisch verwandelt, der »Falke« der klassischen Novelle ins Spiel, das Leitsymbol, in dem sich das Thema des Buches verdinglicht, der Inhalt verdichtet. Fups nachgerade psychedelisches respektive mystisches Ende mit anschließender Wiederauferstehung tippt denn auch vieles von dem noch einmal an, was sich bis dahin ereignet hat, angefangen beim tragischen Tod der Mutter, aber es bleibt da dennoch eine Leerstelle. Worum geht es hier eigentlich? Granddaddy Jake weiß eine Antwort: »Es ist einfach nicht möglich, manche Sachen zu erklären, vielleicht sogar die meisten Sachen nicht. Es ist interessant, sie zu bestaunen und ein paar Vermutungen anzustellen, aber die Hauptsache ist, daß man sie akzeptieren muß – sie als das nehmen, was sie sind, und weiter im Text.«

Jim Dodge hat sich das als Erzähler zu Herzen genommen. Und das macht wohl auch die Poesie dieses Buches aus. Weiter im Text …

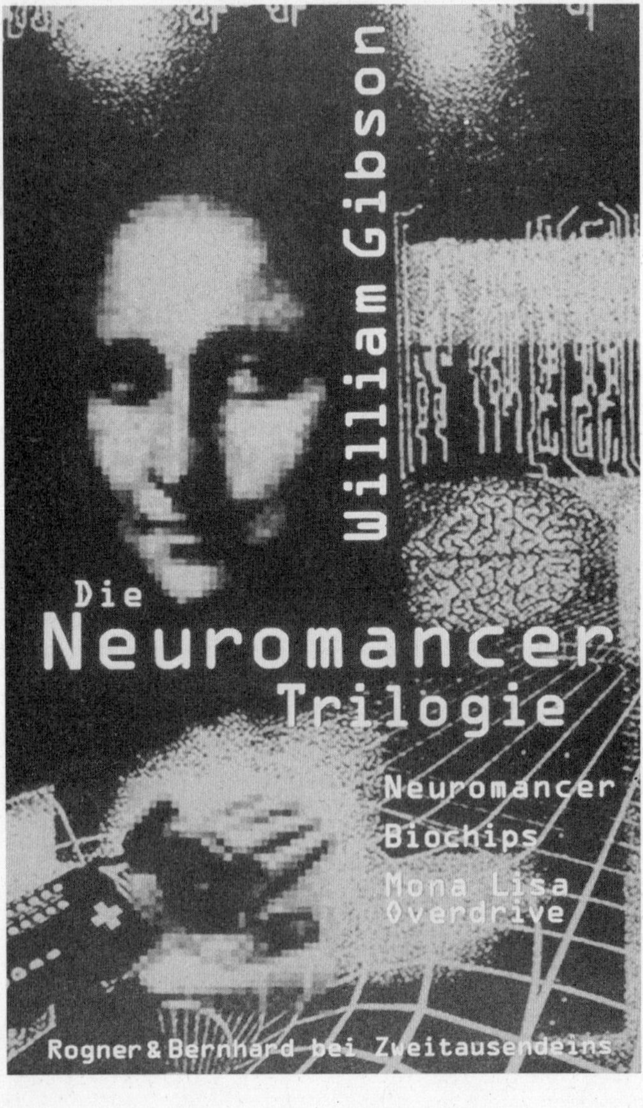
William Gibson
Die
Neuromancer
Trilogie
Neuromancer
Biochips
Mona Lisa
Overdrive
Rogner & Bernhard bei Zweitausendeins

Unter dem giftigen Silberhimmel

Neuromancer von William Gibson (1984)

Und dann auch noch im Orwelljahr! Aber naturgemäß – wozu sonst noch Science-Fiction-Romane? – hat die Zukunft, die Gibson hier kreiert, mit der in Orwells *1984* rein gar nichts zu tun. Die Macht der Ideologie und die Inhumanität des totalitären Staates sind eben längst kein Thema mehr in den frühen 80ern …

Vielmehr liegt die Welt des 21. Jahrhunderts, in diesem nämlich spielt der Roman, in den Händen einiger gigantischer Wirtschaftskonzerne, deren Inhaber aber natürlich allemal über Berge von Leichen klettern. Ihre Macht resultiert aus dem Besitz von Informationen. Und Informationen sind nunmehr vor allem relevant, wenn sie aus dem virtuellen computergenerierten Paralleluniversum stammen, in dem man jetzt seine Geschäfte abwickelt, eben jenem »Cyberspace«, das Gibson erfand, bevor die moderne Technologie Rudimente eines Äquivalents dafür bereitstellte. Der »Cyberspace«, oder auch » die Matrix«, das ist in etwa das »World Wide Web«. Aber die Zukunft hat es natürlich besser. Hier ist der Mensch bereits in der Lage, direkt »einzustecken«, das heißt, über eine Schnittstelle sein Bewusstsein einzuspeisen und dann in diesem Datenkosmos herumzunavigieren. Mit allen Gefahren, die eine Existenz als elektronisches Signal so birgt: Man kann eben auch gelöscht werden, wenn man unvorsichtig ist, dann tritt der Gehirntod ein. Und das wiederum überleben nur die Besten.

Eben diese sind bei den Großkonzernen beschäftigt: so genannte »Cyberspace-Cowboys«, Hacker mithin, die für Firmen am Rande der Legalität Informationen beschaffen. Case war einer von ihnen, ein echtes Talent im Knacken von Datenbanken, bis er etwas für sich abzweigte und in eigener Sache vertickte. Die allmächtigen Auftraggeber machten ihn zur Strafe arbeitsunfähig, indem sie sein Nervenkostüm zerstörten. Nun lebt er als misanthropischer, ziemlich lebensmüder Kleindealer und Junkie in Night City, einem heruntergekommenen Rotlichtbezirk, einer von den Behörden geduldeten Enklave der Gesetzlosigkeit am Rande Tokios. Bevor ihn das Outlaw-Mekka ganz zerstört, holt ihn Molly, eine mit Implantaten und allerlei biologischen Veränderungen getunte Söldnerin, im Auftrag geheimnisvoller Hintermänner dort raus. Eine Spezialeinheit soll zusammengestellt werden, Case tritt ihr bei, wird als Entgelt von seinem Nervenleiden kuriert und soll nun als »Cowboy« die Sicherheitssysteme in der Zentrale des Schwerreichen-Clans Tessier-Ashpool ausschalten, damit Molly dort einbrechen kann. Nach einer Weile bekommen die Verschwörer heraus, wer ihr Auftraggeber ist. Es handelt sich dabei um eine der beiden von den Tessier-Ashpools selbst entwickelten künstlichen Intelligenzen, die für die Führung des Firmenimperiums gebaut worden sind und dessen Geschicke über ihren Tod hinaus leiten sollten. »Wintermute«, so der Name des außer Kontrolle geratenen Elektronengehirns, will eine Vereinigung mit seinem Pendant »Neuromancer«. Mit der Hilfe von Molly, Case und einer renitenten Tochter des Hauses kommt es dann zu dieser Verschmelzung – aus der schließlich eine neue Existenzform entsteht: Die Matrix wird sich ihrer selbst bewusst, der Cyberspace ist beseelt. Und es ward dem Menschen eine von ihm selbst geschaffene, künstliche Gottheit geboren.

Auch in der Zukunft wird man der Götter also nicht ledig. Eine vollends aufgeklärte, von der modernen Wissenschaft ihrer Religion beraubte Menschheit schafft sich selbst ihre transzendente Instanz mithilfe der Technologie – gleichsam in der Technologie. Die Matrix mutiert zu einem virtuellen Jenseits, zu einer metaphysischen Sphäre, in der sich das Bewusstsein vom Körper befreit und potenzielle Unsterblichkeit erlangt.

In *Neuromancer*, das zeigt nicht nur das spirituelle Ende, werden vor allem Glaubensfragen verhandelt. Immer wieder geht es um das Problem der Unsterblichkeit, von der die Menschen des 21. Jahrhunderts mithilfe der Transplantationsmedizin, der Schönheitschirurgie, durch den Kälteschlaf und sogar durch die Aufzeichnung von Gedankenmustern wenigstens ein Stück erhaschen wollen. Auch die Leistung des Körpers wird auf alle erdenkliche Weise künstlich potenziert und seiner gewandelten Umwelt besser angepasst (die Genetik spielt in Gibsons Erstling allerdings noch keine große Rolle, später – in seinem Roman *Virtuelles Licht* etwa – wird er auch sie stärker in seine Fiktion einbeziehen).

Man versucht, menschliches Leben zu verlängern, zu verbessern und zu erleichtern, man nimmt es also durchaus wichtig, und auf der anderen Seite ist es keinen Pfifferling wert. In der Zukunft wird gemeuchelt, dass es eine Art hat. Und selbst Case, der Held, ist in diesen Dingen kein unbeschriebenes Blatt … Die moralische Entwicklung der Menschheit, scheint's, hat mit der technologischen nicht mithalten können. So viel Fortschrittsskepsis muss dann doch wohl sein.

Nein, es ist keine Apotheose der Zukunft, die uns Gibson hier offeriert. Trotz seiner Faszination für die Computertechnologie, seines geradezu erotischen Verhältnisses zu den neuen Medien (das freilich immer mal wieder ironisch gebrochen wird: so vergisst der Erzähler nie, die Braun-Kaffeemaschine zu erwähnen, die zum Kauf von neuer exklusiver Hardware offenbar unbedingt dazugehört!) – trotz alledem also kommt er nicht umhin, die Lebensbedingungen in dieser hoffnungslos überbevölkerten, total industrialisierten, verschmutzten, unwirtlich-urbanen Welt mit kritischem Impuls und ebenso grellen Farben zu vergegenwärtigen. Und wie er diese zukünftige Lebenswelt zeichnet, ist das eigentlich Grandiose an diesem Roman. Er bietet eine detailreiche, opulente, bisweilen schon übertrieben skrupulöse Staffage, die in der Tat so etwas wie Authentizität evoziert. Nicht zuletzt aufgrund seiner Sprache, die den technischen Jargon ebenso wie den Slang der Subkulturen weidlich ausbeutet und auch vor vereinzelten Neologismen nicht zurückschreckt. Zumal im ersten, exponierenden Kapitel, das Cases Milieu schildert: »Nun schlief er in den billigsten Särgen (kleinste Wohneinheiten), denen in unmittelbarer Hafennähe unter den Halogenstrahlern, die die Docks Tag und Nacht wie riesige Bühnen beleuchteten; wegen des grellen Fernsehhimmels waren von dort die Lichter von Tokio nicht zu sehen, nicht einmal das himmelhohe holografische Logo der Fuji Electric Company, und die Bucht von Tokio war nichts als eine weite schwarze Fläche, auf der weiße Styroporhaufen trieben, über denen Möwen kreisten. Hinter dem Hafen lag die Stadt mit ihren Fabrikkuppeln, die von den riesigen Würfeln der Unternehmensarcologien überragt wurden. Hafen und Stadt waren durch einen schmalen Gürtel älterer Straßenzüge getrennt, ein Niemandsland ohne offiziellen Namen. Night City mit einer Straße namens Ninsei als Herz. Bei Tag waren die Bars an der Ninsei mit Rolläden verschlossen und unscheinbar; die Neonbeleuchtung war aus, die Hologramme warteten deaktiviert unter dem giftigen Silberhimmel.«

Solche Beschreibungen waren denn auch stil- und vor allem genrebildend. »Cyberpunk« hieß diese neue Gattung in der Science-Fiction-Literatur, deren Autoren sich zwar unverhohlen ihrer Fortschrittsbegeisterung hingaben, gleichzeitig aber auf einer gesellschaftskritischen Haltung beharrten – und deutlich zeigen wollten, dass auch in der Zukunft nicht alles Gold ist, was glänzt.

Was heißt hier recht?

Unter Null von Bret Easton Ellis (1985)

Clay, Stammhalter eines Filmproduzenten, studiert seit einem Semester in New Hampshire und verbringt nun die ersten Sommerferien wieder zu Hause. »Auf den *freeways* in Los Angeles werden die Leute auch immer rücksichtsloser. Das ist der erste Satz, den ich zu hören kriege, als ich in die Stadt zurückkomme«, sagt Clay. Und das ist auch der erste Satz, den zu lesen kriegt, wer sich nicht abschrecken lässt von den üblen Verrissen der Ellis-Verächter, vor allem nach *American Psycho* (1991), und seinen ersten Roman *Unter Null* aufschlägt.

Nicht übel exponiert, denn nur darum drehen sich die folgenden hundertachtzig Seiten: um die Erbarmungslosigkeit der Menschen hier, die sich immer fremder, immer gleichgültiger werden. Vielleicht, weil sie in dieser alleweil glutheißen Wüstenstadt niemals aneinander rücken müssen, um sich zu wärmen. Ganz sicher aber, weil sie stinkreich sind! In den 80ern durfte man noch von der »sozialen Kälte« in der materialistischen Gesellschaft sprechen, ohne sich lächerlich zu machen, und so in etwa wird denn wohl auch der Buchtitel gemeint sein.

Clay und seine Freunde hängen nächtelang in Clubs rum, in denen man halt rumhängt, um hip zu sein, lassen sich auf den Partys sehen, auf denen man sich sehen lässt, und haben für jede Lebenslage die passende Droge zur Hand (und dann auch sogleich intus). Ein richtiges Räuberleben mithin. Aber – und wir ahnen ja schon bald etwas – wo sich alles nur ums Amüsement dreht, amüsiert sich bald keiner mehr. Dagegen hilft zumindest für eine Weile die Reizintensivierung. Man steigt auf härtere Drogen um, sieht immer bestialischere Gewaltpornos, in denen vermutlich realiter gemeuchelt wird (das

BRET
EASTON
ELLIS
UNTER
NULL
ROMAN
rororo

bleibt aber offen), setzt eine zwölfjährige Schülerin unter Drogen und hält sie gefangen, um allerlei Sachen mit ihr anzustellen. Einige prostituieren sich. Denn – so Clay, der angeheuert wird, um dabei zuzusehen, wie sein Freund Daniel von einem fünfzigjährigen Familienvater die Rosette versilbert bekommt –: »Da wird mir klar, daß es nicht um das Geld geht. Daß es in Wirklichkeit nur um eins geht: Ich will auch noch das Schlimmste erleben.«

So sind sie also, die Kinder aus gutem Haus. Verrottet bis zum Kern. Das Provozierende des Romans ist nun – ein alter Trick übrigens, den schon Goethe im *Werther* mit Erfolg angewandt hat –, dass sich Ellis einer domestizierenden Wertung weitestgehend enthält. Die Banalität, die Indolenz und moralische Verrohung der Yuppiegeneration wird eben nicht besprochen, Ellis verleiht ihr mit seinem Ich-Erzähler Clay selbst eine Stimme und erlaubt dem Leser so eine wirklich schonungslose, unmittelbare Teilhabe. Clay schildert alles mit der gleichen coolen Unberührtheit, er konstatiert bloß, kommentarlos, häufig dumpf parataktisch, als hätte die heiße Wüstensonne auch sein Sprachzentrum ausgedörrt, und betet buchhalterisch beflissen die Markennamen runter, die seine Gegenüber aus- und kennzeichnen, wenn schon sonst nichts.

Gleichwohl ist *Unter Null* noch nicht ganz so rigoros wie *American Psycho* – das macht den Roman leichter erträglich (gegen die ebenso stupende wie enervierende Aufzählungssuada im späteren Werk kommt man schwerlich lesend an); und das ist wohl auch einer der Gründe dafür, dass erst jene Story über den angesehenen Börsenmakler und nächtlichen Ripper Bateman diesen gewaltigen Skandal auslöste (sein Verlag Simone & Schuster lehnte dankend ab und gab dafür sogar den Vorschuss von dreihunderttausend Dollar dran, um seine weiblichen Mitarbeiter und die von ihnen alarmierten, schon Gewehr bei Fuß stehenden Frauengruppen nicht zu brüskieren). In diesem ersten Roman nämlich bricht Ellis mittelbar doch mal die Monoperspektive und setzt indirekte, aber deutliche Signale, die das kalifornische Yuppieleben als das offensichtlich falsche ausweisen. Seinem Erzähler billigt er sogar ein paar lichte Moment zu. So fängt Clay einen Streit mit Rip an, als er gewahr wird, was der mit der zwölfjährigen Shandra treibt:

»›He, guck mich bloß nicht so an, als wenn ich der letzte Arsch wäre. Das stimmt nämlich nicht.‹

›Es ist …‹ Ich gerate ins Stocken.

›Es ist was?‹ will Rip wissen.

›Es ist … Ich glaube nicht, daß es recht ist.‹

›Was heißt hier recht? Wenn du was willst, dann hast du das Recht, es dir zu nehmen. Wenn du was machen willst, dann hast du das Recht, es zu machen.‹

Ich lehne mich an die Wand. Ich kann hören, wie Spin im Schlafzimmer stöhnt, und dann das Geräusch einer Hand, die zuschlägt, vielleicht in ein Gesicht.

›Aber du brauchst doch nichts. Du hast doch alles‹, erkläre ich ihm.

Rip schaut mich an. ›Nein, das stimmt nicht.‹

›Was?‹

›Nein, das stimmt nicht.‹

Daraufhin schweigen wir beide eine Weile, und schließlich frage ich: ›Verdammte Scheiße, Rip. Was könnte das denn sein, was du nicht hast?‹

›Etwas zu verlieren. Ich habe nichts zu verlieren.‹«

Das eben passiert mit Kindern, droht Ellis' steil gereckter Moralistenzeigefinger, die aus dem Klatschblatt *Variety* erfahren, wo in der Welt sich ihre Eltern gerade aufhalten – das passiert mit Kindern, die nie gelernt haben, dass es da noch etwas anderes gibt. Hinter der sündhaft teuren, hochglanzpolierten Designeroberfläche.

Ein bisschen Rezeptionssteuerung schützt vor Missverständnissen. Deshalb ist *Unter Null* vielleicht nicht ganz so kühn, ästhetisch nicht ganz so entschieden, aber allemal sympathischer als *American Psycho.* Und anders als Bateman kann der melancholische, sich nach Erlösung sehnende Clay mit etwas Glück vielleicht doch noch ein ganz brauchbarer Erdenbürger werden. Schließlich verlässt er ja L.A. wieder, um ein weiteres Semester in New Hampshire zu studieren.

Als er sich von Blaire verabschiedet, seiner Freundin, der er nie wirklich nah war (»Wenn ich irgendwas mag, dann wird's dadurch nur noch schlimmer, dann muß ich mir darum auch noch Sorgen machen. Und das kann weh tun, und deshalb laß ich's lieber gleich sein.«), und schließlich abreist, da möchte man ihm beinahe hinterherrufen: Junge, lies ein paar gute Bücher, studiere was Anständiges und lerne endlich, dein Mädchen zu lieben! Tja, und dann geht man, ganz betrunken von diesem unbestimmten 80er-Jahre-Gefühl, zum CD-Regal, legt David Bowies »Let's Dance« auf und hört sich gesund an der drahtigen Bluesgitarre von Stevie Ray Vaughan, der einige Jahre später, im August 1990, bei einem Hubschrauberunglück ums Leben kam. Aber das ist nun wirklich eine andere Geschichte.

Philippe Djian
Betty Blue
37°2
am Morgen
Roman · Diogenes

Die große Wüste des Hageren Mannes

Betty Blue. 37,2° am Morgen von Philippe Djian (1985)

Zorg hat keine großen Ambitionen mehr. Er will seine Ruhe haben, einen Topf Chili auf dem Herd, am Abend ein kühles Bier auf der Veranda seines Ferienhauses am Strand, das er umsonst bewohnen darf, weil er sich um kleinere Reparaturen an den umliegenden Wohnungen kümmert, und er will mit seiner neuen Freundin Betty bumsen. So heißt das in Michael Mosblechs schnittiger Übersetzung aus dem Französischen – und fürwahr, so sagte man das damals, Mitte der 80er Jahre.

Betty ist das genaue Gegenteil, ehrgeizig, vital, vollkommen überdreht. Als sie bei Zorg einzieht und ein vollständiges Romanmanuskript von ihm findet, bekommt ihr Furor ein Ziel: Sie will einen ernsten Schriftsteller aus ihm machen, verschickt den Roman an Verlage, die ihn aber immer wieder ablehnen, und leidet es von nun an nicht mehr, wenn er sein Talent mit niederen Arbeiten vergeudet. Und damit Zorg auch endlich einsieht, dass er sich nicht mehr für den (angemessen widerlich gezeichneten) Besitzer der Ferienhäuser krumm machen darf, fackelt sie zunächst einmal eins ab. Ihr eigenes. Sie flüchten nach Paris, ja, ich glaube, es ist Paris, zu Bettys Schwester Lisa, Zorg verdingt sich eine Weile als Klempner, was nicht ohne Vorwürfe abgeht, und versucht wieder zu schreiben, aber ohne Erfolg. Ihm fällt nichts ein. Als Lisas Freund Eddie ihnen beiden einen Job als Kellner in seiner Pizzeria anbietet, nehmen sie an, aber schon am ersten Abend rastet Betty erneut aus. Einen Gast, der sich etwas unleidlich aufführt, greift sie mit einer Gabel an – und langsam dämmert es dem Leser nun auch, dass es kein gutes Ende mit ihr nehmen kann: »Bei diesen Worten stieß Betty eine Art drohendes Röcheln hervor, beinahe tierisch, ein Schauer lief einem über den Rücken. Ich konnte eben noch wahrnehmen, daß sie eine Gabel ergriff, die auf dem Tisch herumlag, der Saal schien sich zu erleuchten, und dann sprang sie schnell wie der Blitz die Alte an.

Wie wildgeworden stach sie ihr die Gabel in den Arm. Die Alte brüllte wie am Spieß. Betty riß die Gabel wieder raus und stach ein wenig höher noch einmal zu. Die Frau stolperte rückwärts über einen Stuhl und schlug der Länge nach auf den Rücken, ihr Arm war blutverschmiert. Alle anderen waren wie gelähmt, es ging alles viel zu schnell, die Alte brüllte von neuem los, als sich Betty erneut mit der Gabel voraus auf sie stürzte ... Ich riß sie mit voller Kraft zurück, und wir rollten unter einen Tisch. All ihre Muskeln waren so gespannt, daß ich das Gefühl hatte, ich sei mit einer Bronzestatue in den Armen umgekippt. Als sich unsere Blicke kreuzten, sah ich, daß sie mich nicht erkannte, und im gleichen Moment hatte ich die Gabel im Rücken.«

Aber es gelingt Zorg, sie wieder zu beruhigen. Dann stirbt Eddies Mutter; irgendwo in der Provinz hat sie ein kleines Klaviergeschäft betrieben, das nun verwaist ist. Nach der Beerdigung kann Eddie die beiden überreden, sich dort niederzulassen und es in seinem Namen weiterzuführen. Für eine Weile scheint nun alles zum Besten sich zu wenden; als Betty trotz Verhütung schwanger zu sein glaubt (»Beim Bumsen kam mir ihre Spirale vor wie eine klapperige Tür, die im Wind hin und her schwang«), hören sogar ihre exzessiven Jähzornsanfälle auf – und nach einer ordentlichen Prise Koks gelingt es auch Zorg endlich wieder, ein paar Seiten zu füllen. Aber ein Besuch beim Frauenarzt zerstört jäh ihr Glück, der Schwangerschaftstest fällt wider Erwarten negativ aus, Betty gleitet ab in eine tiefe Depression, aus der sie nicht mehr herauskommt. Zorg sieht das Ende bereits ab, ohne es jedoch zu wissen: »Weißt du, Eddie«, versucht er seinem Freund Bettys Apathie zu erklären, »sie ist hinter einer Sache her, die nicht existiert. Sie ist wie ein verwundetes Tier, du siehst es ja, und jedesmal fällt sie ein wenig tiefer. Ich glaub, die Welt ist zu klein für sie, Eddie, ich glaub, da kommen all die Probleme her …«

Die Welt ist zu klein für sie! Das will ja wohl schon sagen, dass sie in absehbarer Zeit die Grenzen dieser Welt überschreiten wird. Und tatsächlich wird sie bald völlig verrückt: Betty fängt an, Stimmen zu hören, entführt ein Kind – und reißt sich schließlich mit ihren eigenen Händen ein Auge heraus. Als Zorg sie im Krankenhaus besucht, liegt sie im Stupor, und nach weiteren Besuchen muss er einsehen, dass sie daraus nicht mehr erwachen wird. Nun, da der Leidensdruck augenscheinlich groß genug ist, beginnt Zorg wieder richtig mit dem Schreiben: »Ich verfluchte mich, daß ich damit nicht früher angefangen hatte, daß ich so lange gezögert hatte … Scheiße, ich hätte dich sehn wollen, gab ich mir zur Antwort, glaubst du, das ist so einfach, glaubst du, du brauchst dich bloß an einen Tisch zu setzen, und schon funktioniert das, wo du dich monatelang im Bett herumgewälzt hast mit weit aufgerissenen Augen und ich die graue, schweigsame Wüste durchquert habe, ohne den geringsten Funken zu erblicken, ich bin durch die große Wüste des Hageren Mannes gezogen, und glaubst du, das war ein Vergnügen für mich, glaubst du das …?«

Ein Vergnügen wohl nicht, aber die Voraussetzung fürs Schreiben allemal. Auch dieser lebenspralle, spannende, mit Verve erzählte und durch etwas Krimikolportage noch zusätzlich frisierte Roman, dessen lakonischer Witz vielleicht stellenweise etwas zu sehr an die amerikanischen Vorbilder erinnert (nicht nur aus der Literatur, sondern vor allem auch dem Kino), wird umso eindringlicher, eindrücklicher auch, je tragischer die Geschichte sich entwickelt. Einmal mehr ist hier das Leid die Voraussetzung für wirkliche Empathie. Kunstbetrachtung hat eben auch etwas zutiefst Zynisches: Es muss schon jemandem richtig an den Kragen gehen, damit es dem Leser wenigstens noch an die Nieren geht.

Nun, so ist das auch in dieser Geschichte. Selbst auf die Nachricht, dass doch noch ein Verlag sein Buch zum Druck angenommen hat, zeigt Betty keine Reaktion. Zorg: »Dieses vermaledeite Bouquet, das ich in den Händen gehalten hatte, war nur noch eine Ansammlung verwelkter Blumen mit dem Geruch trockenen Grases. Für den Bruchteil einer Sekunde ahnte ich die Unendlichkeit des Raumes, der uns künftig voneinander trennen würde, und seitdem erzähle ich jedem, der es hören will, daß ich schon einmal gestorben bin, mit fünfunddreißig Jahren, in einem Krankenzimmer, an einem Nachmittag im Sommer, und das ist keine Angeberei, ich gehöre zu denen, die die große Sense in der Luft haben pfeifen hören. Es ließ meine Fingerspitzen gefrieren.«

Man kann sich durchaus vorstellen, dass Hans Mentz von der *Titanic* just diese Stelle zitiert und sich über ihr sentimentales Pathos lustig macht, aber innerhalb des abschließenden Leidenssermons bekommen solche und andere Trivialitäten durchaus etwas Suggestives, Anrührendes. Wie da um eine Frau getrauert wird, lange und tief, das hätte man den hedonistischen 80ern eigentlich gar nicht zugetraut. Und wie Djian das über fünfzig Seiten durchhält, ohne dass der Blues in Monotonie umschlägt, das muss man doch sehr loben. Da nimmt man ihm dann auch nicht mehr übel, dass Betty so sterben muss wie einstmals McMurphy in *Einer flog über das Kuckucksnest.*

Aufs Papier gerotzt

Peggy Sue von Wolfgang Welt (1986)

Wolfgang Welt hat keine Kunsttheorie im Rücken, er hat keine Ahnung davon, wie man einen geschlossenen Roman konstruiert, und außerdem keine Lust, sich auch noch eigens eine Handlung dafür auszudenken – aber er hat ein recht bewegtes Leben gehabt, vor allem in den 80ern, als »wichtigster Musikjournalist des Potts«, wie er stolz und zu Recht vermerkt, der unter anderem für *Rock Session*, *Musikexpress* und *Sounds* Reportagen und Kritiken schrieb, die zum Härtesten gehören, was das Genre in dieser Dekade zu bieten hat. Und um eben diese Zeit, in der Welt als rasender Reporter durch die Szene hetzt, geht es in dem autobiographischen Roman *Peggy Sue*, den der Heyne Verlag vor ein paar Jahren zusammen mit seinen wichtigsten Erzählungen und Artikeln endlich wiederaufgelegt hat und der natürlich längst wieder verramscht wird.

Welt gibt den Rock 'n' Roll-Pechvogel: einen Studienabbrecher, der außer Schreiben nicht viel gelernt und immer einen Blauen zu wenig hat für Bier und Zigaretten, einen temporären Psychotiker, der gelegentlich unter Verfolgungswahn leidet und keine illegalen Drogen braucht, weil ihm der Arzt Psychopharmaka auf Krankenschein verschreibt, einen hässlichen Vogel, der bei den Frauen keinen Stich kriegt, was ihn nur noch manischer nach dem nächsten Fick fiebern lässt, und schließlich einen Zyniker und harten Hund mit unbestechlichem Blick für hohle Prätention und angemaßte Grandiosität, der in seinen Verdikten kein Erbarmen kennt, nicht gegen sich selbst und schon gar nicht gegen andere. So hat er – ein ewiges Verdienst! – in seinem mittlerweile legendären Fundamentalverriss »Heinz Rudolf Kunze – Deutsche Lieder« als Erster den germanophilen Studienrat und »singenden Erhard Epp-

Wolfgang Welt
Peggy Sue
& andere Geschichten
Edition Xplora

ler« hinter dem Liedermacher entlarvt und adäquat niedergeknüppelt. In *Tick*, seinem neuen Buch, kommt er noch einmal auf die erste Begegnung mit der Kunze-Poetelei zu sprechen: »Zu viele Metaphern, und was mir bei dem Sohn eines SS-Mannes besonders auffiel, Ausdrücke aus dem militärischen Bereich, als ob er damit unbewusst seinem Vater imponieren wollte, der als Erstes, als ihn 55 der Adenauer aus Russland rausgeholt hatte, diesen Balg angesetzt hatte.«

Nun will Welts Renegatenimage nicht so recht zu dem Umstand passen – und gleich fällt einem Jack Kerouac als Parallele ein –, dass er nach einem kläglich gescheiterten Emanzipationsversuch wieder bei seinen Eltern eingezogen ist und dass ihm die mütterliche Erbsensuppe weiterhin ganz gut schmeckt. Aber möglicherweise hängt auch das mit seiner Krankheit zusammen, vor der er, der sonst kein Detail scheut und so etwas wie Zurückhaltung nicht kennt, einen gewissen Respekt zu haben scheint. Das ist begreiflich, aber nichtsdestoweniger schade, denn gerade über die Anfälle und Psychiatrieaufenthalte hätte der Voyeur in mir, den Welt ja die ganze Zeit ordentlich auf Trab hält, gern mehr erfahren. Nun, dafür bleibt sonst nicht viel unausgesprochen, was dem einen oder anderen vielleicht geschmacklos vorkommen mag. Mir nicht! Etwa, wenn er zum wiederholten Mal zu Protokoll gibt, was er mit Susanne, Ute, Katja etc. am liebsten tun würde … Aber man lässt ihn ja selten.

Und so, wie sich Wolfgang Welt um Verletzungen des guten Geschmacks nicht kümmert, so wenig interessieren ihn akkurate Syntax, eleganter Stil und erlesene Metaphorik. Was soll's auch, seine krude, abschweifungsreiche, ohne ästhetisches Kalkül aufs Papier gerotzte Diktion, die offenbar nichts anderes als wahrhaftig sein will, passt dem Inhalt wie angegossen. Diese Prosa klingt manchmal so, als sei sie bloß die Transkription eines gesprochenen Textes, den Welt in einer durchwachten Nacht im Bochumer Schauspielhaus, wo er schon seit Jahren als Nachtwächter arbeitet, aufs Band deliriert hat. Und ein bisschen erinnert das dann in der Tat auch an Jörg Schröders *Siegfried* bzw. seinen gerade wieder neu gestarteten episodischen Marathonroman *Schröder erzählt.* Was Schröder für den Kulturbetrieb der 70er Jahre ist, ist Welt für den Rockjournalismus der frühen 80er: ein anekdotenreicher, lästermäuliger, kauziger und allemal kritischer Chronist, frei von nostalgischer Verwässerung. Dass den Leser doch bisweilen so etwas wie Wehmut ankommt, weil dies die Jahre sind, die er kennt, so gut kennt wie kein Dezennium davor und danach, die Jahre nämlich, in denen er *Sounds* und *Musikexpress* wie einen Katechismus studiert hat, wird man Wolfgang Welts spannender *oral history* nicht ankreiden. Im Gegenteil.

In Ruhe und Würde trinken

Der Kneipenmann von M. A. Numminen (1986)

Zu den vielen Merkwürdigkeiten der finnischen Spirituosengesetzbarkeit gehört es, dass in einfachen Pinten nur Bier der Kategorie III, also bis 4,5 Vol.% alc., ausgeschenkt werden darf (und in der Regel auch nur bis 22.00 Uhr). Wer stärkeren Stoff will, muss ein staatliches Alkoholgeschäft oder eben ein Restaurant aufsuchen. Das können sich aber viele nicht leisten, deshalb findet man das »einfache Volk« vor allem in der »Dreierbierbar«. Wer gesellschaftlich noch etwas zu verlieren hat, meidet diesen Ort. Der finnische Tango-Anarchist M. A. Numminen leistet nun praktische Aufklärungsarbeit. Sein Buch *Der Kneipenmann* ist eine kleine Landeskunde, detailreiche Alltagsethnologie und zugleich ein kulturpolitisches Pamphlet zur Rehabilitation dieser anrüchigen Lokalitäten. Immerhin 132 Dreierbierbars klappert er hier ab, bestellt zumeist seine »eiserne Ration«, also »ein Bier, einen kleinen Kaffee und einen Krapfen«, um mit den Menschen dort ins Gespräch zu kommen. Er skizziert mit knappen Worten das mal mehr, mal weniger eigenwillige Interieur, die oft ein wenig kauzige Personage und schreibt die Anekdoten und Witze mit, wenn denn welche erzählt werden, kurzum, er betreibt soziologische Kärrnerarbeit, teilnehmende Beobachtung im besten Sinne. Und nach und nach fügen sich diese kleinen Kneipenimpressionen zu einem recht detaillierten und vor allem liebevoll-philanthropischen Porträt des Milieus. Die Leute hier sind vielleicht ungebildet, in der Mehrzahl jedenfalls, dumm keineswegs! Dafür warmherzig, kommunikativ, großzügig und vor allem witzig.

Hat eigentlich jemand etwas anderes erwartet? In Finnland offenbar schon! Im Vorwort erklärt Numminen stolz, dass erst

M. A. Numminen · Der Kneipenmann
Gerd Haffmans bei Zweitausendeins

dieses Buch in seiner Heimat die gesellschaftliche Ächtung des »Dreiers«, seiner Schankstätten und wohl nicht zuletzt seiner Säufer revidiert hätte. Heimeliger Bollerofenromantik entgeht Numminen meistens – durch die feine Ironie seiner Beschreibungen und seiner Grundehrlichkeit, die absolut nichts verklärt: »Numminen hat die Seita-Bar noch nie in Hochstimmung erlebt. Die Leute in Sodankylä verstehen nicht, was es heißt, in Ruhe und Würde zu trinken, betrinken wollen sie sich bloß, jawohl.«

Und solch niederes Ansinnen wird hier gar nicht gern gesehen! Dem aufrechten Finnen, so möchte es zumindest Numminen, ist Bier nur das probate Schmiermittel für eine reibungslose, schwungvolle Konversation. Und wo die ausbleibt, da hält es auch den Autor nicht lange: »Die berühmte Wettkampfbar zeigt sich nicht von der besten Seite. Es geht phlegmatischer und gedämpfter zu als in der Lähemäki-Bar. Numminen braucht Action! Runter mit dem Bier und raus!«

Numminen ist ein Idealist des Trunks, er verabscheut tumben Suff und Koma, propagiert stattdessen einen geselligen, optimistisch-weltumarmenden Hedonismus. In einer hübschen Anekdote scheint sich sein Trinker-Ideal zu manifestieren: »Die Tür geht auf, eine Dame schwankt herein. Sie geht zur Theke und verlangt Bier. Der Kneipier konstatiert, die Dame sei betrunken, Bier könne es für die Dame keins geben. Die Dame bestellt etwas zu essen. Das läßt sich einrichten. Nachdem sie gespeist hat, begibt die Dame sich erneut an die Theke und verlangt Bier. Nein, der Herr Wirt sieht sich nicht in der Lage. Der Herr Wirt zeigt auf ein gelbes *Alko*-Pappschild, welches den Ausschank von Dreierbier verbietet: an Minderjährige, auf Kredit oder an Trunkene. Die Dame ist trunken. Nimm eine Milch, empfiehlt der Herr Wirt. Die Dame bestellt eine große Milch sowie eine zweite Mahlzeit.« Leider muss Numminen jetzt los, so erfahren wir nicht, »ob die Dame sich mit Hilfe der zweiten Mahlzeit für einen Krug Bier qualifizieren wird«.

Das sind die wahren Genusssäufer, denen er seine ganze Herzenswärme schenkt: nehmen sogar eine rigide Ausnüchterung in Kauf, um sich hinterher wieder einen ankümmeln zu können. Aber immer akkurat!

Hunger

Mai, Juni, Juli von Joachim Lottmann (1987)

Das Buch wurde vor einer Weile von Kiepenheuer & Witsch wieder aufgelegt, weil das Jahrzehnt, in dem dieser angeblich erste deutsche Poproman spielt, wie alle Dekaden zuvor, nun also auch zur Musealisierung freigegeben ist. Naturgemäß kommt der Reprint denn auch nicht ohne Nachwort aus. Verleger Helge Malchow zeichnet noch einmal den (pop-)kulturellen Paradigmenwechsel Mitte der 80er nach, den dieser gleichsam totale Zeitroman mitstenographiert: diese neue Form des Nonkonformismus, die sich in der Ironisierung der 68er, im Protest gegen deren Proteststereotypen äußert. Und in der Tat gibt es wunderbare Kneipendialoge, in denen die Protagonisten sich nur so aus Daffke um Kopf und Kragen reden, Schopenhauers krude Frauenverachtung mit Ernst Jüngers heroischem Nationalismus und Knut Hamsuns Hitlerverehrung mischen. Man merkt gleich, das ist alles nicht ernst gemeint, dient nur dazu, die gebatikte Langeweile zu vertreiben, um jeden Preis sozusagen, und vor allem auch die Geschwindigkeit dieser Prosa nicht auszubremsen. In struktureller und gelegentlich auch wortwörtlicher Anlehnung an Hamsuns grandiosen Erstling *Hunger* lässt Lottmann seinen Erzähler durch Hamburg, Köln und schließlich wieder Hamburg flanieren oder doch eher hetzen, auf der Suche nach dem Stoff für den großen Roman, der ihn reich und berühmt machen wird. Er hat Kopfschmerzen, schwitzt und deliriert, weil das die literarische Vorlage so will und weil er sich nicht entscheiden kann, ob er lieber einen Gesellschaftsporno, einen politischen Thriller zum Lob der DDR, einen kritischen Gegenwartsroman, eine Landidylle und so weiter schreiben soll. Alles wird durchprobiert, nichts wirklich fertig gestellt, weil die verwirrenden

KiWi
JOACHIM LOTTMANN
MAI, JUNI, JULI
EIN ROMAN

Außenreize, vor allem im Kölner *Spex*-Milieu, ihn immer wieder hin- und fortreißen. Und so ist dieses fulminante Stück Prosa nicht nur treffsicheres Szene- und Zeitdokument, sondern auch postmodernes Patchwork, ein Roman aus angefangenen Romanen. Am Ende heuert das erzählende Ich Hamsun-gemäß auf einem Schiff an. Nur geht die Reise hier nach Madagaskar. Vermutlich mit der Pest an Bord.

Sssssss
ANDREAS MAND
GROVERS ERFINDUNG
ROMAN
MAROVERLAG
PIP

Von vorne bis hinten scharf

Grovers Erfindung von Andreas Mand (1990)

»Wenn alle auf ihren Plätzen sitzen, wird das Licht ausgeknipst. Man sieht die Haare vom Diarahmen. Das erste Bild ist natürlich seitenverkehrt. Seitenverkehrt heißt, daß es falsch rum ist, wenn man die Gegend kennt, und meistens kennt man sie ja. ›Mach das Licht an!‹ knurrt Papa erbost, und Johannes springt, weil er das Pech hat und am nächsten zum Schalter sitzt. ›Es ist nicht schlimm‹, versucht Mama ihn zu beruhigen. ›Du bist ja vielleicht gut‹, entgegnet Papa. Mama sagt: ›Reg dich nicht auf, Fritz!‹ Zu spät, er ist wohl schon aufgeregt, weil wieder alles so kompliziert ist und aus Prinzip nie so klappt, wie er will.«

Das Buch beginnt nicht umsonst mit einer Diashow, die der Vater des kleinen Andreas für die Familie inszeniert und die mehr oder weniger in die Hose geht. Sie nimmt sogleich das Strukturprinzip von *Grovers Erfindung* vorweg: Kleine Erzähltexte sind hier wie Dias aneinander gereiht, einerseits willkürlich, unordentlich, wie es gerade kommt und ohne sich zu einem stringenten Plot zu fügen, andererseits aber doch nicht ohne inneren Zusammenhalt. Es sind dies kurze Beobachtungsexerzitien aus der konsequent durchgehaltenen, bis in die Syntax mimetisch nachgebildeten juvenilen Perspektive des Ich-Erzählers – und der trägt den Namen des Autors.

Wahrnehmung ist der thematische Magnetkern, der diese Prosasplitter zusammenhält. Und so hat auch das Scheitern der Diavorführung des Vaters bereits einen symbolischen Mehrwert: »Die Großen erinnern sich immer an andere Sachen. Und immer an dieselben, natürlich! ... Und sie haben Bilder von einem, und damit können sie es beweisen. Bis man es noch selber glaubt. Aber in Wirklichkeit liegt es nur an den

Bildern, weil man sie so oft vorgeführt bekommt. Und ich glaube nämlich gar nicht mehr, daß es so war, wie Papa sagt. Weil ich nämlich auch nicht doof bin und immerhin selber dabei war.«

Mand führt hier vor, was jede Sozialisation notwendiger-, aber eben auch tragischerweise mit sich bringt: Die abweichende Wahrnehmung des Kindes wird konditioniert, auf Linie gebracht, auf Normalmaß zurechtgestutzt, bis alle das Gleiche sehen – und genau davor sträubt sich der Dichter. Der will die Abweichung, denn in ihr verbirgt sich die Poesie. Und so haben immer wieder Autoren versucht, die vergessenen sensorischen, emotionalen, transzendentalen Potenziale der Kindheit abzurufen, indem sie ihre eigene als imaginäre Kindheit wieder beleben. Mand ist ein Meister dieses Auferstehungszaubers, und sein junger Erzähler ein kleines Wahrnehmungsgenie. Er lässt ihn durch die Kindheit stromern und seine Versionen der Geschichten erzählen, die sich von denen der Großen notwendig unterscheiden müssen, weil er noch Geheimnisse kennt und Dinge zum ersten Mal sieht, weil er der Welt eine Aufmerksamkeit schenkt, die sich später naturgemäß verliert. Andreas beschreibt ganz einfach seine Alltage, nichts ist ihm heilig, nichts zu klein: noch »die Haare vom Diarahmen« sind ihm der Rede wert; oder wie er so hoch schaukelt, bis »das Gestell ruckt«; wie sich beim Schreiben einer Klassenarbeit die Fingerkuppen verformen, »wo der Füller saß«, und wie das Blatt ganz »wellenförmig« wird; wie die Hosenbeine der Jeans rascheln beim eiligen Gang zum Schulbus, wie die Hände rote Striemen bekommen, wenn man sie zu lange in die vorderen Hosentaschen steckt, und wie die Schulbrote riechen, wenn sie eine Weile im Ranzen lagen, nämlich »nach angespitztem Bleistift«. Er erzählt, wie das gewaltige Mirakel der Sexualität ihn ganz und gar gefangen nimmt, in früheren Jahrzehnten hätte er längst einen krummen Rücken davongetragen, und was es heißt, ein Schlaukopf zu sein und keine Sportskanone: »Das Schlimmste am Turnen ist eindeutig das Wählen. Erst wird mit Pißpott bestimmt, wer anfängt, dann dürfen sie nacheinander jeweils einen wählen. Die Guten werden zuerst genommen, und die Flaschen bleiben übrig ...«

Mand liefert hier eine detaillierte Alltagsgeschichte der Kindheit, und er tut dies mit einer Genauigkeit, dass spätere Sozialhistoriker sie als Quelle für das profane Leben in den 60ern benutzen sollten, zugleich aber auch mit einer wehmütigen Poesie, die einen auch dann affiziert, wenn man nicht selbst Kind war in jenen Jahren. Und zu allem anderen ist dieses Buch sehr witzig. Als Andreas operiert werden soll und eine Narkose bekommt, wird er vom Anästhesisten angehalten zu zählen: »›Bis wieviel denn?‹ – ›Solange du kannst‹, hat er gesagt, ›du kannst doch hohe Zahlen, oder?‹ Einmal habe ich aufgehört, weil sie sich zwischendurch unterhalten haben und ich nicht unhöflich sein wollte. ›Was ist, kannst du nicht mehr?‹ hat der Professor gesagt. ›Es scheint nicht zu wirken‹, habe ich gesagt.«

Als sein Bruder Peter nach einem Unfall querschnittgelähmt bleibt, muss die Familie Mand sich erst an diese schwierige Situation gewöhnen. Peter bekommt »ein extra Klo mit einer gepolsterten Schale. Wir dürfen es nicht nehmen. Genau über dem Klo habe ich nach Peters Kommando seinen Flying Fortress mit geöffneten Bombenschächten gehängt. ›Sehr geschmackvoll‹, hat Papa gesagt.«

Grovers Erfindung führt aber – wie gesagt – nicht nur vor, was Wahrnehmung idealiter auch sein kann – indem das Buch sie gleichzeitig diskutiert, liefert es seine eigene Poetik gleich mit. So erklärt sich auch der Titel des Romans. Andreas, der ebenfalls einen Roman schreibt, in dem er sich als australischer Abenteurer namens Grover imaginiert, träumt von einer eingebauten Kamera, denn selbstredend ist so ein Beobachtungskünstler wie er auch Fotograf: »Ich habe gedacht, man müßte eine Kamera erfinden, die man praktisch nicht sieht. Daß sie also ganz klein ist, wie eine Sonnenbrille oder noch kleiner. Daß sie direkt am Auge montiert ist und daß man automatisch alles aufnimmt, was man sieht. Man geht in aller Ruhe irgendwohin, wo Filmen verboten ist. Man könnte alles mögliche erleben, und nachher hätte man die Filme davon, und keiner hat es auch nur ansatzweise mitgekriegt. Und das Gute daran ist, die Filme wirken viel echter als die normalen. Die Kamera funktioniert genauso wie ein Auge. Nichts verwackelt, wenn man rennt. Alles ist von vorne bis hinten scharf.«

Andreas Mand braucht so eine Kamera nicht – und er weiß das auch –, denn seine Prosa hat genau das geleistet. Alles ist von vorne bis hinten scharf.

Aus der kaputten Lunge husten

Generation X. Geschichten für eine immer schneller werdende Kultur von Douglas Coupland (1991)

Das ist im Grunde ja ein ganz alter Schlapphut, den sich Coupland da für seine Zeitgeistpiece aufsetzt: Schon in Giovanni Boccaccios *Decamerone* flieht eine Gruppe junger Menschen die Gesellschaft, wartet auf das Ende der just in Italien des Jahres 1348 wütenden Pest und versucht, sich mit Geschichten die Zeit nicht lang werden zu lassen. In *Generation X* geschieht im Grunde nichts anderes, die Peripherie heißt hier allerdings Palm Springs – und die Seuche, vor der Dag, Claire und der Ich-Erzähler Andrew flüchten, ist die Pest des Kapitalismus am Endes des Jahrtausends, der alles infiziert hat, die Menschen, die Beziehungen, die Gesellschaft. Das Leben ist oberflächlich geworden, lieblos, die guten Jobs sind rar, der Konkurrenzdruck ist hoch. Unsere drei Freunde steigen aus, gehen in die Wüste, weil sie sich nicht auch noch anstecken lassen wollen (respektive gerade glücklich genesen sind).

In der Tat, Coupland schreibt, wenn er nicht gerade seine Protagonisten bisweilen sogar ganz hübsche, freilich auch etwas unrealistische Anekdötchen und Novelletten zum Besten geben lässt und stattdessen doch mal zur gesellschaftlichen Wirklichkeit vordringt – Coupland schreibt an einem Krankenbericht. Das wird nicht zuletzt manifest in der Sprache, deren Metaphorik sich häufig, fast ein bisschen zu häufig, im Wortfeld des Medizinisch-Somatischen tummelt. Da hat es »Keratosenwetter«, da liegen »Kolotomietüten«, da ist sogar die unbelebte Warenwelt »tuberkulös«, »leprös«, »epileptisch« und so weiter.

Aber was kann dieser kranken, kaputten Gesellschaft aufhelfen? Man weiß es nicht. Was die drei gebrannten Kinder Dag,

Douglas Coupland
GENERATION X
Geschichten für eine immer schneller werdende Kultur
Roman
Galgenberg

Claire und Andrew weitermachen lässt, woran sie sich festhalten, ist der älteste Strohhalm überhaupt: die Literatur nämlich. Jedes der drei Sprachrohre des Autors darf sie einmal aussprechen, die frohe Botschaft dieses trotz seiner ausgestellten Modernität so grundkonservativen Romans. Am pointiertesten formuliert es Claire: »Entweder entstehen aus unserem Leben Geschichten, oder es gibt einfach keinen Weg hindurch.«

Der ehemalige Trinker Andrew, nun der Erzähler in letzter Instanz, berichtet nur ein paar Seiten später von einem Treffen der Anonymen Alkoholiker und verrät dabei zugleich etwas über die Wirkung von Literatur: »›Scheu dich nicht, ein bißchen aus der kaputten Lunge zu husten‹, sagte ein Mann, der bei einem Treffen neben mir saß, ein Mann mit einer Haut, die wie eine nicht ganz durchgebackene Pastetenkruste aussah, und der fünf erwachsene Kinder hatte, die keinen seiner Anrufe mehr erwiderten: ›Wie sollen sich die Leute jemals selbst helfen, wenn sie sich nicht auf ein Fragment deiner Schrecklichkeit stürzen können? Die Leute wollen so ein kleines Fragment, sie brauchen es. So ein kleines bißchen Auswurf läßt ihnen ihre eigenen Trümmer weniger schrecklich erscheinen.‹«

Wir hätten es auch so verstanden, denke ich, dass Coupland hier nicht zuletzt übers eigene Schreiben spricht (und die alte Ästhetik des Mitleids gegen eine der voyeuristischen Schadenfreude vertauscht). Aber schon muss ihm Andrew beispringen, um es für und in alle Welt hinauszuposaunen, was wir eben noch ein bisschen stolz als interpretatorische Eigenleistung verbuchen wollten: »Ich bin immer noch auf der Suche nach einer ähnlich vitalen Form des Geschichtenerzählens. Insoweit inspiriert von meinem Treffen bei den Anonymen Alkoholikern, war ich dazu angestachelt, Geschicklichkeit bei meinem eigenen alltäglichen Geschichtenerzählen zu beweisen, bei den ›Gute-Nacht-Geschichten‹, die Dag, Claire und ich uns gegenseitig erzählen.«

Von dem borkigen Stil der Übersetzung, die Harald Riemann zu verantworten hat, müssen wir jetzt mal absehen – man weiß immerhin, was gemeint ist! Coupland hat es vielleicht auch nicht besser verdient, denn seine literarische Mediokrität zeigt sich hier einmal in schöner Evidenz. Coupland ist penetrant. Alles, was er sagen will, wird ausgesprochen, mehrfach, und in einer Klarheit, die nichts offen lässt. Dass so vielleicht eine wissenschaftliche Studie funktioniert, aber eben nicht Poesie, muss ich wohl nicht eigens erwähnen, sage es auch nur, weil der Autor so viel analytisches Interesse mitbringt.

Dem Roman ist vorgeworfen worden, nicht nur im Internet, dass es diese »verlorene Generation der neunziger Jahre« (*Seattle Times*), von der er so selbstbewusst kündet, in der suggerierten Kohärenz und Homogenität ja gar nicht gebe, dass er vielmehr ein diffuses, lethargisch-depressives, vielleicht auch ein bisschen defätistisches Lebensgefühl beschreibe, von dem die späten 80er und frühen 90er Jahre allerdings durchdrungen gewesen seien. Ein Vorwurf, der eine soziologische Untersuchung aushebelt, aber einen Roman eigentlich nicht treffen kann, den sich Coupland aber selbst zuzuschreiben hat, weil er nicht einfach ein paar Geschichten erzählen, sondern den spätkapitalistischen Geist der Zeit – oder meinethalben die Generation X – gleich mit analysieren will (und zu diesem Zweck ein Glossarium an den Rand der Seiten setzt, das einige – auch augenscheinlich erfundene – Reizwörter und Szenebegriffe erklärt, übrigens nicht immer im vollen Ernst). Dieser soziologische Impetus ist dann vielleicht auch die Ursache dafür, dass er ständig und mit übergroßen Signaturen das Exemplarische seiner Figuren ausstellen zu müssen glaubt. Ach, hätt er doch einfach seiner Beobachtungsgabe und seiner literarischen Imagination vertraut und dem Leser selbst die Entscheidung überlassen, ob die Erzählungen als exemplarische bzw. symptomatische gelten können – oder sich aus ihnen am Ende gar das Profil einer Generation zusammensetzen lässt. So bleibt die große Prätention – und die noch größere Enttäuschung darüber, dass Coupland das Versprochene in keiner Weise einlöst. Für einen Essay bietet das Buch einfach zu wenig Analyse – und für einen Roman zu viel.

Dabei sind einige der Binnenerzählungen nicht mal übel, diejenigen vor allem, denen es ums bloße Erzählen geht:

»Ich war eines dieser doofen Kinder, die ewig erkältet sind und nie den Dreh herauskriegen, wie man tankt oder eine verhaspelte Angelschnur entwirrt. Irgendwie gelang es mir immer, alles falsch zu machen, zu zerbrechen oder zu vermasseln.

Wie dem auch sei, mein Vater war im Laden der Tankstelle, um eine Landkarte zu kaufen, und ich stand draußen und fühlte mich erwachsen und männlich und war so stolz darauf, daß ich noch nichts verpfuscht hatte, wie etwa die Tankstelle in Flammen aufgehen zu lassen oder dergleichen, und der Tank war fast voll. Jedenfalls kam mein Vater genau in dem Augenblick heraus, als ich den Schlauch herauszog, wobei die Düse völlig verrückt spielte und in alle Richtungen spritzte. Ich weiß nicht, warum, es geschah einfach. Über meine Jeans, meine Sportschuhe, das Nummernschild, den Zement – wie violetter Alkohol. Mein Vater sah alles, und ich dachte schon, jetzt hätte ich völlige Scheiße am Hals. Ich fühlte mich so klein. Aber statt dessen lächelte er mir zu und sagt: ›He, Kumpel. Ist der Geruch von Benzin nicht großartig. Mach deine Augen zu und atme tief ein. So richtig *sauber*. Es riecht nach *Zukunft*.‹

Na, das habe ich dann getan. Ich schloß die Augen, wie er es gesagt hatte, und atmete tief ein. In dem Augenblick schoß mir das helle, orangefarbene Sonnenlicht durch die Lider, ich roch das Benzin, und meine Knie wurden weich. Aber es war der tollste Augenblick in meinem Leben …«

Ein Kairos! Vielleicht verbinden sich solche erzählerischen Lichtblicke im Kollektivbewusstsein der Lesegemeinde dann ja zur leuchtenden Aureole des Kults. Hoffen wir mal, dass dem so ist …

Widerliche Schmeißfliegen

Trainspotting von Irvine Welsh (1993)

Angeblich ist *Trainspotting* das meistgeklaute Buch in Großbritannien, so jedenfalls kolportierte es der *Spiegel* Mitte der 90er Jahre. Und das spricht durchaus mal für den kleptomanischen Mainstream, denn bei aller Drastik und zynischer Sensationsheische, bei all dem Provokationspotenzial, das die vielen völlig unlarmoyanten, moralinfreien und noch dazu sehr witzigen Geschichten aus dem Fixermilieu bereithalten, ist *Trainspotting* literarisch durchaus nicht unambitioniert. Wie Sherwood Andersons *Winesburg, Ohio*, John Dos Passos' *Manhattan Transfer*, Hubert Selbys *Letzte Ausfahrt Brooklyn* oder auch Gilbert Sorrentinos *Steelwork* ist das Buch ein Kollektivroman. Sein Plot zerfällt in verschiedene Handlungsstränge, die das Schicksal einiger Charaktere mit mal mehr, mal weniger engen Beziehungen untereinander stur parallel erzählen. Es geht hier wie in allen diesen Büchern nicht um das exemplarische Einzelschicksal. In dieser ausdifferenzierten, vielfältigen Welt ist das ein anachronistisches Modell, Realität gibt es nur mehr im Plural, und so gehen diese Romane, die im Grunde lose verknüpfte Erzählungssammlungen sind, in die Breite, um möglichst viele Singularitäten in sich aufzunehmen. Dementsprechend eignet sich diese Erzählstruktur in besonderem Maße dafür, eine bestimmte Topographie, eine Szene, ein Milieu abzubilden. In *Trainspotting* ist es die gerade noch jugendliche, kleinkriminelle, latent gewalttätige Säufer- und Fixersubkultur im Edinburgher Vorort Leith, die Welsh von verschiedenen Ich-Erzählern und einem gelegentlich eingreifenden personalen Erzähler – mithin vielstimmig und perspektivenreich – in Literatur überführen lässt. Über ein Dutzend Figuren agieren hier und kommen sich gegenseitig

Irvine Welsh
TRAINSPOTTING
Roman
MANHATTAN
by Goldmann

manchmal ins Gehege. Am meisten aber kümmert sich Welsh um den Freundeskreis der heimlichen Hauptfigur, des Anti-Helden Renton, der Heroin drückt, weil das Leben ihn einfach nur anödet. Dazu gehören der Weiberheld und Amateur-Lude Sick Boy, der psychopathische Schläger Begbie, der gutherzige, menschenfreundliche, etwas weichbirnige Spud, Tommy, der sich dann später in einer der versifften »Schießbuden« mit Aids infiziert, Kelly, die eine Zeit lang mit Renton geht, und noch ein paar mehr.

Sie hängen in den Pubs ab, ertragen notgedrungen Begbies Ausfälle, weil sie nicht zu seinen Opfern zählen wollen, haben meistens keinen Job, sind aber mehrfach arbeitslos gemeldet und kassieren so ausreichend Stütze, um ihre Sucht zu finanzieren. Und wenn es tatsächlich mal nicht reicht, dealen sie ein bisschen oder brechen irgendwo ein. Und gelegentlich tragen sie einen aus dem Umfeld zu Grabe, weil der sich die Seuche geholt hat.

Der Roman spielt in den Pubs von Leith, er handelt von ihnen, und im Grunde hat er selbst ziemlich viel Ähnlichkeit mit dem lauten, vitalen Durcheinander darin: das Stimmengewirr, die aufschneiderischen Geschichten, die dreckigen Witze, die aufrichtigen Geständnisse, die klaren Momente, die Epiphanien und Klogänge. Auf einem führt Welsh – hier als Renton getarnt – seine Poetik vor:

»Ich mach die Hand auf und finde da eine riesige dreckige Schmeißfliege, ein großes pelziges Mistvieh. Ich schmier sie gegen die Wand, ziehe mit dem Zeigefinger ein ›H‹, dann ein ›I‹, dann ein ›B‹, mit ihren Eingeweiden, ihrem Gewebe, ihrem Blut als Tinte. Ich fange mit dem ›S‹ an, aber dann geht mir der Vorrat aus. Kein Problem. Ich nehm was von dem ›H‹, da is noch genug dran, und mal das ›S‹ zuende [HIBS meint den Fußball-Club Hibernian Edinburgh, F.S.]. Ich lehn mich so weit zurück wie möglich, ohne daß ich in die Kloake unter mir rutsche, und bewundere mein Meisterwerk. Die widerliche Schmeißfliege, die mir so viel Kummer gemacht hat, hat sich in ein Kunstwerk verwandelt, das mir beim Betrachten große Freude bereitet.«

Welshs Methode! Mit dem Blut und der Scheiße seiner miesen, kleinen, langsam zugrunde gehenden Protagonisten schafft er ein Kunstwerk und gibt ihnen so – eben weil das »beim Betrachten große Freude bereitet« – die Würde zurück, die man ihnen im Leben genommen hat. Ihre Erbärmlichkeit und ihr Leid waren somit nicht ganz umsonst. In diesem ästhetischen Programm allein zeigt sich die Anteilnahme des Autors – andere lektüresteuernde, wenn nicht gar moralisierende Hinweise wird man hier vergeblich suchen. Welsh schildert nur die Freuden und Leiden der Junkies, und er tut dies mit brutalem Sarkasmus und einer nicht selten Ekel herausfordernden Offenheit – was der Leser dabei empfindet, muss er schon selbst wissen. Es sagt ihm nämlich keiner. Zwar gibt es hier auch Meinungen, in der Kneipe gibt es schließlich mehr als genug davon, aber jegliche Wertung ist völlig unverbindlich, weil sie nur für einen Ich-Erzähler steht und von mindestens einer gegensätzlichen wieder aufgehoben wird.

Nur Renton, der desillusionierte Junkie-Philosoph, gibt eine Art Sympathieträger und Identifikationsfigur ab – nicht zuletzt, weil er am häufigsten zu Wort kommt. Ausgerechnet Renton, der in der Mitte des Buches zu einem langen brillanten Monolog ausholt, der die Ursachen der eigenen Heroinsucht luzide darlegt und schließlich kulminiert in einem fulminanten Plädoyer für die Droge:

»Die Gesellschaft erfindet eine völlig verdrehte Scheinlogik, um die Leute, deren Verhalten außerhalb des Mainstreams steht, zu absorbieren und zu ändern. Angenommen, ich kenn alle Für und Wider, weiß, daß ich n kurzes Leben haben werd, bei klarem Verstand bin und so weiter, will aber immer noch

Heroin nehmen? Das lassen die nich zu. Sie lassen es nich zu, weil sies als Zeichen für ihr eigenes Versagen deuten. Daß du dich einfach entschlossen hast, das, was sie dir zu bieten haben, abzulehnen. Entscheide dich für uns. Entscheide dich fürs Leben. Entscheide dich für Hypothekenraten; Waschmaschinen; Autos; entscheide dich dafür, auf der Couch rumzusitzen und bescheuerte, nervtötende Gameshows anzuglotzen, während du dir beschissenes Junkfood in den Mund stopfst. Entscheide dich dafür, langsam zu verrotten, dich im Pflegeheim vollzupissen und einzuscheißen, daß es deinen selbstsüchtigen, versauten Blagen, die du in die Welt gesetzt hast, peinlich ist. Entscheide dich fürs Leben.«

Eine Apologie des Drogenkonsums! Das ist vielleicht das Verstörendste an diesem großen Buch, zumindest aber das Provozierendste für all die Ethikminister dieser Welt.

Tobias Wolff
IN DER ARMEE DES PHARAOS
Erinnerungen an den verlorenen Krieg
Es war eine stille, verträumte Stadt, und sie hatten Glück. Seit ein paar Jahren hatte es keine Autobomben mehr gegeben, keine Bomben in Restaurants, keine Entführungen, keine Morde. Das war sehr ungewöhnlich.
Rogner & Bernhard bei Zweitausendeins

Keine Helden

In der Armee des Pharaos. Erinnerungen an den verlorenen Krieg von Tobias Wolff (1994)

Warum zieht ein halbwegs intelligenter Amerikaner mit schriftstellerischen Ambitionen freiwillig in den Vietnamkrieg? Nicht etwa, weil er – über das amerikanische Normalmaß hinaus – besonders patriotisch oder chauvinistisch dächte. Sondern, schlimmer noch, weil er die falschen schriftstellerischen Vorbilder gewählt hat und wie Hemingway und Co. eine harte, wirklichkeitsgesättigte Männerprosa schreiben will. Und die setzt nun einmal die Teilnahme an einem anständigen Krieg voraus! Die Rede ist von Tobias Wolff. Der lässt sich wahrhaftig von der Army rekrutieren, »um eine Vergangenheit zu bekommen«, genügend Humus für das spätere Schreiben gleichsam, und geht nach Vietnam. Kurioserweise scheint seine absurde Rechnung auch noch aufzugehen: Er überlebt, versucht sich nun ernsthaft als Schriftsteller, und seine schnörkellose Prosa in der Tradition des *dirty realism* wird bald von Kritikern und Publikum gleichermaßen geschätzt; für den Roman *The Barracks Thief* bekommt Wolff den PEN/Faulkner-Preis zugesprochen. Das Klischee mutiert zum Leben. Der Witz Robert Gernhardts (»Und, das Schreiben haben Sie an der Uni gelernt?« – »Nein, zehn Jahre Fremdenlegion haben mich zum Dichter gemacht!«) bleibt deshalb immer noch witzig. Aus Dreck entstehen manchmal Perlen, aus den dümmsten Ideen manchmal gute Bücher. Wolffs Entschluss, Vietnam als literarische Vorschule auszuwählen, gehört nun wirklich zum Dümmsten, was man sich vorstellen kann, seine *Erinnerungen an den verlorenen Krieg* sind ein gutes Buch.

Nach hartem Drill bei den Green Berets und einem mehrmonatigen Vietnamesischstudium, bei dem seine militärischen Kenntnisse bald wieder verblassen, wird der junge First Lieutenant Wolff in den Busch geschickt. Aber er hat Glück, er ist nicht im eigentlichen Konfliktgebiet stationiert, sondern nahe der relativ ruhigen, europäisch anmutenden Stadt My Tho am Ufer des Mekong. Hier soll er eine südvietnamesische Einheit militärisch beraten, mit anderen Worten die amerikanische Luftunterstützung koordinieren, wenn denn mal welche gebraucht wird. Eigentlich wird keine gebraucht. Wolff ist praktisch ohne Aufgabe und nicht mal unglücklich darüber, denn immer deutlicher zeichnet sich ab, dass ihn seine soldatischen Pflichten überfordern. Ohne seinen direkten Untergebenen Sergeant Benet, einen erfahrenen, ganz unheldischen Familienvater, wäre er vermutlich schon nicht mehr am Leben. Spätestens, als er bei einem Granatenanschlag nur »um Haaresbreite« mit dem Leben davonkommt und sich vor Angst ganz profan in die Hosen scheißt, begreift er die eigene Dummheit – geglaubt zu haben, dass seine Anwesenheit in diesem Land einen Sinn haben könnte.

Angesichts der kruden Wirklichkeit – der Vietcong lauert überall, selbst im abgelegenen, strategisch unwichtigen My Tho – gelingt es Wolff nicht sehr lange, seine Dichter-Imago aufrechtzuerhalten. Er verbrennt den kurz vor seinem Einsatz angefangenen Roman, kann sich nicht mal mehr auf die Bücher konzentrieren, die ihm sein Bruder aus der Heimat schickt: »Jeder Satz wurde zu einer Pflicht, die Bücher selbst fühlten sich unpassend und fremd in meinen Händen an. Nicht lange, und ich ertappte mich, wie ich ins Leere starrte. Das war mein Signal, mich zu Sergeant Benet vor ›Bonanza‹ oder die ›Gong-Show‹ zu setzen oder mich für einen Hüpfer in Richtung Stadt auf die Straße zu wagen. Das Beste, was ich von mir sagen konnte, war, daß ich noch lebte.«

Einmal mehr liefert uns Tobias Wolff die amerikanische Perspektive auf den Vietnamkrieg, aber sein Buch ist nichts weniger als eine Apologie. Objektiv und durchaus kritisch, ja schamhaft schildert er die Rücksichtslosigkeit und Verachtung der US-Truppen gegenüber der vietnamesischen Zivilbevölkerung (auch seine eigene), entlarvt er das amerikanische »Gerede von Partnerschaft und Brüderschaft«, das spätestens dann keinen Pfifferling mehr wert war, wenn die eigene Haut auf dem Spiel stand: So wird – mit seiner Hilfe – My Tho, das während der Tet-Offensive vom Vietcong teilweise besetzt war, vollkommen dem Erdboden gleich gemacht, ohne auch nur einen Gedanken an die dort lebende südvietnamesische Bevölkerung zu verschwenden. Wolff demonstriert überdeutlich, was immer noch so mancher Ex-Bundeskanzler nicht wahrhaben will: dass man in einem Krieg als Soldat einfach nicht anständig bleiben kann. Es gibt somit auch nur einen Helden in diesem Buch, jenen verärgerten und besorgten Vater, der seinen Sohn am Abend vor der endgültigen Verlegung nach Vietnam ins Gebet nimmt und zur Desertion überredet. Wolff stellt sich daraufhin vor, wie bewaffnete Entführer den Bus zum Militärflughafen anhalten, in dem er einmal saß:

»Sie rufen unsere Namen, und dann wissen wir, wer hinter den blendend hellen Lampen steckt. Unsere Väter. Unsere Väter, die gekommen sind, um uns nach Hause mitzunehmen.

Verrückt.

Aber nicht so verrückt wie das, was sie wirklich taten – nämlich uns gehen zu lassen.«

In der Armee des Pharaos – schon der Titel übt Kritik am imperialistischen Größenwahn der USA jener Zeit – ist eine sehr persönliche Alltagsgeschichte des Vietnamkriegs. Wolff kommt ohne Schlachtengemälde und spektakuläre Gräueltaten aus. In einer schmucklosen, ihrem Gegenstand angemessenen Sprache erzählt er von unauffälligen Details, von Gerüchten und Abergläubeleien, von Verhaltensmustern der

Menschen, ihren Stimmungen und anderen Kleinigkeiten, die weniger plakativ, aber ebenso deutlich Grausamkeit und Sinnlosigkeit dieses Krieges spiegeln. Eines Krieges, der wirklich alles in Mitleidenschaft zieht – bis auf das Geschäft. Auch im tiefsten Dschungel kann sich der kaufkräftige GI einen Neuwagen ansehen und für das Ende der Dienstzeit vorbestellen. Natürlich, versichert ihm der Vertreter, »ohne Verpflichtung für irgendwen, falls, Gott behüte, irgendein Mißgeschick Ihre Heimkehr verhindern sollte«.

Die Ästhetik der Liste

High Fidelity von Nick Hornby (1995)

Seit dem Schiffskatalog in Homers *Odyssee* ist die Liste ein in der Weltliteratur immer mal wieder gebrauchter Kniff, auf lakonische, unprätentiöse Weise die Fakten, Fakten, Fakten heranzuschaffen, etwa um den Text zu erden, die Fiktion zu beglaubigen. In Nick Hornbys Bestseller *High Fidelity*, der die literarische Mode der 90er, die dann Popliteratur genannt wurde, mit konstituierte und maßgeblich prägte, bekommt sie eine zusätzliche, stärker integrative Funktion: Sie strukturiert über weite Teile den Plot.

Hornbys Ich-Erzähler Rob Fleming wird von seiner Laura verlassen, und um sich den Liebeskummer vom Leib zu halten, ihn rational zu kontrollieren, stellt er, gleich auf der ersten Seite des Buches, die »ewigen Top Five meiner unvergeßlichsten Trennungen für die einsame Insel« zusammen – und hier ist infamerweise Laura natürlich nicht dabei: »Das waren diejenigen, die wirklich weh getan haben. Findest du deinen Namen darunter, Laura? Ich schätze, du könntest dich unter die Top Ten mogeln, aber unter den Top Five ist kein Platz für dich; diese Plätze sind für Demütigungen und Herzschmerz eines Kalibers reserviert, die du mir gar nicht zufügen könntest.« Das sagt er natürlich nur so, die gereizte Anrede verrät ihn allzu deutlich. Um sich abzulenken, geht er seine »Top Five« noch einmal gedanklich durch und fördert dabei ein paar ganz hübsche, peinliche, also witzige Geschichten zu Tage. Weil das allein nicht reicht, seine Liebespein zu betäuben, und weil er endlich verstehen will, warum ihm immer die Frauen weglaufen, klappert er jetzt – die Liste demonstriert ihre Einflusskraft – noch einmal die einstigen Eroberungen ab. Jetzt bekommen Alison, Penny, Jackie, Charlie und Sarah im

NICK HORNBY
HIGH
ROMAN
FIDELITY
KIEPENHEUER & WITSCH

Dialog mit Rob – mehr oder weniger! – die Chance, ihre Sicht der Dinge zu äußern, und spätestens danach weiß man auch, dass Rob ein egoistischer, triebgesteuerter, phlegmatischer, larmoyanter, zur Melancholie neigender, aber sonst emotional nicht sehr hoch entwickelter Typ ist, ein Durchschnittsmann eben. Eigentlich weiß man es schon vorher, denn als Lauras Freundin Liz ihm die Meinung geigt, teilt er notgedrungen mit, warum sich Laura von ihm getrennt hat – und einmal mehr kommt hier die Liste zum Einsatz. Er gibt zu:

»1) Daß ich mit einer anderen geschlafen habe, während sie schwanger war.

2) Daß meine Affäre eine der unmittelbaren Ursachen dafür war, daß sie die Schwangerschaft abbrach.

3) Daß ich mir nach ihrer Abtreibung eine größere Summe Geld von ihr geliehen und noch nichts davon zurückgezahlt habe.

4) Daß ich ihr, kurz bevor sie mich verließ, erklärt habe, ich sei mit unserer Beziehung unzufrieden und hätte sozusagen schon angefangen, mich anderweitig umzusehen.«

Nun, vielleicht ist Rob doch noch ein bisschen durchtriebener als der Durchschnitt. Dafür hat er andere Qualitäten. Als Musik-Addict ist er eine Klasse für sich, die Ordnung seiner Plattensammlung ist eine Geheimwissenschaft, die nur noch seine Spezis und Angestellten von Championship Vinyl, dem Londoner Second-Hand-Plattenladen, dem er vorsteht, verstehen. Da ist zum einen der großmäulige Pop-Enzyklopädist Barry, der gestrenge Geschmackscop, der schon mal einem Familienvater den Verkauf einer Stevie-Wonder-Single für seine Tochter verweigert (»Weil es sentimentaler, geschmackloser Schrott ist, deswegen. Sehen wir aus wie ein Laden, der Dreck wie ›I Just Called To Say I Love You‹ verkauft, hä? Und jetzt raus mit Ihnen, stehlen Sie uns nicht unsere Zeit.«) und der scheue, leicht kommunikationsgestörte, aber mindestens genauso musiksüchtige Dick. Hornby versteht es ziemlich virtuos, nicht zuletzt unter Aufbietung einigen Spezialwissens, die Popobsession seines Trios, die ganze obskure Welt des existenziellen Fans anschaulich vorzuführen, der seine Parallelwelt in Fünfer- und Zehnerkolonnen zerlegt und so in eine übersichtliche Ordnung bringt: »›Okay, Jungs. Die fünf besten Dustin-Hoffman-Filme.‹ Oder Gitarrensoli, oder Platten von blinden Musikern, oder Serien von Gerry und Sylvia Anderson (›Ich fasse es nicht, daß du Captain Scarlet auf Nummer eins hast, Dick. Der Typ war unsterblich! Was soll der Käse?‹), oder Süßigkeiten, die es im Glas gibt (›Wenn einer von euch Rhabarber mit Vanillecreme unter den besten fünf hat, kündige ich.‹).«

Hinter dem ganzen omnipotenten, snobistischen Kennergetue steckt natürlich die latente Angst, einen zu kleinen Pimmel zu haben bzw. nicht viel mehr zu können – oder doch jedenfalls nicht so gut zu können. Rob weiß das eigentlich sehr genau. Als Laura ihm die Platten dalässt, die er ihr geschenkt hat – weil er damals bloß versucht habe, ihr seinen Musikgeschmack aufzunötigen –, denkt er sich seinen Teil: »Wenn ich keine einmalig preisgünstigen Compilation-LPs für neue Freundinnen mehr kaufen kann, kann ich gleich einpacken, weil ich nicht sicher bin, ob ich irgendwas anderes draufhabe.«

Nun ist Hornby ja gelernter Pädagoge, glaubt mithin fraglos an die Perfektibilität des Menschen, sogar Robs. Also lässt er diesen eine positive Entwicklung durchmachen. Erst muss Rob zwar noch eine halbgare Liaison mit der Folksängerin Marie LaSalle anfangen, muss Lauras Vater sterben, sie zu ihm zurückkehren und er noch ein letztes Mal an der Liebe zu ihr zweifeln, aber dann nimmt er sich doch ein Herz und lässt eine wirkliche Veränderung zu: »Zum ersten Mal in meinem Leben habe ich das Gefühl, eher in einer Episode von *Unsere besten Jahre* zu sein als in einer Episode von … von … einer Sitcom, die erst noch gedreht werden muß, über drei Typen, die in einem Plattenladen arbeiten und den ganzen Tag über Sandwichbeläge und Saxophonsoli reden, und es gefällt mir.« Rob ist endlich reif für die Ehe!

Aber auch sein wohlgeordnetes Fantum, seine kleine heile Nebenwelt öffnet sich plötzlich einen kleinen Spalt dem richtigen Leben. Der Kritiker entdeckt sein kreatives Potenzial. Erst lässt er Marie LaSalle einen Promo-Gig in seinem Laden spielen, dann revitalisiert er den legendären »Groucho Club«, in dem er einst Platten aufgelegt und Laura kennen gelernt hat. Na, eigentlich ist das eher Lauras Initiative, aber Rob spielt schließlich mit, gibt den DJ wie früher. Aus dem Listensektierer wird der Aktivist, der seine frohe Popbotschaft unters tanzende Volk bringt.

Der große Erfolg dieses Buches geht übrigens völlig in Ordnung. *High Fidelity* ist gar nicht so konventionell, wie gelegentlich behauptet wurde. Dass Rob seine Lebenskrise mit der Erkenntnis überwindet, jetzt müsse eben geheiratet werden, ist es sicher. Aber wie Hornby die prosaische Liste immer wieder zum Movens der Handlung macht und dabei die Penetranz der Aufzählung raffiniert umschifft und wie er sie zudem als Leitmotiv für sein eigentliches Thema einsetzt und als Chiffre funktionalisiert: für die geschlossene, unveränderliche, ja letztlich kindsköpfige Gegenwelt der Fanexistenz – das ist alles gar nicht so ohne. Und von Hornbys kolloquialer Diktion, diesem geplauderten, quasi-mündlichen, aber doch auch klugen und ziemlich witzigen Parlando lässt man sich einfach gern über die Seiten tragen.

PLEASE
KiLL ME
die UNZENSIERTE GESCHICHTE des PUNK
von Legs McNeil und Gillian McCain
ERZÄHLT VON
DEE DEE UND JOEY RAMONE, LOU REED,
JOHN CALE, PATTI SMITH, DEBBIE HARRY,
MALCOLM MCLAREN, WILLY DEVILLE,
MC5, TELEVISION, IGGY POP
UND VIELEN ANDEREN

Kinder des Zorns

Please Kill Me von Legs McNeil und Gillian McCain (1996)

Als Richard Hell 1974 eine Zielscheibe und die Worte »Please Kill Me« auf sein T-Shirt schmierte und mit Television den unbedeutenden Hillbilly-Schuppen CBGB's in New Yorks angesagtesten Veranstaltungsort der Off- und Krawallszene verwandelte, da gab es immer noch kein Wort für diese ästhetische Schocktherapie. Erst ein paar Monate später gründeten Legs McNeil, John Holmstrom und Ged Dunn ihr Underground-Magazin *Punk* und lieferten damit nicht nur das Organ, sondern zugleich das Etikett des Genres.

Da war durchaus schon einiges passiert: MC5 hatten 1968 beim Festival of Live während der Democratic Convention in Chicago gespielt, bis die Cops die Veranstaltung gewaltsam auflösten. Und der anwesende Norman Mailer sah hier mit aufgesperrten Ohren das Monster der Revolution musikalisch auferstehen ... Iggy Pop hatte sich in eben jenen Jahren auf der Bühne in Glasscherben gewälzt und mit den Stooges einen dilettantischen Brachialsound ins Werk gesetzt, dessen sinn- und richtungslose, selbstzerstörerische Aggressivität den Hippies und Biedermännern das Fürchten lehrte ... Die New York Dolls hübschten diesen betonharten Garagenrock mit Glitter und Frauenkleidern auf und demonstrierten so schon früh, dass die Kleidung eine nicht unwesentliche Rolle für die Etablierung der neuen Musik spielen sollte. Aber erst Richard Hell verkörperte den Punk. Er schrieb mit »Blank Generation« nicht nur die Hymne der Bewegung, er lief auch schon mit allen modischen Attributen herum, die Malcolm McLaren dann nach England exportieren sollte: Stachelhaare, zerrissene Kleidung, Sicherheitsnadel.

Please Kill Me, eine spannende, souverän gefügte Collage aus unzähligen Interviews mit den *dramatis personae* des Ur-Punk, reanimiert all diese Mythen, Legenden und Wahrheiten, bringt die zu bloßen Begriffen und Schlagwörtern erstarrte Rockhistorie der späten 60er und 70er Jahre wieder in Fluss. 1996 bereits veröffentlichten Szenepatriarch Legs McNeil und Gillian McCain ihre *oral history*, also lange bevor sich Jürgen Teipel für seinen »Doku-Roman« *Verschwende Deine Jugend* die Punk- und Neue-Deutsche-Welle-Geschichten der frühen 80er erzählen ließ. Die Form ist nicht nur deshalb so evident, weil sie der Heterogenität der Szene und dem forcierten Chaos der Veranstaltungen Rechnung trägt, sondern auch, weil sie das Montageprinzip der hektographierten Fanzines kopiert. Das Buch handelt vom Punk mit den Mitteln des Punk. Und indem es auch dessen Prähistorie in den Blick nimmt, ist es zugleich eine Geschichte der amerikanischen Gegenkultur dieser Jahre, in der anscheinend jeder jeden kannte und alles mit allem zusammenhing. Vor allem aber liefert es ein ziemlich buntes, wenn auch wohl leicht idealisiertes Bild jener Existenzweise zwischen Größe und Gosse. Dee Dee Ramone erinnert sich an die erste Begegnung mit der New Yorker Krawallschachtel Connie Gripp, seiner damaligen Geliebten: »Sie war eine Prostituierte, ich war ein Ramone, und wir waren beide Junkies.«

Sex, Liebe, Kleidung, Frisuren und Gewicht

Soloalbum von Benjamin von Stuckrad-Barre (1998)

Katharina ist weg. Und der junge Musikjournalist und Ich-Erzähler, der genug hat vom Schweinejournalismus und bei einer Plattenfirma anfängt und später bei einer Agentur, wie der Autor ja auch, kommt nicht so recht über sie hinweg. Erst im Verlust zeigt sich wie immer der wahre Wert – und so braucht es eine ganze Menge Kompensation, um halbwegs bei Sinnen zu bleiben. Rausch in unterschiedlicher Form – selbstredend wird in so einem Szenebuch auch eine ganze Menge Marschierpulver weggeschnuppert –, eine fulminante Hasslatte auf die Welt, die eine oder andere Küsserei und vor allem Pop halten den Mann in Bewegung. Blur, Pulp und Oasis, immer wieder Oasis. Ohne diese Band, deren Songs auch die Überschriften der einzelnen Kapitel liefern – ohne dass dies literarisch irgendetwas zu sagen hätte –, wäre das Leben nach Katharina gar nicht zu ertragen. So immerhin macht er weiter, hat aber ziemlich schlechte Laune dabei und nutzt auch jede Möglichkeit, sich bei seiner alten Flamme mit kläglicher Bittstellerei unmöglich zu machen.

Einen Plot hat dieses Buch nicht, es ist eher ein Journal und assoziiert sich so durch die Tage und Nächte dieses einen Jahres nach Katharina. Dabei bleibt das erzählende Ich auf dem Niveau eines guten Rockjournalisten. Er schaut ziemlich genau hin, und mit ein paar Sätzen aus dem Handgelenk werden da Szenen aufs Blatt geworfen, die das paradigmatische Yuppie-Alltagsleben in den späten 90ern ganz gut einfangen:

»Frischgebadet kommt Isabell dazu und fragt, ob wir nicht in ihr Zimmer gehen wollen. Ich will gerne. Wir küssen uns ein bißchen, und dann kommen lauter Menschen (es ist jetzt offenbar so 10 Uhr), gucken in das Zimmer und sagen:

Benjamin v. Stuckrad-Barre
Soloalbum
Roman
KiWi

– Huch, ach so, und gehen wieder raus. Nach dem fünften ungefähr gehen wir zu den anderen aufs Vordach, und da sagen die fünf:

– Schon fertig?«

Nur sprachlich ist das meistens nicht groß von Belang. Es scheint ihm rhetorisch nur eine einzige Figur zu Gebote zu stehen, das Zeugma, und das ist ohnehin mehr so ein Jokus aus dem Schlussverkauf, eins dieser Sonderangebote, die eigens dafür hergestellt werden. Stuckrad-Barre indessen gefällt das so ausnehmend, dass er es alle paar Seiten mal ausprobiert – in einer Häufigkeit mithin, die ihm auch noch das letzte bisschen Effekt austreibt. »Das trifft sich ja gut und mich in der Mitte, voll in die Eier« – »Ich ... gucke voll Verachtung und voll Abendessen auf meinen Bauch« – »Kopf und Wasser rauschen« – »Sie tut so, als fühle sie sich unbeobachtet. Und führt vor: uns und ein paar Kunststücke« – »Gorny ist Beisitzer von ungefähr 120 Ausschüssen und bewegt ganz schön was. Jetzt gerade sich selbst« – »Und lege irgendwann auf und lege mich auch auf – nämlich das Bett und denke nach«. Man könnte noch weitermachen, wenn diese Erbsenzählerei nicht so albern wäre. Aber das fällt einem eben auf, weil der ganze Rest sprachlich so karg und dürftig ist – Metaphern finden so gut wie nicht statt –, vor allem aber, weil diese sprachliche Naivität in so einem derben Kontrast steht zur bohemistischen Rotz- und Protzattitüde, dieser dicklippigen, so ziemlich alles verachtenden und runterputzenden Billigpolemik, die sich überdies so etwas Profanes wie ein Argument oft erspart. Klar hat er meistens Recht, aber was kann man denn noch zu Kuschelrock-Hörern, Peter Hahne, der Lady-Di-Trauergemeinde, der Volvo-Werbung, Wirtschaftsberatern, Studentenpartys, schlagenden Verbindungen, Fury in the Slaughterhouse, Heinz Rudolf Kunze, Pur und so weiter schreiben, wenn nicht Polemisches?!

Es ist die alte Kultbücherschule, man erhofft sich einen Distinktionsgewinn durch ein fulminantes Dagegen. Aber das funktioniert hier nicht so recht, weil es allzu oft in die Beliebigkeit abrutscht – und weil man oft einfach nicht versteht, warum jetzt wieder so viel Gewese um so wenig Substanz gemacht wird (einmal besucht der Erzähler eine Schaumparty, und sofort denkt man perfide: Da gehört er hin!). Überdies wird dieser Furor bald unansehnlich, weil Stuckrad-Barres forciertes Checkertum, das man bei Nick Hornby charmanter, ironischer haben kann, mit dem hier reichlich aufgesetzten Zynismus eines Bret Easton Ellis kreuzt, dessen versteckten Moralismus jedoch einfach kappt. Angesichts des *Bild*-Zeitungs-Terrors mit möglichst detailreichen Schilderungen der gerade kurrenten Gewaltverbrechen winkt er ab: »Man kommt ja nur auf dumme Gedanken. Oder man wird moralisch. Beides ist nicht gut.« Von »eigentlicher Bedeutung« ist ihm und seinesgleichen nur: »Sex, Liebe, Kleidung, Frisuren und Gewicht«.

Wir haben eben wieder einmal Fin de Siècle – und dazu gehört dann auch dieser Scharfmachercocktail aus Weltekel, Dekadenz, Kaltschnäuzigkeit und, Teufel noch eins, provozierender Amoralität.

Wie so einer den Moralisten Jörg Fauser lesen und verehren kann, bleibt dann allerdings schwer verständlich. Fauser taucht in diesem Buch mehrmals als literarische Referenzgröße auf. Und im richtigen Leben zitiert Stuckrad-Barre sogar dessen schönes, pathetisches, ja unveräußerliches Diktum: »Wenn Literatur nicht bei denen bleibt, die unten sind, kann sie gleich als Party-Service anheuern.« Schon, schon, gelegentlich ist er sogar mal bei denen, sonntags am Hauptbahnhof etwa, aber er tritt dann auch nur noch einmal nach, stößt sie in den Dreck, in dem sie schon längst liegen, weil der Anblick seinen verwöhnten Augen wehtut. Was für ein Missverständnis!

Aber diese Selbsttäuschung ist bezeichnend für Stuckrad-Barre bzw. seinen Ich-Erzähler, der hier weitaus mehr ist als sein Alter Ego. Am Ende mörtelt er den Graben zwischen Ich und Autor denn auch ganz zu, indem er einen Faxwechsel mit einem etwas tolldreisten Journalisten zitiert, der von ihm Stichworte verlangt für einen zu schreibenden Artikel zum Thema »Kein Kult ohne Koks«. Stuckrad-Barre wird ein bisschen frech und schließt mit den Worten: »Als Symbol für ein Lebensgefühl stehe ich nicht zur Verfügung.« Eben doch. Ständig.

Les Murray
FREDY
NEPTUNE
Ammann

Am Fleischwolf

Fredy Neptune von Les Murray (1998)

So als blätterte jemand sein Fotoalbum durch und extemporierte die daran hängenden Geschichten: »Das war am Schlachtwursttag / auf unserer Farm bei Dungog. / Das sind mein Vater Reinhard Böttcher / und meine Mutter Agnes und mein Bruder Frank, / der später starb an Hirnbrand, Meningitis. / Und ich steh hier am Fleischwolf.«

So lässt Les Murray sein monumentales und schlechterdings grandioses Weltepos *Fredy Neptune* beginnen. Der hier erzählt, ist Fredy selbst, und er steht da nicht von ungefähr. Er wird für die Dauer dieses Abenteuerromans in freien Versen am Fleischwolf der Weltgeschichte stehen und als Statist, von einem miesen Schicksal engagiert, mitansehen müssen, wie all der Gräuel passiert, den sich Menschen in den ersten fünf Jahrzehnten des letzten Jahrhunderts angetan haben. Dieser deutschstämmige, in den australischen Outbacks aufgewachsene Abkömmling von Ahasver und Simplicissimus und nicht zuletzt auch Forrest Gump war überall dabei: Er verlässt die elterliche Farm und fährt zur See, gerät in die Wirren des Ersten Weltkriegs und wird Zeuge des Völkermords an den Armeniern. Als er mitansehen muss, wie Türken eine Gruppe armenischer Frauen mit Kerosin übergießen und sich an ihrem grauenvollen Todeskampf weiden, verliert dieser sensible Moralist die Fassung. Er zieht sich in sich selbst zurück, wird taub am ganzen Körper, spürt nichts mehr, keinen Schmerz und keine Lust, zugleich wachsen ihm Bärenkräfte, die ihm während seiner vieljährigen Odyssee durch die Weltgeschichte nun immer wieder gute Dienste leisten. »Unter Männern ist es nicht so schlimm; Berührung soll nicht dauern. / Unter Frauen merk ich, daß ich nichts berühren kann, auf Dauer. /

Ich kann das Leben haben, doch nicht fassen«, klagt er einmal einem anderen Muskelmann, und der gibt ihm vermutlich das Motiv, das alles hier zu erzählen: »Aber dein Wort hält dich / lebendig: ohne es wärst du tot wie Blei ...« Und viel später, da ist Fredy bereits auf dem Weg der Besserung, fragt er sich verzweifelt, ohne Hoffnung: »Wie gut ist dein Gedicht? Kann es sie wieder / lebendig machen nach dem Tanz im Kerosin?«

Fredy hat aber noch ein Problem. Er ist zu gleichen Teilen Deutscher und Australier, er kann und will sich nicht entscheiden, also laviert er sich so durch, wird zum Beobachter des Krieges. Andere entscheiden derweil für ihn: Zurückgekehrt in sein Heimatdorf, wird er als »Kaiser« beschimpft, sein Vater ist vor Gram gestorben an dieser Ächtung, also schließt er sich einem Zirkus an, wird Fredy Neptune und macht den Kraftmeier fürs Publikum. Er geht nach Hollywood, lernt dort Marlene Dietrich kennen, überquert mit einem Zeppelin den Atlantik, verprügelt SA-Rotten in den Straßen Berlins, und immer wieder zeigt dieser ungebildete, aber intelligente und integre Mann, dass er viel mehr von seiner Zeit verstanden hat als die meisten: »Man konnte nicht verstehn, wie still Deutschland geworden war / in drei, vier Monaten: von viel Gerede und Gejammer und Gesängen und brüderlichem späten Trinken, wie's die deutschen Männer lieben, / wie's alle Männer lieben, zu – peng! – gesenkten Augen, Stillehalten, den / Spaßverderbern gehört jetzt das Parkett. Wenn die Polizeirevolution kommt, / merkt man's daran, daß man nicht einmal weiß, wer alles Polizei ist. Manche / verzweifeln da, und alles wird zu Polizei, die Tassen, das Regal, das Radio ...«

Schließlich flüchtet er aus Nazi-Deutschland, heim nach Australien, zurück zu Frau und Kindern. Froh wird er auch hier nicht, weil er die ganze Wahrheit schon ahnt: »Ich aber dachte immerfort / an einen Schützengraben halb voll Menschenblut, der hinlief über / zwei Drittel dieser Welt und da und dort / mit Erde zugeschüttet wurde nach dem pausenlosen Morden ... / Gräben wie im Ersten Weltkrieg, aber voller Zivilisten ohne Waffen; / ihr Flehn um Gnade klang wie großes Marktgeschrei mit Peitschenknallen, / bis man herankam und die Polizei dort auf dem Erdwall sah, die in sie schoß, / ... Und die Schützen schrien lachend: / Verdau das, Fettwanst! Das entleert dir deine Blase, Tantchen! / Den Bittenden zum Witwer machen, ein Baby gar nicht erst entstehen lassen, / ein Stoßgebet zunichte machen – das wäre ihre höchste Lust, und ihre Gräben / liefen um die Welt wie lecke Wasserschläuche, die bald dort-, / bald dahin sprenkelten.«

Viele Jahre nach dem Ende des Krieges erst wird er geheilt von seiner psychosomatischen Fühllosigkeit, resultierend aus der unerträglichen Scham, einer von der gleichen Tierart zu sein und all das mitangesehen zu haben, ohne etwas dagegen tun zu können. Er lernt schließlich sich und den Menschen zu vergeben – und mit ihnen Gott, der das zugelassen hat.

Als *Fredy Neptune* in Murrays Heimat erschien, sorgte das Buch zunächst für etwas Verstimmung bei einigen piekfeinen Feuilletons. Murray lästert im Nachwort, es habe vor allem daran gelegen, »daß man Toleranz, Vielschichtigkeit und moralische Stärke dort findet, wo das Klischee behauptet, daß sie nicht existieren, in einem schlichten Mann aus dem Volk«. Es war wohl auch und nicht zuletzt dessen Sprache. Der Dichter lässt seinen plebejischen Odysseus das raubeinige, vom Leben abgeschliffene, zupackende, oft obszöne Idiom der australischen Kleinfarmer und Landarbeiter sprechen. Durchaus mit Kalkül! Murray befreit sein Epos so nicht nur von hochkultureller Fürnehmheit und macht es damit aufnahmefähiger für all den Schmutz und das Leid des Lebens, er stiftet auch eine Verbindung zur älteren, oralen und das heißt ja auch homerischen Poesietradition. Und er demonstriert wieder und wieder, dass auch auf dieser niederen Stilebene Poesie möglich ist, ja dass sie diesen raureifen, menschenfreundlichen und schwarzgalligen Ton überhaupt erst ermöglicht. Diese Sprache ist konkret, sinnlich, reich an Bildern und, obwohl ihr die Abstrakta abgehen, durchaus präzise. Der Übersetzer Thomas Eichhorn hat diesen berückenden Sound ziemlich gut getroffen und, indem er streckenweise eher nachdichtet, auch die metrische Verve des Originals bewahrt. Diese Verse sind auch auf Deutsch so geschmeidig, dass die gebundene Rede in der Regel überhaupt kein Lesehindernis darstellt. Wenn es einem irgendwie australisch vorkommt, doch gelegentlich mal etwas un- oder missverständlich klingt, reicht ein kurzer Blick auf die linke Seite, auf den Originaltext, und alles wird klar. Man sollte sich ruhig öfter diesen Spaß machen, man lernt so die ruppige Einfachheit des Originals erst richtig schätzen und auch, was Eichhorn an übersetzerischer Raffinesse geleistet hat. Alles in allem liest sich Murray doch noch rüder, ungeschlachter, unverbildeter. Wenn zum Beispiel eine Prostituierte den lustlosen Fredy anmacht, klingt das bei Eichhorn etwas arg lyrisch: »Hol deinen Specht raus, daß er meinen Busch erkundet, ja?« Murray ist da eindeutig nuttiger: »Take out that brown parcel and part my wet hairs, eh?«

Was über die Sprache hinaus dieses wirklich große Gedicht so betörend macht, ist seine erzählerische Urgewalt. Es hat nicht nur einen ausufernden Plot, immer wieder bekommen die Protagonisten selbst noch einmal Raum, um ihre eigenen Anekdoten, Mythen, Lügenmärchen zu erzählen. Dieses für einen genuinen Lyriker ja keineswegs selbstverständliche, schier überbordende *storytelling* lässt sich gar nicht fassen. Ist man einmal durch mit dem Buch, könnte man schon wieder von vorn anfangen, weil man angesichts der Masse an Stoff so vieles vergessen hat. Es ist nicht auszulesen.

Truckstoplizards

Sarah von J. T. Leroy (2000)

»Echt anmutig sehen sie aus, all die Bordsteinprinzessinnen von Glad, die nur feinste Seide aus China, zarteste Spitzenwäsche aus Frankreich und geilstes Leder aus Deutschland auf der Haut tragen. Wenn man den Penisknochen des Waschbären nicht sehen würde, den sie um den Hals tragen, und wenn man nicht wüsste, was er bedeutet, käme man nie drauf, dass es sich um Jungs handelt.«

Um minderjährige Jungs vor allem. Der sanfte, gerechte und auch noch barmherzige Indianer-Lude Glad hat seine »Truckstoplizards« so hübsch ausstaffiert und mit besitzanzeigendem Totem behängt, auf dass sie den vielen Trucker-Tunten West Virginias, immer ein Spitzenhöschen und Nylons unter der öligen Jeans, im Führerhaus ihrer Zwanzigtonner nach einem langen Arbeitstag die nötige Bettschwere verschaffen. Also eigentlich kein Idyll, das J. T. Leroy hier beschreibt, aus der Sicht des Ich-Erzählers jedoch ist es beinahe eins.

Dem blonden zwölfjährigen Jungen, der in einem Motel in der Nähe herumhängt, mit einer Mutter, die sich als Prostituierte verdingt und eher eifersüchtig als entsetzt mitansehen muss, wie der eine oder andere ihrer Freier gleich auch noch bei ihrem Sohn drübersteigt, erscheint Glads Ansinnen, ihn aufzunehmen in seinen Waschbärpenis-Club, als erste große Auszeichnung in seinem Leben. Als Chance, sich endlich die Achtung und Zuneigung seiner Mutter zu verdienen. Und das bedeutet in diesem Milieu: in klingender Münze zu verdienen.

Er schminkt sich, zieht einen kurzen Lederrock an und beginnt seine Arbeit als Stricher, lässt sich sogar mit Sarah, dem Vornamen der Mutter, anreden, um ihr noch ähnlicher zu

Sarah
Roman
J. T. LeRoy
RECLAM
LEIPZIG

sein. Aber schon bald wird er unzufrieden. Die Karriere verläuft ihm nicht steil genug, weil Glad Rücksicht auf seine Jugend nimmt und ihn nur die harmloseren Kunden bedienen lässt. Also brennt er durch, um sich bei Holy Jack, der heidnischen Kultstätte aller abgearbeiteten Huren, wo sich sogar verlorene libidinöse Energie wundersamerweise erneuert, segnen zu lassen, wird dort von Le Loup, einem anderen, diesmal allerdings überaus brutalen Luden aufgegabelt und muss nun in dessen Schmuddelbordell arbeiten. Nach einer Weile versucht er zu fliehen, wird aber von Le Loup gestellt und grausam misshandelt. Schließlich kann er Glad einen Hilferuf zukommen lassen, und der holt ihn dann tatsächlich wieder nach Hause. Seine Mutter hat sich allerdings in der Zwischenzeit nach Kalifornien abgesetzt, und auch ihm gelingt es nicht mehr, sich wieder einzugliedern in den Kreis der Asphalteidechsen … Wie es weitergeht, erfahren wir vielleicht im zweiten Roman des Autors.

Leroy erzählt von dem Schrecken einer sozial randständigen Kindheit, aber er erzählt es nicht anklagend oder bitter, wie man es hätte erwarten müssen, sondern so unbeschwert und leichthin, als ginge es ums Burgenbauen im Sandkasten. Dass es aber dennoch ein Schrecken war, der seine Spuren hinterlassen und, wenn schon nicht sofortige, dann doch nachhaltige Wirkungen gezeitigt hat, demonstriert die reale Folie dieser Geschichte: J. T. Leroy, der das augenscheinlich alles selbst erlebt hat, brach irgendwann zusammen, begann eine Therapie, man legte ihm nahe, seine Kindheitserlebnisse niederzuschreiben, und daraus erwuchs dann dieser Roman, der ihm nach eigenem Bekunden das Leben gerettet hat – wie auch immer man das verstehen darf. Es waren eben doch mehr als Sandkastenspiele.

Aber wie ist dieser kindlich-glättende, harmonisierende Erzählgestus zu erklären?

Offenbar benutzt er diesen Weichzeichner ganz bewusst, braucht er ihn als eine Möglichkeit der Distanzierung, um sich überhaupt seiner eigenen Geschichte stellen zu können. So sind wohl auch die beinahe märchenhaften Literarisierungen zu verstehen. Leroy transzendiert die Realität, um sie im surrealen Scherz zu bannen – oder zumindest für kurze Zeit vergessen zu machen: »Ich hörte, dass ein weißschwänziger Hirsch eine der Lizards am Haupttruckstop bestiegen und geschwängert hätte, während sie auf dem Weg zum Diner war. Es hieß, durch ihren geschwollenen Bauch könnte man deutlich kleine Rehhufe sehen. Ich behielt mein Wissen für mich, dass da ein Choctaw-Zauber am Werk war und dass das eindeutig ein Zeichen für mich war.« Nämlich für seine baldige Rettung. Und auch die birgt noch einige mythische Gefahren: »Wir alle kennen die Geschichten von den Fahrern, die es nie über den Cheat River geschafft haben. Manche sagen, es sei der Geist all der Pioniere, die einst den ruhigen und trägen Cheat River mit ihren Planwagen durchqueren wollten, als er sich plötzlich eifersüchtig aufbäumte und ihre Zukunft unter seinen cholerischen Wellen begrub. ›Diese ertrunkenen Siedler werden nicht so ruhig daliegen und euch einfach auf die bequeme Weise rüberlassen‹, pflegte Glad alle Lizards zu warnen, die einen Trip über die Cheat-Brücke vorhatten. ›Und auch all die Indianer nich', die beim Bau dieser Brücke umgekommen sind.‹ … Man kann nichts weiter tun, als beim Überqueren den Atem anhalten und hoffen, dass einen die Toten als einen der ihren passieren lassen.« Und auf diese Weise geht dann auch alles gut.

Leroy zeigt in solchen Passagen, dass er das Werk Richard Brautigans eifrig studiert hat. Übrigens auch so einer, der seine völlig desolate Kindheit immer wieder mit surrealistischen Privatmythen überschreiben musste. Zufällig ist also auch diese Erbfolge nicht.

Zurück ins Kaff

Morbus fonticuli oder Die Sehnsucht des Laien von Frank Schulz (2001)

Zehn Jahre hat sich Frank Schulz Zeit gelassen, um seinem genialischen und zu Recht hochgelobten Debüt *Kolks blonde Bräute*, dem besten deutschen Trinkerroman aller Zeiten, endlich einen ebenbürtigen, nein, besseren Nachfolger an die Seite zu stellen: *Morbus fonticuli oder Die Sehnsucht des Laien* heißt dieser zweite Band seiner *Hagener Trilogie*, ein wahrhaftiges Buchstabengebirge, ein mit seinen über siebenhundert Seiten echtes *opus magnum*, das Laurence Sterne, Arno Schmidt, Eckhard Henscheid, Heino Jaeger et alii, die sprachmächtigsten Exponenten der komischen Literatur mithin, beerbt und auf originäre Weise fortschreibt. Dieses Buch ist ein Ereignis, denn seit den Frühwerken von Henscheid und Schmidt hat man in der deutschen Literatur nicht mehr eine Sprache in dieser barocken respektive expressionistischen Prachtentfaltung gelesen, die bei aller Avanciertheit sachgemäß bleibt, ihre ganze Fülle gleichsam in den Dienst eines forcierten Realismus stellt; eine Sprache, die mit der gleichen detailprallen Genauigkeit ein Gewitter, einen Striptease, die Unwägbarkeiten des Gefühlslebens eines Mittdreißigers, Kindheitsreminiszenzen, viele, viele wunderschöne Beischlafszenen – und eine wahnwitzige Autobahnfahrt bei voll aufgedrehtem Kassettenrekorder und Jimi Hendrix' Wah-Wah-Exerzitium »Voodoo Child (Slight Return)« – abzukonterfeien in der Lage ist. Das muss man zitieren: »Durch das ätherische Rauschen vom Chromdioxidband hindurch nahte aus zeitloser Ferne schnell das metallische Kratzen heran, vom Wah-Wah verzerrt, mit dem Hall einer einsamen Ebene, das rhythmische Nagen eines Gorgonen an einer Hochspannungsleitung, und dann, ganz nah, jau-

Frank Schulz
Morbus fonticuli
oder Die Sehnsucht des Laien
HAFFMANS

len die Drähte auf, nun herb melodiös, die schmerzliche Verhöhnung eines versunkenen Kindersingsangs aus einer archaischen Welt … und dann kneift der Voodoo-Zauberer sein Gitarrenbiest in den empfindlichsten Nervenstrang, daß es aufschreit – ein Break der Sticks – und zusammen mit einem Beckenschlag wie eine Arschbombe und einem Baßton, auf meinem eigenen Dünndarm gerissen, platzt ein Akkord wie die Alarmsirene des Weltuntergangs, unterbrochen vom euphorischen Wutgeheul des wilden Tiers, das wieder auftaucht und sich vom maschinenhaften Zylinderstampfen löst und an geladenen Trossen dengelt und wieder hineinstürzt ins Geräuschgetümmel, bis der Hexenmeister selbst kühl und leidenschaftlich zugleich zur Arie seiner Sirene das Wort ergreift …«

Eine Sprache überdies, die dennoch lesbar und in hohem Maße witzig ist, das gesprochene Wort zu seinem Recht kommen lässt und quasi-lautschriftlich nachbildet und die zu alledem eine artifiziell strukturierte, mit Leitmotiven und Choruspassagen fein versponnene und über weite Passagen spannende Handlung trägt.

Einmal mehr ist Bodo Morten der Ich-Erzähler, und auch Satschesatsche, Kolki und die anderen treten wieder auf – diesmal allerdings eher als Randfiguren –, seine alten Kumpel aus Hagen, dem kleinen niedersächsischen Dorf bei Stade, in dem Morten aufgewachsen ist. Den Nukleus des Buches bilden seine drei umfangreichen Tagebücher aus den Jahren 1994/95, die in ausufernden, shandyesk mäandernden, abschweifenden Rückblicken die Geschehnisse der letzten sieben Jahre rapportieren: Als Teil-, später Vollzeitredakteur, dann stellvertretender und schließlich gar Redaktionschef des Hamburger Anzeigenmagazins *Elbe Echo* macht er ein Karrierchen, gibt dafür sein Germanistikstudium auf, kündigt irgendwann entnervt von der eintönigen Arbeit als Zeilensklave, die so sehr im Kontrast steht zu den eigenen schriftstellerischen Ambitionen, fängt wieder an aus reiner Existenznot und initiiert schließlich mit einer zivilisationsmüden »Menschheitsbeschimpfung« seine Entlassung. Der »Brain Blues« wird halt immer schlimmer. Dafür verantwortlich ist auch das Doppelleben, das er mit Unterbrechungen über sieben Jahre lang führt: Eigentlich ganz glücklich verheiratet mit der klugen, weltgewandten Anita, beginnt er eine Liaison dangereuse mit der prallen, plebejischen Bärbel, deren »spektakulärer Hintern« ihn schier um den Verstand zu bringen droht. Und er steckt noch in einer dritten Zwickmühle: ist gezwungen, in der Großstadt Hamburg seine Existenz zu fristen, sehnt sich aber zurück nach einem Leben auf dem Land, im »Kaff«. Diese vielfältigen Polaritäten zerren an seiner Identität und sind schließlich ausschlaggebend für eine tiefe seelische Krise. Morten flüchtet sich in das Hagen seiner Kindheit, lebt für ein paar Tage in einer Erdhöhle im Wald, wird dort aber von den Freunden gefunden und mit sanfter Gewalt in die geschlossene Anstalt überstellt. Diese Suche, die er trotz seiner Abwesenheit genauso ausführlich, skrupulös und konsequent in der Ich-Perspektive schildert, bildet den narrativen Rahmen. Der wird während seiner Rekonvalenszenzphase im griechischen Refugium niedergeschrieben, ist daher ganz folgerichtig auch stringenter und konsistenter durcherzählt.

Mortens Wahnsinn allerdings hat es in sich, ist selbst eine kreative Leistung. Aus populärwissenschaftlichen Werken zur Psycho- und Neuroendokrinologie spintisiert sich der unsystematische Eklektiker, der »Laie«, eine aberwitzige Zivilisationskrankheit zusammen, die seinen Gemütszustand erklären soll, die Fontanellenkrankheit (Morbus fonticuli). Und darin versteckt der Autor Schulz nicht weniger als seine eigene Poetologie. Mortens absurdem Theorem zufolge nimmt der Mensch durch die Fontanelle, die ursprünglich offene Stelle im Kopf, die seiner Ansicht nach »*metaphorisch* betrachtet in der Tat offen bleibt«, »eine Art universelles Plasma« auf, »ein diffuses, indifferentes Aggregat oder Konglomerat aus Giften, fremdem Geschwätz, fremden Gefühlen et cetera, kurz: aus allem, was die Welt ist«. Und daraus resultiere dann das Phänomen der »Konfabulation«, das man aus der Hirnphysiologie kennt, das er aber als psychologisches Handlungsmuster verstanden wissen will: die »Darstellung vermeintlich erlebter Vorgänge, bedingt durch Erinnerungstäuschung«. Und in der Tat, nicht anders arbeitet der Schriftsteller – jedenfalls einer wie Schulz, einer, der sein Chronistenamt ernst nimmt! Er assimiliert sich die durch sein Sensorium gefilterte Welt, macht sie sich zu Eigen, um sie als Substrat für eine möglichst widerspruchsfreie »Darstellung« zu nutzen, eben so, als hätte er das alles selbst erlebt. Nur ist er sich wohl meistenteils durchaus des Unterschieds von Imaginiertem und Erinnertem bzw. Erlebtem bewusst, aber vielleicht ja auch das nicht immer.

Mit anderen Worten, Mortens Krankheit ist im Grunde eine – schreiben, das heißt, Kunst machen zu müssen. Und die Motivation dieses Wahnes hat er sich ebenfalls selbst erklärt (und sein Autor damit zugleich eine Spekulation über die psychologischen Voraussetzungen von Kreativität geliefert): Eine Identitätsschwäche, im schlimmsten Fall partielle Identitätsverluste, die auch der Konfabulatoriker erleidet. Wie dieser erschaffe sich der Künstler die Welt neu, um zu ersetzen, was er verloren habe.

Bei Bodo Morten ist das seine Kindheit, die Unbeschwertheit, Geborgenheit und nicht zuletzt das Gefühl des noch ungeteilten Ichs. Und so versetzt er sich während seiner Zeit im Wald zurück an diesen quasi-mythischen Sehnsuchtsort – und die ans Ende gestellten dreißig Seiten aus diesem »Sommerjournal«, in denen er sich leicht melancholisch, nostalgiebesoffen seiner Kindheit vergewissert, sind vielleicht die schönsten, zumindest aber anrührendsten dieses großen Buches. Hier offenbart Frank Schulz noch einmal seine ganze Warmherzigkeit und Mitleidsfähigkeit gegenüber den vom Schicksal oder dem »Deubel« gebeutelten Figuren, die er mit all ihren Marotten darstellt, aber so liebevoll und vor allem barmherzig, wie man es sich von einem Chronisten nur wünschen kann.

Die ewige Verdammnis

The Cocka Hola Company von Matias Faldbakken (2001)

In Oslo treibt ein ziemlich obskurer Verein sein Unwesen. Eine Firma namens »Desirevolution«, die – in Norwegen offenbar tatsächlich noch verbotenerweise! – Pornos dreht; saftige Hardcore-Streifen, die wegen ihres Stellungsreichtums, ihrer Kreativität nicht zuletzt in der Titelgebung und der bedingungs-, ja besinnungslosen Hingabe der Akteure einen guten Ruf im Untergrund genießen. Die Filmchen dienen jedoch vor allem der Subsistenzsicherung eines Haufens Dada- und Konzeptkünstler. Da ist zum Beispiel Speedo, der sich in einem »Zwangsalkoholikervertrag« verpflichtet, sich auf Kosten der Firma totzusaufen. Oder Rittmeester, der Pornotheoretiker, der ein »Isolationsprojekt« laufen hat, das heißt, seine Wohnung nicht mehr verlässt, nur mehr brieflich kommuniziert und die gewonnene Lebenszeit nutzt, um dutzendweise Zeitungen und Magazine zu lesen und der Firma Expertisen über die neuesten Entwicklungen auf dem Pornomarkt zu liefern bzw. die laufenden Produktionen zu beurteilen. Tätigstes Mitglied und zugleich das Gehirn des Betriebs ist der Anarcho-Ideologe Simpel: Eine »Antimoral-Dampfwalze«, ein Choleriker, Hassneurotiker, Schimpfkanonier erster Güte, der seine Wut auf alles und jeden nicht mal mit den täglichen vier Milligramm Sedativum im Zaum halten kann. Entspannung bieten ihm nur die gelegentlichen »Interventionen« gegen die bürgerliche Konsensgesellschaft, die »Faszinations-Diktatur«, eben den Mainstream. Geschmacklose, absurde, blödsinnige und oft genug gewalttätige Angriffe auf den norwegischen Normalbürger, auf Künstler, auf Arbeiter, Rentner oder Nachbarn, eben auf alle, die ihn »anscheißen«. Und das tut eigentlich jeder, der ihm in die Quere kommt. Sogar Menschen, die in Straßenbahnen schlafen, rüttelt er wach, um sie hernach anzuschreien: »Schämst du dich denn gar nicht? Wie kommst du dazu, in aller Öffentlichkeit zu schlafen wie ein Wrack!«

Mit Simpel hat Faldbakken wirklich ganze Arbeit geleistet, eine Figur geschaffen, an der er seine ganze grobianische Eloquenz beweisen kann, die ihm als Sprachrohr dient, aber dann doch so durchgeknallt ist, dass er selbst nicht für dessen Rollenprosa mitverhaftet wird. Und Simpel legt er auch die anarchistische, misanthropische, ja Punk-Philosophie des Buches in den Mund. Auf einer Weihnachtsfeier erzählt er einer »Medienfotze«, warum sie damals Desirevolution gegründet haben: »Wir hatten ein paar Sachen scheiß über. Ja, eigentlich zwei Sachen. Einmal, dass die Leute die ganze verdammte Zeit übers Geld jammern, dass alles so teuer ist und dass es vorn und hinten nicht reicht und so. Immer dieselbe scheißöde Leier ... Und das andere, wovon wir die Schnauze voll hatten, das war *der Rest der Welt.* Wie Normen und Regeln und Strukturen und Mechanismen und der ganze Scheiß funktionieren, das ist genauso bescheuert und vorhersehbar wie das Geldgerede ...«

Eine Zeit lang leistet Desirevolution noch tapfer Widerstand gegen die Normalität, aber schließlich fliegt das verbrecherische Syndikat auf, als sich ein paar der Opfer zusammenschließen und es bei der Polizei anschwärzen. Jetzt geht Simpel in die Offensive, nämlich ins Fernsehen und berichtet in einer Talkshow von seinen subversiven Aktionen – und da geschieht das Schlimmste, was einem Renegaten wie ihm überhaupt widerfahren kann: Das Publikum applaudiert. Es ist nicht brüskiert, sondern ist schlicht seiner Meinung. Der so gehasste und bekämpfte Mainstream hat ihn also letztlich doch vereinnahmt, und jetzt erst ist Simpel wirklich geschlagen: »... wenn sie dir zustimmen, das ist ... wie ewige Verdammnis. Wenn sie dich gut finden, hast du verloren. Dann bist du tot.«

Mit dieser hübschen dialektischen Wendung bringt Faldbakken sein Thema zum Schluss noch einmal auf den Punkt: Jede künstlerische Avantgarde oder Subkultur ist gezwungen, in einem permanenten Widerspruch zu leben. Man braucht Öffentlichkeit, um zu wirken, ist aber nur dann wirklich vor Inkorporation gefeit, wenn man sich ihr total verweigert. Tragisch, das Ganze. Für die Stimmigkeit dieser These spricht übrigens, dass Faldbakken damit auch die Rezeptionsgeschichte des eigenen Buches vorhersagt. Nach der anfänglichen Skandalisierung wurde *The Cocka Hola Company* ein Bestsellererfolg in Norwegen! Der Autor indessen, auch das zeigt dieser Roman, besitzt die nötige ironische Grundhaltung, um nicht daran zu zerbrechen.

Für Aufregung gesorgt haben sicher das quasi-allgegenwärtige, sehr explizite Geschimpfe vor allem Simpels, jene Passagen, in denen sehr witzig über Minderheiten und Randgruppen wie Designer, Pädagogen, Schulpsychologen, Polizisten und Großindustrielle hergezogen wird – mit liebevoller Anteilnahme und viel Sympathie hingegen charakterisiert Faldbakken türkische Imbissverkäufer, schwarze Pornoaktricen, Alkoholiker und verhaltensgestörte Schulkinder etc. –, und ein paar ganz wunderbare Trashszenen, die man vergleichbar geschmacklos sonst eigentlich nur noch bei Stewart Home lesen kann. Etwa wenn auf einer sehr ausgelassenen Intellektuellen- und Künstlerparty die Gäste herumliegende Designer- und Architekturmagazine zu Kegeln drehen, in Öl tunken und sich gegenseitig ins Rektum treiben, dass sie nur noch quieken können. Das ist schon sehr komisch. Wie überhaupt dieser Roman bei aller Misanthropie und Schlechtgelauntheit vor burlesker Komik fast aus den Nähten platzt.

Matias Faldbakken
Roman
THE COCKA HOLA COMPANY
misantropi scandinavisk
blumenbar

ISBN 3-89996-343-1